Le bonheur d'Anna

Tome 1

Après la pluie...

William Alcyon

© 2018, William Alcyon

ISBN : 978-2-9507103-1-4

Couverture : 2LI (www.2li.fr)

Du même auteur

Le bonheur d'Anna - tome 2 : Vient le beau temps (KDP, 2020)

À Edite et Sarah

Avertissement

Ce livre est une œuvre de fiction. En conséquence, toute homonymie, toute ressemblance ou similitude avec des personnes ou des faits existants ou ayant existé, ne saurait être que pure coïncidence et ne pourrait, en aucun cas, engager la responsabilité de l'auteur.

Certains lieux décrits dans ce livre sont réels, d'autres, même s'ils sont évoqués dans des villes existantes, sont purement fictifs.

« Demain… je me lève de bonheur. »

Anonyme

« De temps en temps, il est bon d'arrêter notre quête du bonheur et d'être tout simplement heureux. »

Guillaume Apollinaire

« Je ne suis pas ce qui m'arrive. Je suis ce que je choisis d'être. »

Carl Jung

PROLOGUE

Les premiers jours, les médecins qui soignaient sa fille avaient dit à Catherine Wells que le pronostic vital d'Anna était engagé. Une manière d'indiquer dans le jargon médical contemporain que l'état de la patiente était inquiétant et qu'il y avait une réelle possibilité qu'elle succombe des suites de ses blessures.

Auparavant, plusieurs interventions chirurgicales avaient été nécessaires pour réduire deux fractures, la première à la jambe, la seconde à la clavicule. Il fallut aussi soigner quelques lésions cutanées.

Le plus inquiétant restait à venir.

Malheureusement, Anna souffrait d'une commotion et n'avait pas repris conscience après son entrée aux urgences.

Un électroencéphalogramme et une radiographie du crâne confirmèrent le diagnostic initial des urgentistes qui l'avaient prise en charge : contusion cérébrale entraînant une lésion anatomique du cerveau. La jeune femme présentait un œdème hémorragique au niveau de la plaie temporale, cela avait provoqué un coma profond.

Des signes de décérébration étaient à craindre, aussi un scanner fut pratiqué en urgence, révélant un hématome opérable.

La décision des soignants fut rapide, les chirurgiens furent bipés et une intervention préparée immédiatement.

1

Catherine Wells tenta de se calmer et de reprendre le contrôle de son corps. Elle ne parvenait pas à faire cesser le tremblement de ses mains. Elle décida de respirer en exagérant ses inspirations et expirations. Cela ne la calma pas.

Il fallait se concentrer sur le fil des événements. Que s'était-il passé ? Comment cela avait-il commencé ? Elle dînait chez Claire, une amie d'enfance chez qui elle était invitée à passer une semaine de vacances sur la Côte d'Azur, sa fille et le compagnon de celle-ci étaient aussi du voyage. En ce 14 juillet 2016, à la fin du repas joyeux et animé, les jeunes amoureux avaient souhaité se rendre sur la Promenade des Anglais pour assister au traditionnel feu d'artifice. Catherine et Claire n'avaient pas voulu les accompagner. Le jeune couple était parti, sitôt le repas terminé, bras dessus, bras dessous ; leur bonne humeur était contagieuse et Catherine bénissait le ciel de voir sa fille aussi heureuse. Les deux amies avaient continué à discuter, tout en rangeant la table et mettant en route le lave-vaisselle. Puis, à 22h45, Catherine avait ressenti une angoisse soudaine, inexplicable, qui lui avait presque coupé le souffle.

Voyant son anxiété prendre de l'ampleur, Claire avait proposé de passer dans le salon et de lui faire un thé, ce qu'elle avait accepté. Ensuite, alors qu'elle était assise dans le canapé du salon, près de son amie, un flash spécial, diffusé par la télévision, lui avait glacé le sang ! Des images apocalyptiques, des commentaires terribles : un camion renversait les gens sur la Promenade des Anglais. L'horreur !

Claire avait bien tenté de rassurer son amie, mais Catherine n'avait pas obtenu de réponse à ses appels sur le portable de son enfant. Pas de réponse non plus sur celui de Stéphane, son compagnon. Elle avait cru alors défaillir, mais il fallait tenir. Garder espoir. Ne pas céder. Se battre contre l'angoisse, le stress, la peur.

Sur les lieux de l'attentat, dès 23h30, une cellule d'aide psychologique avait été activée. Pendant des heures, elle avait vu défiler des parents brisés, des familles à la recherche de leurs proches. Parmi elles, Catherine Wells s'était rendue sur place, telle une âme en peine, priant son ange gardien, s'il existait, de veiller sur Anna et exhortant le ciel de lui rendre son enfant saine et sauve.

Elle continua à avancer tant bien que mal. Le secteur ayant été bouclé par la police, elle n'était pas libre de ses mouvements. Et puis… elle aperçut un petit corps d'enfant, désarticulé, ensanglanté, sans vie. Elle ne put réprimer un terrible sanglot à la vue d'un ours en peluche taché de sang. Catherine pensa qu'il s'agissait sans le moindre doute du doudou du petit corps sans vie qui gisait à un mètre de la peluche rougie. Elle hurla, pleura, puis ses jambes se dérobèrent et elle dût s'accroupir pour ne pas tomber.

Une femme en combinaison blanche s'approcha.

— Madame ! Venez, madame, ne restez pas là, dit-elle en l'aidant à se relever.

Catherine leva ses yeux rougis et embués de larmes vers la voix. Elle devait appartenir au personnel médical, étant donné son accoutrement blanc. La femme l'aida à retrouver son équilibre précaire. Catherine s'agrippa à la main tendue, puis dans un geste aussi soudain qu'imprévisible, elle enlaça la secouriste providentielle qui lui prodigua quelques tapes chargées de compassion sur les épaules.

— Ne restez pas là ! Venez avec moi !

Elles se dirigèrent vers un véhicule de secours, une camionnette rouge stationnée à une centaine de mètres de la scène insoutenable. Pendant le trajet, Catherine ne parvenait pas à endiguer l'émotion brute qui la brûlait de l'intérieur. Un mélange de tristesse infinie, mais aussi une rage d'une puissance telle qu'elle ne pouvait la contenir. Il fallait hurler pour ne pas imploser. Ce qu'elle fit.

— Hé ! Calmez-vous, madame, je vous en prie, reprenez-vous ! On y est presque. Vous allez monter avec moi dans le véhicule et je vais vous donner quelque chose. Cela vous fera du bien, d'accord ?

Catherine comprit que la secouriste voulait sans doute lui refiler un sédatif. Cela la mettrait KO et l'empêcherait de poursuivre ses recherches pour retrouver sa fille. Il n'en était pas question. Elle inspira puis expira longuement à plusieurs reprises, tout en stoppant sa marche en avant.

— Non ! Je ne veux rien. J'ai besoin de rester lucide. Je… je… dois retrouver Anna !

L'urgentiste parvint, non sans peine, à faire installer Catherine à l'intérieur du véhicule médical. Elle s'installa en face de la femme agitée et lui prit les mains tout en essayant de capter son regard.

— Je suis le docteur Elena, mais vous pouvez m'appeler Marie ! Et vous, quel est votre nom ?

Catherine rassembla ses esprits, c'était d'une importance capitale, elle devait poursuivre sa recherche, ne pas perdre de temps.

— Je m'appelle Catherine Wells et… je cherche ma fille.

Le médecin sonda sa patiente récalcitrante avec attention.

— Vous êtes certaine que vous ne voulez pas un calmant ?

— Certaine.

— D'accord. Alors, pour commencer, vous allez me donner quelques précisions sur votre fille. J'ai cru comprendre qu'elle s'appelait Anna, c'est bien ça ?

— Oui ! répondit Catherine qui, au prix d'un gros effort, parvint à fixer le docteur Elena.

— Pour commencer, pourquoi pensez-vous qu'elle était présente ce soir sur la promenade des Anglais ? Je veux dire... êtes-vous bien sûre qu'elle était sur les lieux de... de l'attentat ?

Catherine s'extirpa des mains du médecin. Elle essuya d'un revers de main les larmes qui lui brouillaient la vue.

— Parce qu'elle était venue, avec son copain, voir le feu d'artifice !

— Vous en êtes bien certaine ?

— Mais oui, bon Dieu ! Vous croyez que je serais ici dans un tel état si ce n'était pas le cas ? s'emporta-t-elle.

— Très bien. Pouvez-vous me dire son âge ?

— Elle a vingt-huit ans.

— Bien. J'ai besoin de connaître sa taille, sa couleur de cheveux, de ses yeux, et...

— Cheveux châtains clairs, une coupe au carré, des yeux noisette ! coupa Catherine.

— Très bien. Savez-vous comment elle était habillée ce soir ?

Catherine tenta de visualiser sa fille pendant la soirée, elle portait un jeans, oui. Par contre, qu'avait-elle mis comme haut ? Impossible de s'en souvenir.

— Elle avait un jeans avec un trou sur le genou. Elle portait un haut à manche courte, mais je ne sais plus de quelle couleur ! C'était clair… enfin, je crois !

Marie Elena tapota la main de Catherine Wells.

— Parfait. Je vais me renseigner immédiatement. Vous, vous restez là et vous ne bougez pas. C'est d'accord ?

Catherine opina du chef. Elle sortit un mouchoir en papier de sa poche et l'utilisa.

Quelques minutes plus tard, le docteur Elena revint avec un post-it à la main.

— Madame Wells, dans toute cette confusion, il est pour le moment impossible de vous apporter la moindre certitude concernant votre fille. Ce que je sais à présent se résume au fait qu'il y a, à cette heure, vingt adultes ayant été pris en charge après l'attaque sur la promenade des Anglais et transportés au CHU de Nice qui est débordé. Les agents d'accueil ne peuvent pour le moment donner la moindre indication sur l'identité de ces personnes. Ils doivent faire face à un afflux de blessés sans précédent. Les arrivées vont se poursuivre au fil du temps. Les équipes soignantes ont été renforcées, mais c'est insuffisant.

Catherine se leva.

— Et si elle était morte… vous me le diriez ? demanda-t-elle.

— Même si je le voulais, madame, j'en serais bien incapable. Il va nous falloir du temps pour rapatrier les… corps jusqu'au funérarium. Ensuite, il y aura les identifications. Cela peut prendre du temps, en effet. Je suis sincèrement désolée de ne pouvoir en…

Catherine n'écoutait déjà plus. Elle descendit du fourgon médical à grands pas. Il n'y avait pas une seconde à perdre. Elle prit la direction du centre à la recherche d'un taxi.

Le CHU de Nice était en effervescence. Les membres du personnel couraient dans tous les sens avec des ustensiles médicaux plein les bras. Plusieurs faillirent la renverser sur leur passage, manquant de laisser tomber une multitude de poches de sang qu'ils apportaient pour transfuser les blessés graves.

Dans ce maelstrom de médecins, personnels soignants et infirmières, Catherine avait la tête qui tournait. Elle avait besoin de s'asseoir, mais ne le pouvait, il fallait qu'elle sache. Anna faisait-elle partie des victimes ? Peut-être gisait-elle au sol, sous un drap blanc, comme tous ces cadavres qu'elle avait aperçus un peu plus tôt, sur le macadam de la promenade des Anglais.

Elle inspira un grand coup et attrapa un bras recouvert d'une blouse blanche qui passait devant elle.

— Pouvez-vous m'aider, s'il vous plaît ? Je cherche ma fille et…

L'homme ne la regarda même pas. Il prit à peine le temps de répondre :

— Adressez-vous à l'accueil, là ! dit-il en pointant un comptoir au centre du couloir.

Catherine détestait les hôpitaux. La dernière fois, cela s'était mal terminé. Son mari, le père d'Anna, n'en était pas sorti vivant. Un stupide accident de la circulation, comme il y en a tant. Elle chassa ses souvenirs douloureux. Cette fois-ci, cela ne se passerait pas comme cela, non. Pour chasser ses pensées négatives, elle s'empara de son téléphone portable, dans l'espoir d'y trouver un SMS de sa fille. Aucune réponse.

Calme-toi !

Elle continua sa marche vers le comptoir central. Plusieurs membres du personnel d'accueil faisaient de leur mieux pour informer, dans la mesure du possible, les familles paniquées, sans nouvelle d'un ou de plusieurs de leurs proches. Certains, plus chanceux que d'autres, furent aiguillés vers le service de réanimation, ce qui signifiait que leur disparu était blessé, mais vivant !

Catherine fut prise en charge par un jeune homme qui lui posa trop de questions, voulut savoir qui l'avait aiguillée vers le CHU, et pourquoi. Elle répondit calmement à chacune des questions d'usage. Quand l'agent d'accueil entra l'identité de sa fille dans l'ordinateur et qu'il consulta son écran tout en hochant la tête, Catherine sentit ses jambes céder sous son poids. Le jeune homme quitta précipitamment son comptoir et l'attrapa avant qu'elle ne s'écroule. Il l'aida à s'asseoir sur un des sièges trônant dans le couloir.

— Je vais vous chercher un verre d'eau, madame.

— Non. Pas le temps ! Je veux savoir…

— J'arrive ! déclara-t-il tout en allant remplir un gobelet d'eau au distributeur près du comptoir.

Catherine avala une gorgée et plongea son regard interrogatif dans les yeux de son vis-à-vis.

— Elle est ici ! affirma-t-il. Une jeune femme identifiée comme étant Anna Wells a été conduite au bloc opératoire. Les chirurgiens s'occupent d'elle en ce moment même.

— Comment… comment va-t-elle ? demanda Catherine, le souffle court.

Le jeune homme parut gêné, mais il s'attendait à la question.

— Je ne peux pas vous dire. Ils l'opèrent en ce moment. Je ne pourrai vous informer que lorsque l'intervention sera terminée.

Catherine ferma les yeux. Une larme coula le long de sa joue.

— Madame Wells ? Vous m'entendez ? demanda-t-il.

Elle fit signe que oui.

— Vous savez, seule une vingtaine de blessés sont arrivés ici. D'après ce que je sais, beaucoup de victimes de l'attaque sont… euh… sont décédées. Je veux dire… dans votre malheur, vous avez au moins la chance d'avoir votre fille qui n'est que… que blessée !

Catherine n'avait que faire des propos se voulant rassurants du personnel d'accueil. Elle avait déjà vécu la même chose, avec son mari. On lui avait servi la même salade. Et puis, il avait fini par mourir.

L'homme aimable la laissa seule et se dirigea vers son comptoir. Quand il s'affaira avec d'autres personnes, elle s'autorisa enfin à lâcher prise. Elle pleura en silence, longtemps.

Le temps s'étira. Elle eut le sentiment d'attendre pendant des heures quand, enfin, un médecin apparut, écartant les portes à battants, traversant le couloir. Il s'arrêta devant le comptoir et parla avec le jeune homme de l'accueil. Celui-ci pointa Catherine du doigt. Le chirurgien la fixa. Son visage blêmit et son corps se mit à trembler d'angoisse.

Non, pas encore… pas cette fois !

Elle se leva péniblement alors que le chirurgien s'approchait d'elle.

— Madame Wells ?

— Oui.

— Vous êtes la mère d'Anna Wells ? s'enquit-il.

— Oui.

— Bien. Je suis le docteur Pierre Delorme. C'est moi qui, avec deux autres médecins, me suis occupé de votre fille à son arrivée ici.

Catherine n'arrivait plus à articuler. Sa gorge était serrée, sa bouche sèche. Elle ne parvenait pas à contrôler ses membres qui étaient secoués de spasmes.

— Elle est… en vie ?

— Oui.

Merci mon Dieu !

— Comment va-t-elle ? risqua Catherine tout en fermant les yeux.

Le docteur Delorme, le regard froid, expliqua :

— Votre fille est… dans le coma.

Oh non ! Pas elle ! Pas encore !

— Nous avons opéré et réduit deux fractures : une à la jambe et la seconde à la clavicule. Malheureusement, votre fille souffre surtout d'un œdème hémorragique au niveau temporal, c'est une sorte de commotion cérébrale, si vous voulez !

Non, elle ne voulait pas.

— C'est cet œdème cérébral qui est la cause du coma.

— Quand va-t-elle se réveiller ? murmura Catherine.

Le chirurgien se gratta la tête.

— Le coma est d'importance variable dans ce type de trauma. L'évolution est imprévisible. Il peut être spontanément réversible en quelques minutes ou quelques jours… ou il peut aussi durer indéfiniment. Je suis désolé, mais nous n'avons pas de garantie à ce sujet.

Le même discours que pour son mari.

— Vous voulez dire que ma fille… qu'Anna peut ne jamais se réveiller ?

— Son pronostic vital est engagé, oui. Je suis désolé, madame. Pour l'heure, une surveillance s'impose pour dépister une complication secondaire : hématome extra-dural ou hématome sous-dural. Votre fille, Anna, va être transférée dans l'unité de soins intensifs.

Quoi ? Un hématome extra-dural, sous-dural ? Qu'est-ce que cela voulait dire ?

— Je peux la voir ? demanda Catherine.

— Pas encore. Dès que cela sera possible, je vous le ferai savoir, d'accord ? répondit le chirurgien.

— D'accord.

— Courage madame ! dit-il avant de tourner les talons et s'éloigner à grandes enjambées.

*

Malgré les affirmations rassurantes des médecins, au fil des jours qui s'égrainaient, Catherine Wells avait perdu confiance et en était même venue à envisager le pire : sa fille pouvait peut-être mourir, elle aussi.

Les jours puis les semaines passèrent. Anna restait sous surveillance permanente, dans l'unité de soins intensifs du CHU de Nice. Malgré toutes les prières et les centaines de cierges brûlés par Catherine Wells, le corps de son enfant demeurait inerte, ses yeux clos, telle une princesse de conte de fée endormie par la faute d'un mauvais sort. Seule consolation : le mouvement régulier de sa cage thoracique qui montait et descendait au rythme de sa respiration, dorénavant assistée par une machine, indiquait qu'elle était encore en vie. Ses bras, volontairement placés par-dessus les draps et couvertures, étaient transpercés d'aiguilles, de sondes et de tubes.

N'ayant pu se résoudre à abandonner Anna et rentrer à Paris, sa mère la veillait immuablement chaque soir, entre 18h30 et 20h30, heures de visites autorisées ; lui caressant tendrement le front, scrutant le moindre signe qui aurait pu laisser espérer un réveil prochain, lui parlant à voix haute de tout et de rien, lui lisant le journal, parfois même un roman. Certains soirs, Catherine racontait aussi, les larmes aux yeux, quelques anecdotes marquantes remontant à l'enfance d'Anna.

*

Au bout de vingt-huit jours, un matin ensoleillé, alors qu'elle venait vérifier les constantes d'usage, une infirmière constata quelques mouvements de paupières chez la patiente Anna Wells. Une onde de vie s'insinua dans ses membres, faisant frémir d'abord son index droit, puis la main entière. Sous la surveillance de son médecin principal qui avait été appelé, Anna finit par ouvrir progressivement les yeux. Un retour parmi les vivants. En apparence…

Elle avait perdu plusieurs kilos et sa santé était toujours précaire. Pourtant, après plusieurs semaines de soins hospitaliers et diverses formes de rééducation, elle n'avait quasiment aucune séquelle. Pour autant, sa santé physique ne représentait que le moindre de ses maux, car Anna, autrefois habitée par une joie de vivre commune à la plupart des jeunes gens pas encore trentenaires, n'avait plus goût à rien. Elle survivait depuis l'accident. Comment continuer à avancer après ce qu'elle avait vécu ? Se pouvait-il que d'autres victimes aient réussi à surmonter leur peine et leur douleur ? Et ceux qui avaient perdu un proche, un parent, un enfant ? Comment survivre à cela ? Dorénavant ses nuits n'étaient plus que cauchemars, agitation et peur panique. Le psychologue qu'elle voyait deux fois par semaine n'y avait rien changé. C'était un homme sympathique et il avait à cœur de l'aider à aller de l'avant, mais il fallait avant tout en avoir envie et Anna, elle, ne le désirait pas. Il lui semblait inconcevable de vouloir aller mieux alors que Stéphane, lui, n'était plus là.

Catherine Wells aurait voulu garder cette information confidentielle, au moins pour un temps. Mais, à son grand regret, le psychologue avec lequel elle avait longuement discuté lui avait affirmé que cela n'aurait fait qu'empirer les choses. Il ne fallait en aucun cas cacher la terrible vérité à Anna, d'autant que sa première question dès son retour parmi les vivants fut pour lui : « *Maman… que s'est-il passé ? Où est Stéphane ?* ». Catherine Wells n'avait pas eu la force de lui répondre. Elle avait quitté précipitamment la chambre pour aller pleurer dans le couloir. Anna avait sans doute compris, mais ne manifesta aucune réaction. Elle s'enferma progressivement dans une sorte de catalepsie, paraissant sans réaction apparente. Devant le désarroi de Catherine Wells, l'infirmière en chef, pourtant accaparée par une multitude de sollicitations, ayant en charge un nombre élevé de patients, avait pris sur elle d'annoncer la terrible nouvelle. Anna était restée immobile et muette. Son mutisme était une des réactions possibles, les médecins l'avaient annoncé, pour les victimes d'actes de terrorisme. Anna était doublement victime puisqu'elle avait été blessée dans sa chair, mais surtout elle avait perdu son compagnon.

Anna pourtant savait. La question posée à sa mère n'était qu'une demande de confirmation. Elle ignorait comment, mais… elle savait. Elle était restée près d'un mois dans le coma, oui. Il s'était passé quelque chose pendant cet épisode. Comment était-elle parvenue à savoir pour Stéphane ? Elle ne parvenait plus à se rappeler. Comme si son compagnon s'était adressé à elle avant de disparaître à jamais. C'était flou, fuyant. Elle cherchait au plus profond de sa mémoire ne serait-ce qu'une bribe de souvenir de ce qui s'était passé. Elle avait entendu le camion, senti la douleur de l'impact après le choc frontal avec le poids lourd. Puis c'était le vide.

*

Son état dorénavant stabilisé, Anna fut transférée vers l'hôpital américain de Neuilly, établissement choisi par sa mère. Les jours de convalescence s'égrainèrent lentement. Un matin, Catherine Wells expliqua à sa fille que les parents de Stéphane souhaitaient venir lui rendre visite. Anna avait refusé : trop difficile. Catherine Wells avait insisté pour qu'elle accepte de les voir, Anna avait alors fini par céder. Ils étaient venus, lui apportant des fleurs. La mère de Stéphane l'avait serrée fort dans ses bras, le père se contentant de l'embrasser sur le front, évitant la blessure temporale recouverte d'un large pansement. Puis, enfin, ils avaient fini par partir, laissant Anna seule face à son chagrin. Elle avait pleuré beaucoup et longtemps. Difficile d'entendre l'allusion au fait qu'Anna avait manqué les obsèques de Stéphane. La mère de son compagnon ayant exprimé ses regrets à ce propos. Être plongée dans le coma lui avait épargné l'indicible souffrance de voir son amour mis en terre. Il reposait au cimetière de Passy. Anna ne pouvait s'y résoudre, elle n'irait pas se recueillir sur sa tombe.

*

Les semaines s'étaient écoulées avec une infinie lenteur. Anna récupérait physiquement. Ses fractures à la jambe et à la clavicule étaient presque guéries. Les séances de kinésithérapie s'avéraient parfois douloureuses, mais cela lui permettait de se concentrer sur une autre forme de douleur que celle qui lui déchirait le cœur.

Après de longues séances de rééducation, elle remarchait normalement. Sa clavicule était aussi guérie. Les résultats de ses examens concernant sa blessure temporale étaient eux aussi satisfaisants. Elle obtint donc le droit de quitter l'hôpital et de rentrer chez elle.

Sa mère avait fait le ménage dans son appartement. Presque toutes les affaires appartenant à Stéphane avaient été méticuleusement retirées du deux pièces. Catherine Wells avait fait changer les meubles, le lit, une nouvelle cuisine avait été également installée. Au début, Anna avait éprouvé de la colère. Catherine avait pris cette initiative sans la consulter. Après réflexion, Anna était parvenue à la conclusion que c'était un moyen de lui épargner la douleur des souvenirs passés. Quand elle se retrouva chez elle, seule, elle n'éprouva pas l'envie de réaménager l'espace à son goût. Sans Stéphane, cela n'avait plus aucune importance. Elle voulait seulement dormir et ne plus souffrir autant.

Anna passa des jours puis des semaines cloîtrée chez elle. Elle n'avait plus goût à rien et ne voyait plus personne… hormis sa mère qui s'occupait des courses et avait même engagé une femme de ménage, ce qui était plus que nécessaire puisque Anna ne sortait pas de son lit. Il y avait aussi le psychologue qui souhaitait continuer à la voir une fois par semaine, bien que cela ne servait strictement à rien, à en croire Anna.

Les semaines passèrent ainsi. Catherine tentant de maintenir Anna parmi les vivants. Elle avait vécu assez de drames dans sa vie pour savoir qu'il n'y avait que le temps qui pourrait guérir les blessures de sa fille.

*

Alors que l'aube n'allait pas tarder à surgir, Anna rêvait. Elle revivait un passé fracturé : un soir d'été, un an auparavant. Le ciel d'ébène s'illuminait, se nappant d'éclairs de lumières qui envahissaient la voûte céleste puis éclataient en pluies d'étoiles accompagnées de déflagrations surpuissantes. Dans son lit, le corps d'Anna remuait en de petits spasmes saccadés. Sur sa bouche, un sourire se dessina alors qu'elle voyait son compagnon lui demander si elle avait déjà vu un aussi spectaculaire feu d'artifice. Elle allait déclarer que c'était un des plus magnifiques jamais vu depuis longtemps, mais n'eut pas le temps de répondre que le bouquet final embrasait le ciel nocturne. Sur la promenade des Anglais, les spectateurs poussaient des cris d'admiration. La joie intense des nombreux enfants juchés sur les épaules de leurs pères, la bouche grande ouverte d'étonnement, faisait le bonheur des mamans accrochées au bras de leurs maris ou compagnons, les yeux rivés à la voûte céleste qui pétillait de mille feux en cette soirée festive du 14 juillet 2016.

Anna, recroquevillée contre les barrières, était soutenue

par les bras puissants et protecteurs de son compagnon Stéphane qui l'embrassait délicatement dans le cou.

Puis il y eut un bruit lointain. Des chocs sourds, étouffés, presque immédiatement accompagnés par des cris effroyables. Le regard des badauds quitta le ciel et son spectacle lumineux et les têtes se tournèrent pour tenter d'identifier la provenance du bruit sourd qui s'amplifiait. Anna, imperceptiblement, serra la main de son compagnon et sentit un frisson envahir son corps tout entier. Les hurlements s'intensifiaient maintenant. Stéphane réagit d'instinct à l'approche du camion fou. Le conducteur déterminé accéléra encore et, telle une vague mortelle, déferla sur le couple sans leur laisser la moindre chance de salut. En un éclair, Stéphane poussa sa compagne de toutes ses forces qui étaient décuplées par l'afflux d'adrénaline, mais pas assez vite pour empêcher la collision entre la chair et l'acier. C'est alors qu'un choc d'une extrême violence le projeta en l'air en brisant au passage sa moelle épinière. Stéphane mourut sur le coup. Anna voulut crier, mais n'en eut pas le temps. Sa main avait lâché celle de son amoureux et elle sentit une douleur atroce dans ses jambes. Elle eut l'impression qu'elle s'élevait dans les airs et elle tenta d'articuler le prénom de son compagnon, mais n'y parvint pas. Quelque chose sembla craquer dans sa tête. Puis la douleur terrible disparut soudain. Ses sens s'amoindrirent et cessèrent de lui transmettre la moindre information, là elle perdit connaissance.

*

Anna s'éveilla brusquement. Elle ouvrit ses yeux embués de larmes. Le souffle court, elle respira profondément et passa le revers de sa main pour essuyer la sueur qui perlait sur son front. Elle tenta de retenir le sanglot qui lui montait dans la gorge, mais ce fut peine perdue. Elle pleura pendant un long moment avant de s'asseoir pour chercher un mouchoir en papier dans la boîte qui reposait sur sa table de nuit juste à côté du radio-réveil digital qui indiquait 5h27.

Anna reprit peu à peu le contrôle de ses émotions, mais depuis quelques jours cela devenait de plus en plus difficile, à mesure que la date anniversaire de l'accident approchait. Après avoir essuyé ses yeux et mouché son nez, elle passa ses mains dans ses cheveux qu'elle tira en arrière et inspira puis expira longuement, à plusieurs reprises. Quand elle se sentit mieux, elle se leva et enfila un T-shirt qui, de trois tailles trop grandes, lui tombait jusqu'aux genoux.

Après un bref passage par les toilettes, puis par la salle de bain où elle se passa de l'eau fraîche sur le visage, elle s'essuya les yeux et releva la tête. Elle se figea, faisant face à son reflet. Elle avança au plus près du miroir et souleva la mèche de cheveux qui cachait sa cicatrice. La marque rosée et vive détonait en comparaison avec la pâleur de sa peau. Anna comprit que cette trace, même si elle finirait par s'atténuer avec le temps, serait toujours là pour lui rappeler tout ce qu'elle avait perdu. Un profond sentiment de désespoir l'envahit. Quelques larmes glissèrent sur ses joues.

*

Un quart d'heure plus tard, elle se rendit dans le salon et tira le tiroir d'une commode dans laquelle elle rangeait des bâtons d'encens. Elle en prit un qu'elle plaça avec soin dans un réceptacle prévu à cet effet. Elle passa du salon à la cuisine ouverte où elle déposa l'objet et chercha un briquet qu'elle rangeait d'ordinaire dans le tiroir à couverts. Parmi quelques ustensiles exotiques tels que des bouchons magiques ou des baguettes chinoises, elle aperçut le briquet familier. C'était celui de Stéphane. Avant qu'elle finisse par le convaincre de cesser de fumer. Elle sentit une boule de tristesse lui percer le cœur, aussi elle ferma les yeux, mais ne put empêcher une larme de couler sur sa joue. *Mon amour, tu me manques tellement. Je te laisserai fumer autant que tu veux si seulement tu étais encore là.*

Anna essuya ses larmes avec le pan de son T-shirt et inspira à nouveau profondément, comme si l'afflux d'air massif pouvait chasser sa tristesse. Elle saisit son briquet et alluma le bâton d'encens. Elle souffla sur l'extrémité de la tige enflammée qui s'embrasait. D'une couleur passant du jaune au rouge vif, le bâton s'enroba de fumée parfumée à l'odeur capiteuse de patchouli, une saveur épicée et poivrée qui, d'après sa mère, possédait des vertus apaisantes. Anna respira les effluves de l'encens et cela lui fit du bien. Cette odeur lui rappelait celle des églises. C'était peut-être stupide, mais cela lui donnait le sentiment de se rapprocher de Stéphane.

Il lui fallait un café. Un expresso très corsé. Aujourd'hui serait une rude journée, elle le savait. Elle avait d'abord rendez-vous chez son psychologue, puis elle devait ensuite retrouver sa mère. Une bonne dose de caféine l'aiderait à garder les idées claires. Après le psy... un déjeuner avec sa mère ! Faire le point sur la situation, oui ! Une chance que sa mère était de ces personnes sur lesquelles on pouvait compter en cas de coup dur. Sans elle, les évènements auraient pu encore s'aggraver, si tant est que cela soit possible.

Anna attrapa une capsule d'*Arpeggio* et la plaça dans la machine. Elle enclencha la touche à Expresso et quand la diode cessa de clignoter, appuya une seconde fois dessus. Le café serré coula dans sa tasse en laissant pour finir un nuage mousseux. Le temps de laisser un peu refroidir son breuvage matinal, elle ouvrit son placard à la recherche d'une tranche de pain de mie à faire griller dans le toaster. Un peu de confiture de fraise par-dessus et elle était parée pour la journée.

Le petit-déjeuner fut avalé en quelques minutes. Une vaisselle express et Anna prit la direction de la salle de bain. Une douche fraîche, un petit instant de bonheur... si cela s'avérait encore possible dans son cas. Elle se refusait depuis bientôt un an tout plaisir de quelque origine que ce soit, mais aujourd'hui elle semblait apprécier la fraîcheur de l'eau qui coulait en cascade sur son corps puisqu'il faisait déjà chaud en cette matinée estivale. Elle se sécha prestement et, de retour dans sa chambre, sauta dans un vieux jeans délavé puis enfila un t-shirt clair imprimé. Elle chaussa des ballerines légères et confortables. Se dirigeant vers la porte de son appartement, elle attrapa son sac à la volée et ses clés. Sur le meuble de l'entrée, elle débrancha son téléphone portable qui était en train de charger, vérifia le niveau de batterie et en fut satisfaite. Elle sortit et claqua sa porte, la verrouilla, car de nos jours on n'était jamais trop prudent, rangea son iPhone dans son sac à main et descendit les marches tout en se demandant ce qu'elle allait bien pouvoir répondre à sa mère face à la question lancinante qui inévitablement finirait par revenir sur le tapis, comme à chaque fois qu'elles se rencontraient. Anna savait qu'elle n'était pas prête à affronter ça. Elle s'interrogeait sur sa vie et elle avait perdu toute certitude. Elle aurait bien voulu reprendre un peu d'espoir, mais elle en était pour le moment bien incapable. Elle avait bien songé à en finir, tout aurait été tellement plus simple. Oui, mais voilà, elle manquait de courage… ou d'inconscience pour mettre un terme à sa vie. Et puis, cela mettrait sa mère dans une situation encore plus compliquée. Et ça, elle ne le souhaitait pas. Un an après le drame, il fallait qu'elle réapprenne à vivre. Cependant, elle se sentait incapable d'envisager la vie sans lui. Elle avait besoin de faire le point et de prendre une grande respiration. Respirer c'est vivre, et là… elle manquait d'air. Elle allait parler avec sa mère et lui expliquer ses intentions pour les mois à venir. Elle avait beaucoup de chance de l'avoir. Une mère qui n'approuvait pas son attitude, mais comprenait qu'elle était dans l'incapacité d'agir autrement pour l'instant. De toute façon, elle n'avait pas le choix. C'était ça ou ne jamais refaire surface. Il fallait qu'elle parte. S'éloigner de sa vie d'avant pour trouver puis créer celle d'après.

Anna prit l'ascenseur qui menait jusqu'à l'aire de stationnement souterraine. Arrivée au troisième sous-sol, elle pressa le pas jusqu'à son emplacement réservé. Depuis qu'elle vivait seule, c'était toujours un moment angoissant… se rendre dans son parking. Elle arriva près de sa Peugeot et activa sa clé électronique. Les phares de la 108 s'allumèrent et un double bip résonna dans l'enceinte déserte. Elle se rua dans l'habitacle et verrouilla ses portières en pressant la touche adéquate à l'intérieur de son véhicule. C'était stupide, mais rassurant. Elle démarra et accéléra brutalement pour remonter rapidement au niveau zéro où se trouvait la sortie.

2

Paris et ses embouteillages permanents, une vraie plaie pour qui refuse de prendre le métro et circule en voiture ! Près d'une heure s'était écoulée pour parcourir seulement quelques malheureux kilomètres entre le cabinet de son psy, et le café-bar qui se trouvait presque au pied de l'appartement de sa mère. Anna avait pianoté un texto profitant d'un feu rouge : « *Maman, je risque d'être un peu en retard. La circulation est bloquée et ça n'avance pas. Bisous. Anna.* »

Elle arriva près du boulevard Emile Augier dans le seizième arrondissement de Paris. Trouver une place de stationnement fut plus facile que prévu et Anna parvint presque à faire un créneau parfait, la petite taille de sa 108 y était pour beaucoup. Alors qu'elle déverrouillait sa ceinture de sécurité, la sonnerie caractéristique attribuée aux SMS bipa : « *Pas de soucis ma chérie. Je t'attends comme convenu à la terrasse du café. Roule prudemment. Maman.* » Anna pianota avec vitesse et dextérité sur son téléphone pour indiquer à sa mère qu'elle venait de se garer et qu'elle n'allait pas tarder à la rejoindre.

Madame Wells s'était installée à la terrasse de la brasserie *La Rotonde de la Muette* qui faisait aussi salon de thé. Elle soufflait sur une tasse de thé vert à la menthe et relisait le texto que sa fille venait de lui envoyer. Son thé étant décidément trop chaud, elle reposa la tasse sur la table ronde et jeta un coup d'œil en coin sur les potins délivrés par son téléphone portable. Un tas d'inepties et d'indiscrétions sur les gens célèbres, mais cela faisait du bien de s'occuper du malheur des autres plutôt que de rester constamment focalisé sur le sien. Catherine, pourtant d'ordinaire si friande de potins, ne parvenait pas à se concentrer sur sa lecture. Sa fille venait prendre des nouvelles, mais elle refusait toujours de venir chez elle. Cela faisait pourtant près d'un an depuis l'attentat (Anna n'arrivait pas à prononcer ce mot et parlait d'un « accident ») et la mort de Stéphane. Et puis, il fallait bien qu'Anna tourne la page. Tôt ou tard. Pourtant elle ne paraissait pas en prendre le chemin. Et même si ses pulsions suicidaires semblaient disparues aujourd'hui, madame Wells restait une mère inquiète pour son enfant et craignait qu'il ne s'agisse que d'une rémission et non d'une totale guérison. Catherine chassa ses idées noires en observant les gens attablés près d'elle sur la terrasse bien garnie en cette journée d'été ensoleillée. Elle éprouvait le fol espoir d'amoindrir la boule qu'elle ressentait dans son ventre. Pourtant cette manifestation d'inquiétude et d'anxiété qu'elle ressentait à propos de sa fille et qui lui nouait les tripes n'avait rien de circulaire. Pourquoi a-t-on communément l'habitude de qualifier la peur qui se focalise dans notre ventre de… boule ? Catherine aurait bien voulu taper dans cette boule comme on shoote dans un ballon pour pouvoir s'en débarrasser, l'expédier très loin et peut-être alors retrouver un peu de sa sérénité perdue. Elle observa droit devant elle et pesta intérieurement en voyant que plus personne ne pouvait s'arrêter quelques minutes sans immédiatement s'accrocher à son smartphone. D'ailleurs, c'est ce qu'elle-même faisait un instant auparavant. Un vrai fléau ces portables. Les gens ne regardent plus rien, n'écoutent plus rien, si ce n'est ce qui se trouve dans leur téléphone. Pourtant la personne qui avait capté son attention devait avoir à peu près le même âge qu'elle. On n'arrête pas de dire que ce sont les jeunes qui sont complètement rivés à leur smartphone, mais c'est vrai pour toutes les catégories d'âge et pour toutes les classes sociales dorénavant.

— Bonjour maman !

Anna embrassa sa mère tout en déposant son sac et son iPhone sur la table du bar. Catherine Wells esquissa un sourire en fixant le téléphone d'Anna.

— Pourquoi tu souris ? demanda Anna en tirant sur la chaise pour s'asseoir.

Catherine Wells tira sur sa tasse de thé chaud et l'approcha du bord de la table.

— Rien d'important. J'étais en train d'observer les gens autour de moi en t'attendant. C'est tout. Qu'est-ce que tu veux boire ? demanda Catherine Wells.

Anna attrapa la carte qui se trouvait sur la table vide derrière elle et commença à parcourir les différentes boissons proposées par la brasserie parisienne.

— Tu as pris quoi, toi ? Du thé, c'est ça ? s'enquit la jeune femme.

Catherine opina de la tête.

— Du thé vert, c'est bon pour la santé, tu sais ma fille.

Anna fit une moue qui illustrait son manque d'enthousiasme pour la boisson favorite de sa mère. Aussi loin qu'elle puisse se souvenir, elle avait toujours connu sa maman avec des idées pour le moins originales en matière de nourriture, c'était moins vrai aujourd'hui puisque Catherine Wells ne jurait que par le bio et était presque végétarienne. Presque, mais pas totalement, parce qu'avec les efforts conjugués d'Anna et Stéphane, ils étaient parvenus à la convaincre de manger, de temps en temps, une bonne volaille ; mais avaient eu moins de succès avec la viande rouge. Toujours est-il que l'influence de madame Wells sur sa fille en matière de nutrition n'avait pour le moment pas vraiment fonctionné. Anna prit une moue désolée :

— Oui, tu as sans doute raison, mais... ce n'est vraiment pas mon truc ! Je vais prendre un coca.

Madame Wells leva les yeux au ciel, mais ne répondit rien. Elle brûlait d'envie de lui dire qu'il était temps de grandir et de laisser les sodas sucrés aux adolescents. Mais elle comprit avant même de prononcer la moindre parole que le Soda était un prétexte. Elle aurait voulu crier, hurler à sa fille qu'il était temps de grandir tout court. Elle n'en fit pourtant rien. Anna venait peut-être de fêter ses vingt-huit ans, mais elle était encore loin de l'âge adulte. La situation présente était une preuve, une illustration parfaite du manque flagrant de maturité de sa fille. Catherine savait tout ça, elle aurait pu clamer à Anna ses quatre vérités. Après une année entière à se morfondre, déprimer, penser au suicide, ne pas accepter la vie et ce qu'elle offrait... mais se complaire dans la mort, l'obscurité, le déni. Oui, il fallait que cela s'arrête. Il était temps.

Le serveur prit la commande d'Anna. Elle fut servie rapidement et fit tinter les glaçons dans son verre comme si elle réfléchissait avant de porter la boisson fraîche à ses lèvres.

— Je sais ce que tu penses, maman, murmura-t-elle.

Catherine Wells posa sa tasse et avala un peu de thé vert avant de pouvoir répondre.

— Bien sûr. Ce n'est pas très compliqué puisque je te pose la même question depuis près de six mois. Elle prit la main d'Anna dans les siennes et poursuivit : quand vas-tu enfin te décider à assumer ta vie, Anna ?

Anna sentit une larme couler le long de sa joue.

— Tu appelles ça... une vie ? balbutia-t-elle.

Catherine essuya la larme sous l'œil d'Anna avec son pouce. Elle savait qu'il fallait secouer sa fille, qu'il était temps de se relever et de poursuivre son chemin, même si c'était un chemin torturé.

— Vivre est parfois très douloureux, mais c'est comme ça. Si la vie n'était que joie et bonheur constant, ça se saurait. Ce n'est malheureusement pas le cas et Stéphane n'est plus là, c'est vrai… Mais je suis là, moi, et j'ai besoin de toi, déclara madame Wells en haussant le ton. Elle observa ses voisins de table comme pour s'excuser d'avoir pu s'emporter en public.

— Maman, je sais… je sais que tu as raison, mais… je ne suis pas encore prête, murmura Anna.

Catherine Wells posa sur sa fille un regard empli d'une sincère compassion. Le malheur qui s'était abattu sur Anna n'avait épargné personne dans la famille. On ne peut comparer la douleur d'une femme qui perd son compagnon dans des circonstances insoutenables avec sa propre douleur de mère qui voit son enfant anéanti. Cependant, madame Wells aimait Stéphane comme s'il faisait déjà partie de la famille bien que ni marié ni pacsé avec Anna. Ce n'était qu'une question de temps avant qu'ils officialisent leur union. Trois ans de vie commune, ce n'est pas rien. Et puis, c'était un homme gentil, doux, attentionné. Catherine ne l'avait jamais vu s'emporter en sa présence. Stéphane était devenu la présence masculine qui lui manquait tant depuis la mort du père d'Anna alors que celle-ci n'était encore qu'une adolescente. En tant que mère, elle éprouvait une douleur double. La sienne puisqu'elle avait perdu son beau-fils qu'elle aimait sincèrement. Et puis une autre, plus insidieuse, celle de sa fille qu'elle portait aussi, en se demandant par-dessus le marché si son enfant retrouverait un jour le cours d'une vie normale. Pour le moment, Anna n'était pas prête et il ne fallait pas brusquer les choses sous réserve de rompre un minuscule équilibre psychologique qu'Anna semblait avoir retrouvé depuis quelques jours.

Catherine souhaitait cependant aborder des sujets plus « faciles », et elle avait préparé son coup, elle dit soudain :

— Anna, ça te dirait de continuer cette conversation en

marchant un peu ?

— Euh, oui… pourquoi pas ? répondit timidement la jeune femme.

Catherine Wells demanda l'addition.

— Tu es garée loin d'ici ? questionna-t-elle tout en déposant un billet de dix euros dans la coupelle métallique où reposait la note.

Anna rassembla ses affaires et se leva.

— Non, à environ deux cents mètres d'ici, j'ai trouvé une place sans avoir à tourner pendant une demi-heure ! déclara-t-elle.

— Parfait ! Si tu es d'accord, allons marcher et discuter autour du lac du bois de Boulogne, c'est à deux pas et il n'y a presque personne en semaine.

D'un signe de tête, Anna accepta.

La mère et sa fille quittèrent la brasserie et n'eurent besoin que de quelques minutes pour arriver à la voiture et se rendre au bord du lac.

Il y avait plusieurs emplacements de stationnement vides non loin de l'embarcadère du lac inférieur du bois de Boulogne et Anna n'eut que l'embarras du choix. Elle aimait cet endroit. C'était un lieu romantique pour bon nombre de couples parisiens. Elle ralentit son véhicule à l'approche du parking. De là où elle se trouvait, Anna aperçut la plus grande des deux îles reliées par un pont suspendu. À droite de l'embarcadère, on pouvait louer une barque, les balades en amoureux sur les flots calmes, un souvenir du passé.

Les promeneurs aventureux ou au ventre creux pouvaient également prendre la berge pour se rendre au chalet suisse qui abritait un très bon restaurant.

Tout en stoppant sa petite voiture, elle éprouva un sentiment de malaise. Sa mère voulait parler et elle redoutait cela. Dans ce cas précis, discuter revenait à une énième tentative de persuasion. Catherine Wells voulait voir sa fille recommencer à… vivre. Ses craintes ne mirent guère de temps à se révéler fondées puisqu'aussitôt sortie du véhicule, Catherine attaqua :

— Anna, ma chérie, tu sais que tu peux compter sur moi, n'est-ce pas ?

— Oui, je le sais maman. Pourquoi cette question ?

— Eh bien, j'ai eu le temps de prospecter depuis ta sortie de l'hôpital, expliqua Catherine. J'ai peut-être trouvé quelqu'un qui pourrait t'aider et…

— Maman ! Je sors tout juste de ma séance avec le psy de l'hôpital et tu sais bien que… je n'aime pas ça. Ce n'est pas pour moi.

— Je sais cela, répliqua madame Wells. La personne en question n'est pas un psychologue. Pas du tout. Je souhaite seulement que tu acceptes de le rencontrer. Ne serait-ce qu'une seule fois ? Si tu ne souhaites pas poursuivre, tu n'auras pas à le faire. Va le voir une seule fois, ce n'est pas grand-chose !

Anna savait que sa mère avait raison. Cela faisait des mois qu'elle vivait recluse, en arrêt maladie, passant ses journées à pleurer sur son sort, n'ayant plus goût à rien… Elle ne parvenait même pas à y songer sans sombrer. Elle se mit à pleurer, elle avait les jambes qui flageolaient. Elle s'appuya sur un des marronniers qui bordaient le chemin de promenade autour du lac.

— Je… je… n'y arrive pas, maman, dit-elle entre deux sanglots. Je suis tellement désolée. Je ne suis pas aussi forte que toi. Quand papa est mort, tu as surmonté ça avec tellement de courage que je t'en voulais presque !

Catherine Wells eut soudain l'air triste.

— Tu ne sais pas comment j'étais en dehors de ta

présence, ma chérie. Il fallait que je sois forte pour toi, mais… J'ai eu des instants terribles moi aussi. C'est bien pourquoi je sais parfaitement ce que tu ressens. *Même si les circonstances pour toi ma fille étaient bien plus dramatiques que pour moi,* admit-elle n'osant pas exprimer cette pensée à voix haute.

Catherine Wells prit sa fille dans ses bras et tout en lui caressant tendrement la nuque, tenta de la consoler.

— Je vais maintenant t'avouer quelque chose. J'ai traversé la même chose que toi. La seule différence était que… je t'avais, toi ! Tu me donnais la force de vouloir m'en sortir. En ta présence, je donnais le change, mais… j'étais au fond du trou. J'aimais ton père, tu sais. Sa mort m'a affectée bien au-delà de tout ce que tu pourrais imaginer !

— Je… je suis désolée, maman. Je pensais que tu étais très courageuse. Il y a même eu un moment où j'ai cru que tu n'aimais plus autant papa et que c'était peut-être pour cette raison que tu avais l'air de si bien vivre sa mort… Je suis désolée, maman !

— Il n'y a vraiment pas de quoi ! Tu ne pouvais pas savoir, je ne voulais pas t'en parler à l'époque, c'était ma décision. J'ai peut-être eu tort. Sur le moment, c'était ce qui me semblait le plus juste à faire : te préserver et garder ma peine pour moi. Aujourd'hui, je me rends compte que ce n'était sans doute pas le meilleur choix. On fait ce qu'on peut ma fille, on se trompe parfois, la vie est ainsi !

Anna acquiesça.

— Allez, ne t'en fais pas. Tu t'en sortiras comme je m'en suis moi-même remise, j'en suis certaine. On est des battantes, ça finira par aller mieux, je le sais. Seulement, il ne faut pas toujours se fier aux apparences ; combien de fois ai-je répété cela ?

Tout en lui pressant affectueusement la nuque, Catherine releva la tête d'Anna et déposa un baiser sur sa joue sur laquelle coulaient des larmes salées.

— Allez, sèche tes yeux. Je dois t'avouer que cela ne s'est pas fait tout seul. J'ai eu besoin d'aide.

Anna releva la tête et fixa sa mère.

— Tu es allée voir un psy ?

— Non… du moins pas exactement !

Anna ne cacha pas son étonnement :

— Comment ça : « pas exactement » ?

— Eh bien… Je dois te dire que c'est grâce à Caroline, tu sais mon employée à la boutique ?

— Celle qui est un peu enveloppée ?

— Oui, celle-là même. C'est elle qui m'a parlé de William pour la première fois.

— William ?

— Oui, il s'appelle comme ça. C'est un personnage très spécial, étrange et haut en couleur, tu sais !

Catherine se remémora l'époque où elle l'avait rencontré. En réalité, c'était la mère de Caroline qui connaissait cet homme excentrique. Apparemment, selon les dires de son employée, il avait une certaine capacité à aider les gens qui allaient mal. Dans un premier temps, Catherine avait imaginé qu'elle allait voir une sorte de pseudo voyant ou même un guérisseur ? William était bien plus que cela. Il l'avait aidée à s'en sortir quand elle en avait le plus besoin. Maintenant, c'était au tour d'Anna. Catherine Wells l'avait contacté alors qu'Anna était encore hospitalisée dans l'unité de soins intensifs, à l'hôpital américain de Neuilly. Mais à son grand regret, ce dernier lui avait dit de revenir le voir plus tard. Qu'il était trop tôt et que, parfois, ne pas intervenir était la meilleure chose à faire pour aider certaines personnes. Elle n'était pas d'accord et avait protesté, mais sans résultat. Et puis, elle avait reçu un message aussi inattendu qu'inespéré :

« *Bonjour, Catherine, comment va votre fille ? William* ». Elle l'avait aussitôt contacté, lui expliquant que sa fille était toujours dans le plus profond désarroi, que sa vie était figée et qu'elle avait besoin de son aide, ce qu'il avait accepté finalement.

— Ma chérie, je ne te demande pas grand-chose.

Anna n'eut pas le courage de regarder sa mère dans les yeux.

— Oui, quoi ?

— Tu dois, à partir de maintenant, consacrer ton temps et ton énergie à faire tout ce qu'il faut pour t'en sortir. Tu comprends ?

Cette phrase lui fit l'effet d'une claque en pleine figure. La déclaration qui claquait tel un ordre résonna dans sa tête : « *Tu dois à partir de maintenant consacrer ton temps et ton énergie à faire tout ce qu'il faut pour t'en sortir.* » Quelque chose se craquela soudain en elle. La cuirasse céda. L'armure se brisa. Elle sentit une petite brise lui caresser le front. Elle entendit le clapotis de l'eau du lac contre le rebord du talus, le chant des oiseaux qui peuplaient l'arbre qui l'abritait des rayons du soleil. Elle eut soudain l'impression de se réveiller d'un long sommeil. Peut-être était-ce le lieu ou l'instant propice, à moins que les paroles de sa mère fussent cette fois-ci portées par une force spéciale, une émotion qui avait contribué à ouvrir le verrou.

Depuis son réveil après l'attentat et les trois semaines de coma qui avaient suivi, elle vivait dans le déni. Un déni complet. Un refus de poursuivre une vie sans lui. Comment continuer quand on a perdu sa raison de vivre ? Stéphane était cette raison. Tout s'était envolé en un instant. La faute à la folie d'une époque où le terrorisme frappait partout et n'importe quand, une civilisation du vingt et unième siècle où l'humanité se morcelait parfois en éclats de vies brisées.

Anna regarda sa mère. Elle demanda :

— Je crois… que tu as raison, maman.

Catherine perçut le regard neuf de sa fille. Elle acquiesça.

— Oui, ma chérie. Je parle de tout ce qui pourrait te venir en aide. Viens, continuons à marcher. Tiens ! dit-elle tout en lui tendant un mouchoir en papier. Tu veux bien voir William alors ?

— Oui, mais à une condition, maman !

— Laquelle ?

— Tu m'accompagnerais ?

Catherine sentit une joie intense l'envahir.

— Bien sûr !

Elles marchèrent pendant une centaine de mètres jusqu'à un banc où elles décidèrent de s'installer un moment. Il y avait très peu de monde hormis quelques joggeuses qui profitaient de la pause déjeuner pour entretenir leur ligne.

— C'est parfait ! Je vais contacter William et voir quand il pourra te recevoir. Le plus tôt sera le mieux. De ton côté, tu dois voir avec ton médecin pour… obtenir le droit de voyager pendant ton arrêt maladie, déclara Catherine Wells.

Anna fit une moue surprise :

— Quoi ?

— Oui, ma fille, il faut que tu changes d'air ! Tu reviendras quand tu iras mieux, voilà comment je vois les choses. Il me semble impossible que tu guérisses en restant cloîtrée dans ton environnement quotidien ! De plus, je connais William. Pour l'avoir vécu moi-même, je sais comment il procède. Je mettrais ma main à couper qu'il va te demander de partir quelque part !

Anna écouta sa mère pendant encore de longues minutes. Restant muette mais à l'écoute des arguments qui, elle devait l'avouer, paraissaient solides.

— Tu as raison, maman. Je m'occuperai de ça dès demain matin. Je vais prendre rendez-vous avec mon médecin traitant et voir si cela peut être fait. Toi, tu t'occupes de ton ami et tu me tiens au courant, dit Anna.

Catherine Wells, assise à l'extrémité du banc, glissa plus près d'Anna et l'étreignit avec force. Bien sûr, dès demain, elle l'appellerait dès la fin de journée pour savoir si le rendez-vous médical était bien programmé. Toutefois, elle percevait un nouvel élan. Elle l'avait vu dans le regard d'Anna. Ses paroles avaient dû, cette fois, toucher sa fille plus profondément qu'auparavant. Elle murmura à l'oreille de son enfant :

— Tout ira bien... j'en suis sûre. Allez, viens, on va traverser le lac et aller déjeuner au *Chalet des îles*, il y a une magnifique terrasse au bord de l'eau.

Bras dessus, bras dessous, les deux femmes se dirigèrent vers l'embarcadère.

3

La machine Catherine Wells s'était mise en marche. Cela n'avait pas traîné, elle avait obtenu une entrevue entre William et sa fille pour le lendemain matin. Elle savait qu'il ne fallait pas attendre. Un élan nouveau s'était emparé d'Anna et il fallait en profiter. Quand le vent se met à souffler après le calme, il faut hisser les voiles sans tarder. Elle appela Anna aussitôt pour lui dire la bonne nouvelle. Cette dernière n'en fut pas étonnée, elle connaissait sa mère. Elle avait rendez-vous le lendemain matin, très tôt. Catherine lui proposa de la rejoindre chez elle puisqu'il était convenu qu'elle l'accompagnerait. Anna répondit qu'elle s'occuperait du petit-déjeuner. Tout était planifié. Il n'y avait plus qu'à espérer que tout se déroulerait comme prévu.

*

Le lendemain matin, Anna et Catherine se rendirent chez le fameux William. La jeune femme, soucieuse de faire plaisir à sa mère, était d'accord pour rencontrer le bonhomme, mais au moindre signal d'alerte qui s'allumerait en elle, l'entrevue s'arrêterait là. D'accord pour faire plaisir à maman, pas d'accord pour se laisser manipuler par un charlatan ou autre gourou de pacotille. Elle avait écrit un article, autrefois, sur ces types-là. Elle en connaissait assez pour voir de quoi il retournait. Guidée par sa mère, Anna entra dans un hall d'immeuble du dix-septième arrondissement de Paris. Quelques mètres plus loin, il y avait une cour intérieure qui ressemblait presque à un jardin tant il y avait de plantes gigantesques de tous côtés. Après la cour, un autre petit hall puis une porte près de laquelle Catherine Wells se posta.

— Nous y sommes !

— Bien.

Catherine sonna et une femme au chignon parfait et à l'allure guindée malgré un certain embonpoint les accueillit avec froideur. Catherine Wells se présenta et la dame désagréable les invita à s'asseoir sur une des chaises qui s'étendaient sur le pourtour de la salle. Plusieurs minutes s'écoulèrent sans qu'Anna eût le courage de prendre ses jambes à son coup. Elle avait promis de voir ce type, mais, sans la présence de sa mère avec elle, elle aurait piqué un sprint vers la sortie sans un mot pour le glaçon qui lui avait ouvert la porte.

— Mademoiselle Wells ! Veuillez me suivre s'il vous plait, ordonna la matonne en détaillant Anna des pieds à la tête.

Anna se leva sans hâte et se tourna vers sa mère.

— Tu ne viens pas avec moi ?

— Non ma chérie. Je t'attends ici. Ne t'en fais pas, tout va bien se passer.

— Dans le cas contraire, je me tire vite fait !

Quand Anna entra dans la pièce, elle fut surprise de constater une luminosité douce, tamisée, qui contrastait nettement avec l'éclat lumineux de la vaste salle où elle attendait assise sur un siège confortable quelques minutes auparavant. Une cheminée moderne fermée par une vitre abritait un feu léger qui suffisait à éclairer une partie du salon.

Un homme debout et de dos regardait par la fenêtre. Il

était vêtu simplement, un jean noir et une chemise dans le même ton. Anna s'attendait à un accoutrement New-Age, un peu comme les gourous que l'on voit parfois dans des reportages sur les sectes. C'était plus fort qu'elle, elle l'avait imaginé comme un charlatan, avec toute la panoplie. Sans se retourner, il s'adressa à elle.

— Bonjour, Anna.

La jeune femme surprise et intriguée balbutia :

— Bonjour.

N'importe quoi ! pensa-t-elle. Elle ne voulait pas paraître en position d'infériorité et encore moins de faiblesse. Elle n'allait pas entrer dans le jeu de ce type aussi facilement que sa mère. Si réellement, ce monsieur avait un talent pour aider les âmes en peine, il allait devoir le démontrer, elle n'avait aucune intention de lui faciliter la tâche.

Le vieil homme se tourna lentement pour lui faire face. Il avait les cheveux châtains clairs parsemés de gris, et un regard d'une clarté presque irréelle. Ses yeux aux nuances d'émeraude paraissaient la sonder jusqu'au plus profond de son âme. Une barbe blanche coupée court révélait un âge avancé que le reste de son visage ne trahissait étonnamment pas.

— Je m'appelle William.

— Je sais, répondit Anna, sèchement.

Il s'approcha en contournant la table qui lui faisait face. Il fit un geste de la main, paume tournée vers le haut, indiquant deux sièges posés de part et d'autre d'une table basse en verre fumé.

— Je vous en prie, asseyez-vous, dit William en allant s'asseoir sur l'autre fauteuil.

Anna ne se sentait pas très à l'aise, mais elle obtempéra et prit place dans le fauteuil laissé libre par le vieil homme.

— Désirez-vous boire quelque chose ? Une tasse de thé peut-être ? J'ai aussi du café si vous préférez ? demanda le vieil homme en gratifiant Anna d'un sourire sincère.

— Un café, ce sera parfait. Merci.

Le vieil homme répondit par un signe de tête affirmatif puis s'empara d'une dosette d'un Arabica équilibré qu'il plaça dans la machine.

— Surtout, ne le prenez pas mal Anna. Puis-je vous poser une question indiscrète ?

Il ne perdait pas de temps ce vieux charlatan. D'entrée de jeu : une question indiscrète. Anna l'aurait bien envoyé sur les roses, mais elle était curieuse de voir où ce type voulait en venir.

— Dîtes-moi et on verra bien si je souhaite vous répondre ou non.

William parut amusé par la réponse.

— Je voudrais que vous me disiez combien de tasses de café vous consommez par jour.

Anna fut prise au dépourvu. Elle ne s'attendait clairement pas à cette question. Quel rapport avec sa détresse psychologique d'ailleurs ? Elle répondit du tac au tac :

— Je n'en ai pas la moindre idée. Vous savez vous combien de tasses de thé vous prenez chaque jour.

Voilà, elle lui montrait qu'elle n'était pas du genre à se laisser décontenancer par des questions aussi stupides.

Le vieux monsieur la fixa et son regard azur la transperça d'une étonnante bienveillance en dépit du ton agressif qu'elle avait sciemment utilisé. Il attrapa la tasse de café qui était au trois quarts remplie et, tout en lui offrant son expresso, répondit :

— Je consomme chaque jour quatre tasses de thé vert issu de l'agriculture biologique. Bien qu'il m'arrive de goûter au thé noir ainsi qu'en certaines occasions à un Earl Grey, c'est en définitive relativement précis, oui. Quatre tasses quotidiennement. Et vous ?

Anna fit le compte et réfléchit à haute voix.

— Deux grandes tasses le matin avant de partir travailler. Une à la pause de dix heures. Une le midi. Une autre vers quatorze heures. Une vers seize heures. *Est-ce que le décaféiné compte dans l'addition ?* Et puis un déca le soir… parfois.

Le visage du vieil homme s'illumina quand son air grave fut remplacé par un large sourire. La lumière de la lampe tamisée reflétait contre la nacre de ses dents blanches. Il prit place en face d'Anna et posa sa tasse de thé sur la table basse.

— Donc vous consommez quatre tasses d'expresso et deux autres de café américain chaque jour. Il ferma les yeux un instant puis chercha le regard d'Anna. Je ne compte pas le décaféiné dans notre addition.

Anna, un peu agacée, cherchait à comprendre ce que ce type avait en tête. Vraiment elle ne voyait pas le moindre rapport entre ses problèmes personnels et sa consommation quotidienne de café. Finalement, cet étrange personnage n'était peut-être qu'un vieux fou. Elle résista à l'envie de poser sa tasse et de décamper sur le champ. Il était plus sage de voir où le vieil homme voulait en venir.

— Pardonnez-moi, monsieur, mais…

— Appelez-moi William, s'il vous plaît !

La jeune femme acquiesça d'un signe de tête.

— Bien, je vais essayer. Elle porta la tasse d'expresso à ses lèvres, but une gorgée et continua.

— En fait, William, je ne vois vraiment pas où vous voulez en venir et cela me déconcerte quelque peu.

À son tour, le vieil homme goûta son thé vert, en

apprécia la saveur forte et racée. Il posa sa tasse et répondit.

— Vous marquez un point, Anna. J'apprécie beaucoup votre honnêteté à mon égard. Souvent mes interlocuteurs, pensant ménager ma susceptibilité supposée, n'osent pas m'indiquer leur état d'esprit. Vous, vous jouez franc jeu et c'est appréciable. Cela pose les bases d'une franche discussion sans faux semblant. Je vous remercie pour cela.

Cet aveu du vieil homme eut pour effet de détendre quelque peu Anna. Il aurait pu mal prendre sa question, l'interpréter comme un manque de respect ou même de l'arrogance de sa part. Après tout, c'est elle qui venait le trouver pour demander de l'aide.

William ne lui laissa pas le temps de cogiter davantage, il se leva lentement, s'éloigna de la jeune femme et se posa près de la cheminée puis reprit :

— Le nombre de cafés quotidiens n'a en réalité que peu d'importance. Le point essentiel est de me dire si vous désirez ces cafés ou non. Choisissez-vous de boire ces cafés en totale conscience, ou bien vous laissez-vous gagner par l'addiction inconsciente ?

Anna parut décontenancée, machinalement elle posa son regard sur sa tasse qu'elle tenait dans sa main droite, elle résista à l'envie de la poser immédiatement sans la finir. Elle devait avoir les joues rosies comme si elle n'était qu'une gamine prise avec les doigts dans le pot de confiture.

— Eh bien… Euh… Je ne sais pas trop. Que voulez-vous dire par « addiction inconsciente » ? balbutia-t-elle.

Le vieil homme s'éloigna de la cheminée et s'approcha de la table basse.

— Anna, vous permettez que je m'assoie en face de vous, demanda-t-il.

La jeune femme fut troublée par cette question. Elle était son invitée, dans sa demeure et il lui demandait la permission de s'asseoir. Décidément ce vieux monsieur était spécial, peut-être pas fou, mais étrange assurément. Elle répondit :

— Bien sûr, voyons, je vous en prie.

William s'installa donc juste en face d'Anna et plongea son regard vert émeraude dans les yeux d'Anna. On aurait dit qu'il pouvait lire en elle avec une simplicité déconcertante.

— Merci, dit-il avec sincérité. J'ai pris comme exemple le café, car c'est une des addictions les plus courantes après le tabac, je présume. Vous fumez, mademoiselle Wells ?

Anna posa sa tasse sans la finir et, comme elle n'était pas fumeuse, put répondre avec plus d'assurance.

— Non, je ne fume pas.

— D'accord. Cela dit, pour vous c'est le café, pour d'autre c'est le tabac. Je connais certaines personnes totalement accrocs à la cigarette. Tenez, madame Karanski par exemple…

Il s'arrêta sentant qu'Anna s'interrogeait sur l'identité de madame Karanski. Il pointa la porte d'entrée du salon qui s'ouvrait sur la petite salle avec un sofa où elle se trouvait quelques minutes auparavant.

— C'est la personne qui vous a reçue quand vous êtes arrivée, poursuivit-il. Elle vous a installée dans la pièce à côté, ensuite c'est elle qui vous a fait entrer dans cette pièce ici même.

Anna se remémora la dame d'un certain âge, un peu froide et peu avenante à qui elle s'était présentée à son arrivée. Elle avait l'air d'une grand-mère vêtue à l'anglaise, une vieille lady trop guindée.

— Je vois, oui. C'est votre secrétaire que j'ai vue en arrivant.

— Exactement. Eh bien, elle va fumer sa cigarette

toutes les soixante minutes ! Dès que l'horloge marque une nouvelle heure... Bing, madame Karanski s'allume une nouvelle cigarette dans la cour intérieure. C'est une habitude qui est devenue un automatisme au fil des années. Une action qui n'est plus dictée que par le besoin physiologique du corps qui réclame son apport de nicotine à intervalle régulier. Nous pourrions tout aussi bien prendre l'exemple d'un alcoolique qui ne fait plus qu'assouvir un besoin devenu une addiction avec le temps. Vous buvez du vin, Anna ?

— Eh bien, oui, cela m'arrive, comme tout le monde.

— Et vous arrive-t-il d'apprécier un bon Bordeaux par exemple ?

— Je suis plus... Bourgogne, mais oui à l'occasion.

— Vous allez donc, en conscience, vous délecter d'un bon verre d'un grand cru, Bourgogne plutôt que Bordeaux pour ce qui vous concerne. Sans aller jusqu'à être une experte en œnologie, vous saurez écouter votre nez, vos papilles gustatives, et prendre conscience de votre verre de vin. L'alcoolique, lui, n'apprécie plus ce qu'il boit. Il ne fait plus que remplir un manque. Il peut même arriver dans certains cas extrêmes qu'il en vienne à boire de l'alcool à 90°, vous imaginez ? J'ai pris l'exemple du vin, mais c'est tout aussi vrai avec n'importe quoi : du whisky, ou tout ce que vous voudrez. C'est aussi vrai pour les cigarettes de ma secrétaire...

— ... qui n'agit plus qu'en mode automatique !

— Oui, c'est exactement ça.

Anna ne pouvait qu'être d'accord avec le vieux bonhomme. Elle connaissait même d'autres addictions automatiques : le shopping par exemple. Elle avait une collègue au journal qui remplissait ses manques en surconsommant. Il n'y avait plus aucun plaisir de s'offrir et posséder un vêtement, juste celui de pallier au manque. La question étant de savoir quel manque ? Anna avait, un jour, tenté d'engager la conversation à ce sujet avec sa collègue, alors qu'elle venait de s'offrir son dixième sac à main au cours de l'année, mais cela n'avait pas été concluant. Elle n'avait fait que provoquer une réaction d'irritation et de rejet. Anna avait laissé tomber, ce n'était pas son problème après tout. Anna avait tout de même l'impression de tourner en rond avec ce vieux type et ses histoires d'addictions. Elle se dit qu'il était temps de le provoquer.

— Bon, d'accord, je veux bien admettre que je bois trop de café… Et après ?

William resta impassible.

— C'est la même chose pour le bonheur, Anna !

— Pardon ? s'exclama-t-elle.

William la fixa intensément.

— Vous avez bien entendu, Anna. C'est la même chose pour le bonheur. Vous avez automatisé tous les petits riens de votre quotidien, vous n'en avez plus aucune conscience au point que vous n'en appréciez plus la saveur, et encore moins la valeur…

Elle le coupa.

— Vous savez ce que je viens de traverser ? Ma mère vous a dit ce qui m'est arrivé ?

— Oui.

— Donc… vous êtes au courant ?

— Oui.

Anna avait envie d'exploser. C'était forcément un charlatan ou bien un fou furieux. Il savait qu'elle avait perdu son compagnon dans des circonstances exceptionnellement dramatiques, et… et lui, il venait lui parler des petits riens de tous les jours, le genre de petits trucs dont elle se fichait éperdument depuis un an.

— Vous êtes en train de parler des petits bonheurs

simples de tous les jours, c'est bien de cela qu'il s'agit ? s'emporta-t-elle.

— Tout à fait, répondit William. Il avait réussi à provoquer une réaction, de la colère, d'accord, mais c'était un premier pas. Catherine Wells lui avait demandé de l'aider à faire sortir sa fille de son apathie larmoyante. Il avait ouvert une brèche.

— Comment croyez-vous que je puisse apprécier les bonheurs simples du quotidien alors que l'amour de ma vie est… mort ? Alors qu'ils l'ont tué en l'écrasant sous les roues d'un camion ? Alors que tous ces gens ont été sacrifiés et qu'ils sont morts à mes pieds… avec Stéphane.

William se leva à la recherche d'un mouchoir en papier. Anna pleurait.

— Tout cela n'a aucun sens ! lâcha-t-elle entre deux sanglots.

Il lui tendit le mouchoir blanc.

— C'est exact.

Elle prit le kleenex, se moucha.

— Quoi ?

— Ce que vous avez dit.

— Je ne comprends pas !

— Vous avez vécu un… accident de la vie, Anna. Pour l'instant, et cela peut changer croyez-moi, ce malheur n'a aucun sens, c'est ce que vous venez de me dire. Et vous n'imaginez pas à quel point vous avez raison.

— Vous êtes en train de me dire que la mort de Stéphane n'a… aucun sens ? C'est bien ça ?

— Exact.

— Vous vous fichez de moi ?

— Pas du tout. La vie n'a aucun sens… si c'est ce que vous pensez !

— Qu'est-ce que vous dites ?

— C'est à chacun d'entre nous de le créer, Anna. Si vous persistez dans l'idée que votre vie n'a aucun sens, que la mort de votre compagnon, non plus, c'est exactement ce que vous vivrez. Nous sommes tous des créateurs, bien plus puissants que ce que nous pensons. Regardez-vous. Que faites-vous depuis cet accident ? Rien, n'est-ce pas ? Vous vous apitoyez sur votre sort et, en l'espace d'une année, qu'avez-vous fait ? Qu'avez-vous appris ?

Anna l'aurait bien volontiers giflé. Mais là, assise dans ce salon, à écouter des sornettes pareilles, elle se demandait comment elle avait pu se fourrer dans un tel bourbier. Elle n'allait pas encaisser ses provocations sans réagir. Elle décida de le défier du regard.

— Vous parlez sans savoir ! Vous ne pouvez pas comprendre.

— Bien sûr que si.

Anna se leva et se dirigea vers la porte.

— Vous dites n'importe quoi. Je m'en vais ! Vous direz à ma mère combien je vous dois. Je suis désolée de vous avoir fait perdre votre temps, mais ça ne va pas être possible. Pardonnez-moi, mais… vous ne savez pas de quoi vous parlez !

William ne parut pas offusqué par cette remarque. Il mit cependant les choses au point.

— Il n'est pas question de payer quoi que ce soit, Anna. Je ne fais pas ça pour faire de l'argent.

Elle se figea.

— Quoi ?

— Ce n'est pas une question d'argent, répéta-t-il.

Anna ne put cacher son étonnement. Elle se tourna face à lui.

— Vraiment ?

— Tout à fait. Catherine ne vous a rien dit à ce propos ?

Sans lui laisser le temps de poursuivre, elle enchaîna :

— Non. Nous n'avons pas abordé le sujet.

Anna ne s'attendait pas à cela. Depuis qu'elle avait accepté ce rendez-vous, pour faire plaisir à sa mère, elle avait construit un à priori conventionnel concernant ce vieux bonhomme. Connaissant sa mère et ses idées farfelues, son attirance pour les médecines parallèles, les dérives New-Age et compagnie, elle s'était imaginé rencontrer un charlatan comme il en existe des milliers, le genre de personne qui utilise la crédulité et parfois la bêtise de ses victimes. Depuis la mort de son père, Anna avait parfois dû se fâcher avec sa mère pour qu'elle ne se laisse pas vampiriser par tous ces malveillants cupides. Elle sentait son cœur palpiter, sa peau était moite, mais quelque chose de nouveau avait refait surface. Comme avant. La passivité, l'apathie qui la caractérisait depuis tant de mois s'était dispersée. Elle se sentait revigorée. Par quoi ? Par ce type ? Peut-être. Après tout qu'importe. Elle avait juste envie de se battre pour défendre ses convictions que ce William ne cessait de bousculer.

— William, je peux être franche avec vous ?

— Bien entendu.

Elle se lança dans le vide.

— Très bien. Alors voilà, je pense que ma mère est une femme dont la gentillesse n'est dépassée que par sa trop grande naïveté, une veuve qui, depuis la mort de mon père, a déjà été dupée par quelques personnes sans vergogne, des parasites sans scrupule, des sangsues cherchant à exploiter sa crédulité afin de lui soutirer de l'argent la plupart du temps.

(Elle fronça les sourcils et respira un grand coup avant de poursuivre.) Dans le passé, elle s'est entourée de farfelus qui, pour leur part, ne cherchaient pas à lui soutirer ses biens, mais… à entretenir leur tendance narcissique en se faisant passer pour des voyants, des guérisseurs, bref… des personnes aimant attirer l'attention sur eux pour se sentir plus importantes qu'ils ne l'étaient réellement. Certains se sont fait passer pour des médiums, expliquant à ma mère qu'ils pourraient entrer en contact avec mon père dans l'au-delà. Vous voyez le genre d'inepties ?

— Cela sent le vécu ! ironisa William.

— En effet, avoua-t-elle. (Elle fit une pause et s'approcha de lui.) William, êtes-vous ce genre de personnage opportuniste ?

Il lui fit un grand sourire.

— Anna, vous êtes formidable. Je le pense sincèrement, si vous saviez comme votre honnêteté me plaît.

Il l'invita à s'asseoir de nouveau, puis poursuivit :

— Je pense qu'il est nécessaire de tirer au clair certaines zones d'ombre, Anna. Tout d'abord, je n'ai aucunement besoin d'argent. Je suis aujourd'hui un vieil homme rangé des affaires… à la retraite, si vous préférez. Je vous dis cela parce que j'étais, autrefois, un homme d'affaires que l'on pourrait qualifier de… riche et puissant. Je ne suis plus puissant, puisque n'étant plus actif, mais je demeure cependant, comment dire… à l'abri du besoin.

Anna haussa un sourcil.

— Si je vous suis bien, vous êtes en train de me dire que vous faites cela… gratuitement ?

— Tout à fait.

— Et pour ma mère ?

— Que voulez-vous dire ?

— Elle m'a avoué tout récemment que vous l'avez aidée quand mon père est mort. Vous ne lui avez pas demandé d'argent… pour votre aide ?

— Bien sûr que non ! se défendit William.

Anna décoléra soudain. Elle s'était imaginé un scénario qui, tout à coup, tombait à l'eau. Retrouver son calme et faire la part des choses. C'est avec ce leitmotiv qu'elle poursuivit :

— Peut-être alors êtes-vous en quête d'une sorte d'estime de soi, de gloire… disons… locale ? Un petit cercle de gens qui graviterait autour de vous en n'ayant de cesse de vous flatter, célébrer votre générosité à l'égard des pauvres bougres qui ont besoin d'un peu de soutien. Vous, William, toujours là pour épauler, guider le troupeau d'âmes en peine. Je me trompe ?

Il resta silencieux, laissant Anna dans l'expectative. Comme la réponse ne venait pas, elle continua :

— J'ai touché un point sensible, c'est ça ?

Le vieil homme répondit, avec une pointe de mélancolie dans la voix :

— Je cherche seulement à m'acquitter d'une promesse.

Cette réponse laissa Anna perplexe. Que voulait-il dire ? Il fallait continuer à prospecter, découvrir les motivations de ce type avant de prendre une décision : partir ou rester ? Elle voulait avancer un peu plus loin et découvrir qui se cachait derrière cette façade qui se voulait impassible. Malgré ses angoisses et ses tourments, Anna semblait animée d'une force tranquille. Elle n'était pas résolue à se laisser manipuler par qui que ce soit. Il fallait qu'elle sache. Elle poursuivit :

— Quelle promesse ?

William posa sa tasse de thé et passa sa main dans sa barbe blanche taillée à ras. Il prit une grande inspiration et répondit :

— Une promesse que j'ai faite il y a bien longtemps. Une promesse que, depuis lors, je ne cesse d'essayer d'honorer.

Anna resta muette. Une émotion contenue se lisait sur les traits de William. Quelque chose qui avait dû marquer profondément ce vieil excentrique. Elle ignorait quoi, mais était bien déterminée à le savoir. Pas question de continuer à discuter avec lui sans qu'il daigne à son tour baisser sa garde et se livrer un peu, lui aussi.

— Quelle promesse ? demanda-t-elle à nouveau.

William soupira.

— Est-ce important pour vous d'en savoir davantage, Anna ?

C'était même de la plus haute importance pour elle. Elle avait besoin de savoir ce qui poussait ce William à s'investir comme ça, gratuitement, pour aider les autres. Si ce type était vraiment altruiste, s'il n'y avait rien de caché sous le tapis, elle devait pouvoir y croire. Ce n'était pas le cas à présent. Sa décision quant à savoir si elle allait partir ou bien rester dépendait de ce qu'il consentirait à lui raconter.

— Oui, ça l'est ! répondit-elle sans la moindre hésitation.

— Je vois.

Il se leva et lui tendit la main.

— Croyez bien, Anna, que je suis sincèrement désolé de ne pouvoir répondre à votre demande. Je vais vous raccompagner jusqu'à la salle d'attente où vous retrouverez votre mère, annonça-t-il tout en joignant le geste à la parole. De la main, il indiqua la porte de sortie. Si vous voulez bien me suivre…

Anna tomba des nues. Elle s'attendait à quelque révélation importante et, au lieu de cela, elle se faisait… congédier. Elle ne sut trop quoi répondre ni quoi faire, alors elle se leva et le suivit jusqu'à la porte.

— Au revoir, Anna ! dit-il. Vous savez, je pense qu'il vous appartient de tracer votre propre chemin. Et puis, en guise d'au revoir, laissez-moi vous dire une chose que j'ai apprise moi-même autrefois. Vous n'êtes pas ce qui vous arrive. Vous êtes ce que vous choisissez d'être.

La porte se ferma et Anna resta immobile un moment. Elle marcha lentement pour franchir les quelques mètres qui séparaient le petit couloir qui débouchait sur la salle d'attente. Elle tourna face à madame Karanski qui ne leva pas les yeux de son magazine alors qu'elle passait devant son bureau. En la voyant arriver, Catherine Wells quitta le sofa et s'approcha pleine d'enthousiasme.

— Alors ma chérie, comment cela s'est-il passé ?

Anna qui n'avait toujours pas repris tous ses esprits balbutia :

— Eh bien, je pense que… euh… je crois qu'il m'a virée !

4

La mère et la fille marchèrent à grands pas jusqu'à la voiture. Installée dans l'habitacle, Catherine releva ses cheveux en arrière, s'y prenant à deux mains d'un geste rapide et saccadé qui trahissait son incompréhension, puis s'adressa à Anna :

— Que s'est-il passé ?

— Je pense que j'ai dû vexer ton ami !

— William ! Se vexer ! C'est impossible.

Catherine attrapa sa ceinture de sécurité et tira dessus avec force. Le système d'autoblocage empêcha le bon déroulement de la sangle qui résista.

— Si tu tires trop fort, ça bloque ! expliqua Anna. Il faut tirer doucement.

— Quoi ?

— Ta ceinture de sécurité. Si tu tires dessus comme une dingue, ça se bloque.

Catherine fixa sa fille. Il fallait qu'elle se calme. Elle respira un grand coup et se détendit sur la sangle qui, du coup, se laissa apprivoiser. Sa ceinture bouclée, elle reprit :

— Je… je n'y comprends rien ! Comment ça : il t'a

virée ?

Anna s'attendait bien sûr à devoir trouver une explication concernant la tournure inattendue des évènements. Le problème était que… elle n'en avait pas, enfin pas vraiment. Sauf si le vieux bougre s'était effectivement formalisé.

— Que veux-tu que je te dise ? Je ne sais pas pourquoi. On discutait tranquillement. Et puis, d'un seul coup, il m'a montré le chemin de la sortie, en disant qu'il ne pouvait rien faire pour moi. C'est tout.

— Mais enfin, Anna, c'est tout simplement impossible. Je connais bien William. Il ne t'aurait pas congédiée comme ça, sans raison ! Il s'est forcément passé quelque chose, non ?

Anna hésita à entrer dans les détails. Et puis, après tout, quelle importance cela pouvait-il bien avoir ?

— Maman, je l'ai un peu asticoté… juste un peu. Je suis venue parce que tu me l'as demandé, n'est-ce pas ?

Catherine ne pouvait nier l'évidence.

— Oui, c'est vrai. Mais quand même, tu aurais…

— Stop ! Je n'allais pas me laisser interroger sans contrepartie, maman. Tu me connais, à quoi est-ce que tu t'attendais ?

— Que veux-tu dire ? Sans contrepartie, qu'est-ce que ça signifie exactement ?

Anna démarra et s'engouffra dans le trafic.

— Il fallait que je comprenne ses motivations. J'avais besoin de savoir pourquoi ce type a un jour, comme ça, décidé de venir en aide aux gens, qui plus est gratuitement ! Je n'ai que très rarement rencontré des personnes vraiment altruistes. Il y a toujours quelque chose qui se cache derrière ce genre d'attitude un peu trop généreuse. Quand c'est trop beau pour être vrai… moi, je me méfie. Voilà !

— Ma fille, écoute-moi, s'il te plaît. Je sais que par le passé, je me suis parfois laissée abuser par des pseudo-guérisseurs, ou pseudo-voyants. Ce temps-là est révolu. J'ai bien changé depuis et, effectivement, tu as raison d'être méfiante. Mais je peux t'assurer que je connais William depuis de nombreuses années, depuis la mort de ton père comme je te l'ai déjà dit, et… jamais il n'a accepté le moindre argent, jamais !

Anna écoutait tout en se concentrant sur la route.

— Maman, je veux bien admettre que ce soit vrai, mais…

— Mais ?

— Ce bonhomme peut tout à fait se satisfaire d'une certaine gloire qu'il tire de son statut. Tu comprends ?

— Euh… pas vraiment !

Anna soupira.

— Le gars serait une sorte de *Zorro*, tu vois ? De pauvres gens viennent le trouver pour lui demander de l'aide parce qu'il s'est fait une certaine réputation, enfin j'imagine ? Il fait de la pub ce type ?

Catherine remua la tête en signe de négation.

— Bon, d'accord. Donc, ce n'est que du bouche-à-oreille, comme avec ta vendeuse Caroline, celle qui t'avait parlé de lui, c'est ça ?

— Oui, c'est exactement ça ! De plus, il arrive qu'il ne puisse rien pour la personne qui le sollicite. Dans ce cas, il le dit.

— Attends ! Comment peut-il savoir ça ? Comment peut-il savoir qu'il ne pourra pas aider quelqu'un ?

— Je ne sais pas. On n'en a pas parlé ensemble. Je l'ai su par l'intermédiaire de Caroline, qui le connaît bien mieux que moi. C'est elle qui me l'a dit. Enfin, c'était surtout sa mère qui était une connaissance de William. D'après ce que je sais, d'abord William n'exerce son talent que très occasionnellement, ensuite il sait très vite s'il peut être d'une certaine utilité ou pas.

Anna resta silencieuse l'espace d'un instant, elle arrivait sur la place de l'Étoile qui demandait une intense concentration sur sa conduite. Elle s'extirpa finalement du trafic épais et bifurqua dans l'avenue Victor Hugo.

— En plus, ton type n'a même pas de nom ! Comment veux-tu qu'on ne s'en méfie pas ? T'imagines, le gars, il s'appelle peut-être William Trucmuche ?

Catherine ouvrit de grands yeux et éclata de rire. Anna ne tarda pas à l'imiter.

— Quoi, ce n'est pas vrai peut-être ?

— Je suppose que oui ! lâcha sa mère, en tentant de retrouver son calme, entrecoupé de quelques soubresauts de rire. Bon, et maintenant, qu'est-ce que tu comptes faire ?

La voiture s'immobilisa juste devant le feu rouge. Elle sortit son téléphone portable.

— Je vais lui envoyer un texto… pour m'excuser. Je pense que j'ai dû faire vibrer une corde sensible. C'est pour cette raison qu'il a réagi comme ça.

— Que lui as-tu dit ?

— Comme il me posait des questions sur moi, je n'ai pas voulu lui donner la moindre information, disons… gratuitement. En échange, je lui ai demandé s'il était un escroc qui abusait de la faiblesse de pauvres gens pour leur soutirer de l'argent.

— Quoi ? Tu lui as vraiment demandé ça ?

— Oui.

Un coup de klaxon strident sortit Anna de ses pensées. Le feu était passé au vert. Elle posa son smartphone sur la console centrale, passa la première et accéléra doucement.

— C'est là qu'il t'a congédiée ?

— Non.

— Euh, tu peux développer un peu, ma chérie ?

— Oui. Il m'a avoué qu'il ne gagnait pas un centime en apportant son aide aux personnes qui le sollicitaient.

— C'est tout à fait vrai. Moi-même, je lui ai proposé de le payer pour ses services, il s'est presque fâché et n'a rien voulu entendre. En plus, j'ai su par la suite qu'il était très aisé financièrement. Il paraîtrait même qu'il dispose d'une grosse fortune. Bref, le seul présent qu'il ait daigné accepter de ma part se résume à un simple service à thé. Comme je ne savais pas trop comment le remercier, et que je savais que c'était un grand amateur de thé, j'ai eu cette idée. Mais, j'ai tout de même dû insister, il avait d'abord refusé.

Anna avait remonté l'avenue Kleber. Elle bifurqua dans la rue Magdebourg. Une centaine de mètres plus loin, elle aperçut une place de stationnement libre. Sans hésitation, elle s'y gara et coupa le contact.

— Tu penses que je suis allée trop loin, maman ?

Catherine resta muette un moment, le temps d'essayer de comprendre pourquoi sa fille s'était arrêtée là.

— Eh bien, je ne sais pas trop. C'est à toi de répondre à cette question. Tu aurais peut-être dû me faire confiance… un peu. Si je t'ai demandé de rencontrer William, c'est parce que je savais qu'il pourrait te venir en aide. Qu'il pourrait t'aider à poursuivre ta route vers la guérison ! Il l'a fait avec moi. Il aurait pu le faire avec toi aussi.

— Mouais, grommela Anna.

— William n'est pas le genre d'homme à aller défoncer les portes closes. Il a dû prendre conscience que tu n'avais pas envie de son soutien. C'est sans doute pour ça qu'il a écourté votre entrevue.

— Peut-être. C'est aussi tous ces salamalecs, tu sais, la secrétaire, la salle d'attente, tout ça quoi !

— C'était seulement la deuxième fois que j'y mettais les pieds.

— Attends, tu veux dire que tu ne l'avais vu qu'une seule fois, avant ?

— Non, pas du tout. Ce bureau est son lieu de travail, c'est là qu'il vient pour s'occuper de... de ce qu'il lui reste de ses affaires, puisque j'ai su qu'il avait vendu une bonne partie de son business, il y a de cela deux ou trois ans. Pour ce qui me concerne, il m'a toujours principalement reçu chez lui, dans le Val-d'Oise, il habite à l'écart de Paris.

— Mouais, fit Anna. Il est quand même spécial ce type.

— Bien sûr ! C'est certain. Il a une capacité très rare, celle de savoir très rapidement sonder les gens ! *Catherine hésita.* J'allais dire... les âmes !

En ce début de journée ensoleillée, la lumière irradiait dans l'habitacle de la petite voiture. Anna abaissa le pare-soleil et s'immisça à nouveau dans la circulation.

— De toute façon, cela ne pouvait pas fonctionner entre lui et moi ! déclara-t-elle.

— Pourquoi ça ?

— Parce que je ne suis pas du genre à me livrer, comme ça, à un parfait inconnu.

Catherine regarda sa fille sans rien dire, esquissant un vague sourire.

— Quoi ? demanda Anna.

— Rien, répondit sa mère.

— Tu parles, pfff... Allez, dis-moi ce que tu as dans la tête.

Catherine se dressa sur son siège passager, gratifiant sa fille unique d'un petit sourire en coin.

— Tu n'as jamais su te confier à qui que ce soit, ma fille. Même pas à…

Anna freina brusquement.

— … à Stéphane ? C'est ça que tu crois ? clama-t-elle en haussant le ton.

Catherine tourna la tête vers la lunette arrière.

— Fais attention ! On va avoir un accident !

Anna passa la première et accéléra pied au plancher. Par chance, la petite Peugeot n'était pas un monstre de puissance, sans quoi Catherine se serait retrouvée collée au siège.

— Je ne parlais pas de Stéphane. Comment voudrais-tu que je sache ce que vous vous confiez l'un à l'autre ? Non, je parle de moi, ta mère.

Anna ne put dissimuler sa surprise. Elle était persuadée que sa mère faisait allusion à son défunt compagnon. Elle était loin d'imaginer qu'elle parlait d'elle-même. Sa colère disparut en un instant, comme par magie.

— Mais enfin, maman… On a toujours parlé toutes les deux, non ?

Catherine, tout en gardant la route des yeux, ne pouvait plus faire machine arrière.

— Non, répondit-elle, sans tourner la tête.

— Hein ? Maman, tu te fiches de moi ?

— Ma fille, si tu veux bien regarder la vérité en face, je te dirais que c'était vrai… jusqu'à la mort de ton pauvre père. Après, cela n'a plus jamais été la même chose. Tu t'es fermée comme une huître. J'ai bien tenté de briser ta carapace, mais je n'y suis jamais arrivée !

— Mais c'est faux ! clama Anna.

— Non, c'est vrai, et tu le sais très bien.

Anna sentait ses tempes palpiter, une chaleur désagréable irradiait sur ses joues qui s'étaient empourprées. Les épaules tombantes, elle risqua un coup d'oeil en direction de sa mère.

— Maman, non ! Pourquoi dis-tu ça ?

Catherine gratifia son enfant d'un regard empli d'une sincère compassion. Elle avait mainte fois différé cet instant, peut-être était-il temps, à présent, de dire les choses telles qu'elles étaient.

— Parce que c'est la stricte vérité, ma chérie.

— Mais…

La mère posa sa main sur l'épaule de sa fille. Ce geste aimant stoppant Anna dans son élan.

— Nous sommes arrivées. Gare-toi là, dit Catherine en pointant une place libre du doigt.

Anna stationna sa 108, coupa le contact. Son regard avait l'air perdu dans le vide. Catherine agrippa Anna par les épaules, l'obligeant à lui faire face. Elle planta ses yeux dans ceux de sa fille.

— Eh ! Tout va bien, d'accord ? Ne recommence pas à culpabiliser, je te l'interdis. Je veux juste que tu prennes conscience que… que… depuis la mort de ton père, les choses n'étaient plus ce qu'elles étaient, c'est tout.

C'était comme si Anna venait de recevoir une grande claque en pleine figure.

— Maman… je suis…

— Chut ! murmura Catherine. J'étais ta confidente à cette époque-là. Le départ de ton père a tout… chamboulé ! Chacun réagit à sa façon face au malheur immense qu'est la perte d'un proche. Toi tu t'es fermée. Moi, j'ai cherché de l'aide à l'extérieur.

— William ?

— Oui, exactement. Tu sais que je ne crois pas au hasard, mon employée me présentant une aide possible, en me parlant de William. Ce fut ma bouée de sauvetage. La tienne était simplement différente. Tu t'es construit des murs pour ne pas sombrer. Je ne vais pas te dire que cela fut facile pour moi, non ! J'ai été privée de… de toi ! Nous étions si proches à cette époque-là, tu te souviens ?

Anna hocha la tête tout en suivant sa mère du regard. Oui, elle se souvenait. Sa mère avait raison. Après la mort de son père, elle avait bâti une sorte de… d'abris ? Une armure ? Un rempart derrière lequel elle serait protégée, où la souffrance, la peine, et ce terrible sentiment d'abandon ne pourraient pas l'atteindre.

— Ça va aller ? demanda Catherine.

Anna hocha à nouveau la tête et prit les mains de sa mère.

— Oui.

— Tu es sûre, ma chérie ?

— Oui. Ne t'inquiète pas. Tu avais raison… je veux dire… à propos de moi.

— Et maintenant ? Que vas-tu faire ?

Anna répondit spontanément :

— Je vais… aller de l'avant !

— Et pour William ?

— Je ne sais pas. Pour le moment, je pense me débrouiller seule. Si tu es dans le vrai, il a dû sentir que je n'étais pas prête à… à accepter une aide extérieure. En y repensant, c'est d'ailleurs pour ça que, malgré toute sa bonne volonté, cela n'a pas fonctionné et… ne produit toujours pas d'amélioration avec le psychologue de l'hôpital de Neuilly. Ce n'était pas lui, c'était moi. Comme maintenant avec William.

C'est là tapi au fond de moi. J'ai besoin de faire les choses…
seule… à ma façon, tu comprends ?

Catherine hocha la tête, indiquant que, oui, elle
comprenait.

— J'ai juste…

— Quoi, maman ?

— … peur que, livrée à toi-même, tu ne t'en sortes pas !
Qu'adviendrait-il si… si jamais tu ne…

— … si je ne m'en sortais pas, c'est à ça que tu penses ?

Catherine opina de la tête tout en détournant les yeux
d'Anna qui, elle, fixait sa maman.

— C'est difficile à expliquer, maman, mais… je SAIS
que je finirai par voir le bout du tunnel. La seule donnée qui
me manque est de savoir… quand cela arrivera ? Et puis… je
vais déjà mieux, tu as vu ?

— Quoi donc ?

— Je me mets de nouveau en colère ! Je recommence à
m'énerver, à perdre mon sang-froid. Cela fait tellement
longtemps que cela ne m'était pas arrivé. Je ne sais pas si j'ai
raison, mais j'ai l'impression que c'est bon signe, non ?

Catherine serra les mains de sa fille avec tout l'amour
d'une mère pour son enfant.

— C'est peut-être un progrès, tu as raison.

Anna s'enflamma :

— C'est plus qu'un simple progrès, maman. Avant, je
veux dire depuis mon réveil à l'hôpital, je me fichais pas mal
de tout ce qui pouvait m'arriver. Qu'ai-je fait en près d'un
an ? Rien. Je restais au lit, des journées entières à pleurer sur
mon sort. Tu m'aurais emmenée chez ton gourou que je ne
l'aurais même pas écouté !

— William n'est pas un gourou ! objecta Catherine.

— Ouais ! Pardon. Je veux dire, ton sauveur, ton ami ou je ne sais quoi. Bref, j'aurais sans doute fixé une tâche que j'aurais aperçue au plafond et je l'aurais laissé discuter en un ennuyeux monologue. Ce dont je suis sûre, c'est que je ne l'aurais pas provoqué ! Je n'aurais pas cherché à en savoir davantage sur lui ! Je n'aurais pas posé la question qui dérange !

Catherine fronça les sourcils.

— Quelle question ?

— Celle qui m'a valu d'être raccompagnée vers la sortie !

Catherine redressa la tête.

— Et que lui as-tu demandé, au juste ?

— Eh bien, à ton avis quelle est la question qui tue ?

— Dis-moi !

— Je te l'ai déjà dit. J'ai voulu savoir quelles étaient ses motivations, ni plus ni moins. Maman, tu perds la mémoire, je te l'ai dit déjà, dès que je suis sortie de son bureau.

Catherine resta immobile un instant.

— C'est exact. C'est juste pour être sûre !

— Sûre de quoi ?

— Non, rien !

— Mais si, dis-moi !

— Pour éventuellement rattraper le coup avec lui, juste au cas où tu changerais d'avis.

Anna déposa une bise sur la joue de sa mère.

— Ne t'en fais pas, maman. Si jamais j'ai besoin d'aide, comme celle que William est susceptible de m'offrir... eh bien... j'ai son numéro et... je ne manquerai pas de le contacter.

Catherine acquiesça, l'air rassuré.

— Promis ?

— Promis. Allez, maman rentre chez toi, maintenant. J'ai mille choses à préparer. Je dois planifier tout un tas de trucs. Je sais exactement ce que je veux faire. Et puis, c'est surtout grâce à toi, tu m'as donné de l'élan. Merci maman.

Catherine embrassa sa fille et ouvrit sa portière.

— OK, j'y vais. Tu es sûre que tu ne veux pas que l'on déjeune ensemble ?

— Non. J'ai du pain sur la planche. Tout ira bien.

Catherine sortit de la voiture.

— Tu me tiens au courant, hein ? Tu m'appelles vite, d'accord ?

— Oui, c'est promis.

Anna souffla un baiser vers sa mère et claqua la portière de l'intérieur. Catherine tapa sur la vitre avec son index replié. Anna appuya sur l'ouverture automatique de la vitre passager.

— Quoi ? demanda-t-elle.

— Je t'aime, ma fille, dit Catherine.

— Moi aussi, maman.

5

Quelque chose avait changé.

Quelque chose avait fini par céder.

Anna le sentait, c'était comme une résonance mystérieuse au plus profond de son être. Cela avait commencé la veille, cette balade avec sa mère. L'entrevue ratée avec ce fameux William. Des sentiments, des humeurs, des envies qui s'étaient ravivées. Une conversation à coeur ouvert avec sa mère. Mettre des mots sur des non-dits. Accepter de parler des blessures. Tout ce qui n'avait pas été possible depuis un an. Cela faisait tellement longtemps qu'elle n'avait pas vécu un moment presque normal accompagné d'un sentiment de bien-être qu'elle en avait presque attrapé le vertige. Un petit malaise peut être dû à une certaine forme de culpabilité. Heureusement, cela n'avait duré qu'un bref instant.

Une énergie particulière et indéfinissable avait émané de sa mère pendant cette journée spéciale. Ce n'était pourtant pas la première fois en près d'une année que Catherine Wells tentait de ramener sa fille dans le monde des vivants. Mais, aujourd'hui, sans savoir comment ni pourquoi, il y avait quelque chose d'étrange et d'indéfinissable qui avait touché Anna Wells. Et puis ce personnage étrange, ce William qui avait aidé sa mère, l'intriguait et elle avait envie d'en savoir davantage. Malgré l'apparent fiasco de leur entrevue, Anna pressentait qu'elle aurait à nouveau l'occasion de le rencontrer… plus tard… peut-être ?

Pendant tout le trajet du retour jusqu'à son domicile, elle n'avait pas allumé son autoradio. Elle pilotait sa 108 en mode automatique et réfléchissait. Elle sentait une force nouvelle en elle. Une énergie ? Pourquoi pas ? Si c'était le cas, cela lui avait été transmis par sa mère, assurément. Mais elle n'en était pas certaine. Elle avait du mal à apprécier ce qui s'était passé. L'image saugrenue qui lui vient à l'esprit fut celle du singe qui se réveille près du monolithe noir dans le film de Stanley Kubrick : *2001, l'odyssée de l'espace*. De l'extérieur, rien qui ne puisse transparaître ni trahir un quelconque changement, alors que… en profondeur quelque chose avait changé. Comme une mutation profonde au niveau de l'ADN ? À moins que quelque chose d'encore plus profondément endormi se soit soudainement réveillée… son âme ? Si tant est qu'elle en possédât une ? En voilà une idée ! Anna n'était pas particulièrement croyante. Elle avait été élevée dans la foi catholique romaine, mais ne s'était jamais sentie personnellement impliquée par tout cela. Elle avait vécu sa vie sans trop se poser de question d'ordre religieux ou spirituel jusqu'à… la mort de son père. Là, elle avait cherché une réponse face à l'injustice : un accident comme il en arrive tant. Une journée pluvieuse pendant l'hiver 2010. Son père avait été renversé par une voiture alors qu'il circulait sur un Vélib', une bicyclette en location pour les Parisiens. Le choc l'avait projeté sur l'asphalte et il avait heurté le sol la tête la première. Il avait sombré dans le coma et n'en était plus sorti. Trente-six heures plus tard, dans une chambre d'hôpital, il rendait son dernier souffle.

*

Quand Anna entra dans son appartement, elle se fit couler un bain et enregistra dans son iPhone un rappel pour le lendemain matin, elle dicta en articulant exagérément et en prenant bien soin de bien séparer ses phrases : « *rappel pour demain à 9h : prendre rendez-vous avec le docteur Keros.* » La voix numérisée de son téléphone indiqua que son rappel était bien pris en compte.

Prenant conscience que l'après-midi touchait presque à sa fin, Anna fila vers la salle de bain et estimant que la température de son bain était assez chaude, elle ferma les robinets. Elle avait maintenant un sentiment, une sensation, mais pas vraiment une idée claire de ce qu'elle devait faire. C'était sans doute une idée folle, mais peut-être serait-ce en définitive une idée salvatrice ? Elle en eut presque les larmes aux yeux. Se détendre dans un bain chaud et méditer sur son idée, voilà ce qu'il convenait de faire avant toute autre chose. Quelques gouttes d'huile essentielle de lavande préalablement diluées, un peu de musique douce, quelques chandelles aromatiques. Un antistress naturel et bénéfique. Un instant de détente pour le corps et l'esprit. Anna se déshabilla et immergea d'abord sa main pour prendre la température. L'eau était chaude, mais supportable. Elle entra dans le bain jusqu'au cou et ferma les yeux.

Elle resta ainsi quelques minutes en tentant de se vider la tête de tout ce qui n'était pas calme et détente. Trop de pensées affluaient sans cesse et n'ayant jamais pratiqué la méditation, elle ignorait qu'il était inutile de les repousser. Elle stoppa alors ses vaines tentatives pour faire le vide dans son esprit et se focalisa sur un point crucial qui serait déterminant pour son projet qui devenait plus net sans pour autant être encore tangible. Elle se dit qu'il était très douloureux d'être à deux doigts de tenir quelque chose sans pour autant l'avoir encore en main. Elle commençait à perdre les bénéfices de son bain-détente. Il fallait rester tranquille, ne pas s'énerver. Quelle était sa priorité aujourd'hui ? Partir, oui voilà. Changer d'air. Voir autre chose. Rencontrer des gens… des gens qui pourraient lui apporter une sorte de… de soutien… ou d'aide ? Une expérience dont elle pourrait s'inspirer peut-être ? Une certaine cohérence commençait à apparaître. Ce n'était pas encore totalement clair dans son esprit, mais cela prenait forme.

Elle songea que le plus important consistait à obtenir de la part de son médecin la permission de voyager. Anna ignorait si dans le cadre d'un arrêt de travail pour dépression nerveuse, il était légal de quitter son domicile. En définitive, elle jugeait peu correct de bénéficier des aides de la Sécurité Sociale et de partir en voyage, c'était peut-être ridicule, mais elle n'avait absolument pas envie d'être perçue comme une tire au flanc par ses collègues du journal. Elle imaginait déjà les sarcasmes. La dépressive qui se tape des vacances aux frais de la princesse ! Non, ça elle ne pouvait pas. Elle avait de l'argent de côté, des économies en vue d'un achat immobilier avec Stéphane. De plus, elle bénéficiait aussi d'un pécule lui venant de son père, elle pourrait toujours l'utiliser si nécessaire.

Anna ouvrit le robinet d'eau chaude pour rehausser la température de son bain qui refroidissait bien vite, à moins qu'elle y pataugeât depuis déjà plus longtemps qu'elle ne l'avait perçu ? La douce chaleur envahissant ses muscles lui procura un bien fou. Il fallait se décider, le mieux était peut-être de voir si elle pouvait prendre quelques mois de congés sans solde. Elle devait téléphoner à Claire, sa patronne, et voir avec elle. Cela faisait déjà un an qu'elle n'avait plus mis les pieds au journal. Quelques mois de plus n'y changeraient rien. Oui, c'était une bonne résolution. Prendre six mois sans solde et aller rencontrer les personnes qu'il fallait. Comment savoir qui rencontrer et où se rendre ? Elle décida que son PC et Internet allaient être ses meilleurs alliés. Oui, c'était ce qu'il fallait faire. Il n'y avait plus une minute à perdre. Elle sortit du bain vivement, enfila un peignoir et décida de consulter le Net à la recherche de gens exceptionnels ayant trouvé le moyen d'être plus fort que l'adversité. Elle allait partir à leur rencontre et s'entretenir avec eux.

Anna avait passé la soirée et une partie de la nuit à faire des recherches sur Internet. Elle avait établi une liste impressionnante de personnalités diverses et variées. Des gens connus pour certaines, mais aussi des gens dont elle n'avait jamais entendu parler. C'était une première recherche. Elle allait poursuivre ses investigations en profondeur.

*

Les jours qui suivirent, Anna surfa sur le Net encore pendant plusieurs heures par jour et aussi plusieurs nuits. C'était passionnant. De façon insidieuse, elle agissait. Cela faisait des mois qu'elle n'avait pour ainsi dire plus rien fait. Elle subissait sa tristesse jour après jour. Elle allait mieux, indéniablement. Bien sûr, elle était loin d'être sortie d'affaire, mais elle avait repris goût à l'action. Elle était parvenue à compartimenter son esprit ; bien que toujours anéantie par la mort de son compagnon, elle commençait à envisager ce qu'allait être, à partir de maintenant, sa nouvelle vie. Partir à la rencontre des gens détenant peut-être quelques secrets pour être heureux ! Une excellente idée qui l'avait, à cet instant, extirpée de sa léthargie post-traumatique. Forte d'une énergie retrouvée, elle avait fini par établir une liste non exhaustive des personnes très particulières qu'elle souhaitait rencontrer.

6

En fin de semaine, Anna avait vu son médecin, le docteur Keros. Il avait trouvé son idée originale, voire farfelue, mais d'une utilité thérapeutique appréciable pour sa patiente. Du coup, il l'avait prolongée de quelques semaines, le temps qu'elle puisse voir avec son employeur la faisabilité de son projet. Ce ne fut pas très long.

Dans la foulée, Anna contacta Claire Marchal, la directrice du magazine *PsychoMag* où elle était employée. Après de longues minutes à prendre de ses nouvelles, Claire déclara à Anna qu'elle manquait à tout le monde à la rédaction. Que son idée était excellente et qu'elle avait le feu vert. D'autre part, sa recherche pouvait ensuite avoir des retombées bénéfiques pour le magazine. Elle pourrait écrire un grand article à son retour. Anna apprécia la sollicitude de sa rédactrice en chef. Effectivement, sa quête personnelle pouvait accoucher d'un article pour le magazine, c'était un plus qu'elle n'avait pas imaginé, une façon imprévue de joindre l'utile à l'agréable.

Il ne restait plus qu'à finaliser la liste. Pour la première personne référencée, une vedette de la télévision, il convenait au préalable de trouver son agent, le contacter, attendre, demander un rendez-vous, attendre, obtenir le rendez-vous. Bref, un vrai parcours du combattant.

Fort heureusement aborder des personnalités avec le statut de journaliste en reportage officiel, surtout pour un magazine leader dans son domaine, cela facilitait grandement les choses. Le revers de la médaille était... que les gens connus ont un agenda terriblement chargé. Anna fut dans l'obligation de revoir la composition de sa liste. Il s'avérait qu'il était beaucoup plus simple de contacter des gens ordinaires plutôt que des « vedettes ». Cela ne fut pas une surprise pour Anna. Elle avait déjà eu des difficultés à organiser des entretiens pour *PsychoMag*, parfois il fallait des mois pour obtenir et fixer une interview. Ce fut le cas avec Frédéric Magnard. Le célèbre animateur de télévision avait son emploi du temps plein jusqu'au mois prochain. Son agent promit un délai de quatre à cinq semaines et, ayant noté les coordonnées d'Anna Wells, promit qu'il ne manquerait pas de la rappeler. Il faut croire que les gens connus élèvent tout un tas de protections avant de se rendre accessibles. C'était de bonne guerre, Anna comprenait. Pas facile de vivre normalement quand on est une star du show-business. Il n'y a pas si longtemps, les fans s'agglutinaient autour des personnalités connues dès qu'ils avaient la chance d'en apercevoir une et, en tendant un stylo pour demander un autographe, égayaient leur journée. Autre temps, autres mœurs : aujourd'hui le public oubliant trop souvent que même une vedette a le droit à un peu de tranquillité et d'intimité ne jurait plus que par les selfies ! Aussitôt pris, aussitôt sur les réseaux sociaux afin de montrer à ses amis qu'on est bras dessus bras dessous avec la dernière star de la chanson ou du cinéma. Anna se disait que quand on passe son temps à devoir répondre à des demandes parfois irrespectueuses de la part du public, à la fin de la journée on peut légitimement en avoir plus qu'assez au point de ne souhaiter plus qu'une unique chose : être enfin seule.

Ne pouvant rencontrer rapidement le présentateur vedette de la chaîne publique *France 2,* le célèbre Frédéric Magnard, Anna chercha dans sa liste quelqu'un de plus facilement abordable. En fait, il s'agissait d'un couple :

Jacques et Monique Vaillant. En cherchant sur la toile, Anna s'était arrêtée sur l'histoire de ces retraités qui aidaient les familles en deuil. Ils avaient créé une association à but non lucratif et apportaient leur soutien et leur expérience à des personnes en deuil. Ils avaient perdu autrefois leur fille alors qu'elle n'était qu'une enfant. Et puis, ils vivaient en France, en Normandie, région dont la famille d'Anna était originaire du côté de son père. Elle pourrait faire le voyage en voiture puisqu'ils résidaient non loin de Honfleur, célèbre commune portuaire normande, dans le Calvados, située sur la rive sud de l'estuaire de la Seine, en face du Havre. Elle avait obtenu sans difficulté leurs coordonnées. Il ne restait plus qu'à les contacter et leur expliquer les raisons de sa démarche.

Elle allait envoyer un mail de présentation aux époux Vaillant lorsqu'elle eut une idée. Elle avait suivi la voie officielle en passant par la boite de production et l'agent de Frédéric Magnard, mais elle se souvint que bon nombre de vedettes étaient très actives aujourd'hui sur *Facebook* ou d'autres réseaux sociaux. Elle tapota sur son clavier le nom du présentateur et obtint via *Google* une liste de sites ou pages Internet le concernant. Elle eut du mal à y croire, mais la première ligne sur la liste était… la page officielle de Frédéric Magnard sur Facebook. Elle cliqua dessus et dès la page d'accueil, il y avait un lien intitulé : *Contact Frédéric Magnard Officiel on Messenger*. Anna entra ses coordonnées et mot de passe personnels du réseau social et vit le lien se modifier, il s'affichait maintenant : e*nvoyer un message*. Elle cliqua à nouveau sur le bouton droit de sa souris et un nouvel onglet en surimpression avec la page d'accueil apparut. Elle tapa dessus le message suivant : « *Bonjour, monsieur Magnard, je suis journaliste pour un magazine de psychologie, je m'appelle Anna Wells et j'ai déjà pris RENDEZ-VOUS avec vous auprès de votre chargé de production. Il m'a mis en attente d'une réponse d'ici 4 à 5 semaines. Au cas où vous liriez ce message, voici mon adresse mail : awells@hotmail.fr. Il s'agit d'un entretien que j'aimerais avoir avec vous à propos du bonheur et de sa recherche permanente. Je sais que cette quête vous tient à cœur, car vous l'avez prouvé à maintes reprises dans* *vos différentes émissions. Dans l'espoir de vous lire via Messenger, je vous remercie. Anna Wells.* »

Dans la foulée, Anna contacta Jacques et Monique Vaillant par l'e-mail de leur association *La main tendue*. Elle reprit à peu de chose près les propos utilisés pour contacter Frédéric Magnard. Elle indiqua qu'elle ne connaissait pas leur association, mais qu'elle avait été impressionnée par leur cheminement personnel et par la sérénité qui émanait d'eux. Pourtant, ce couple avait vécu autrefois un drame personnel… la mort de leur enfant. D'après les informations qu'Anna avait pu glaner sur le Net, le drame remontait à une trentaine d'années. À cette époque, Jacques et Monique Vaillant avaient perdu leur enfant unique, une petite fille, alors qu'elle n'était âgée que de douze ans. Dans un cas pareil, confrontés à une telle situation dramatique, les parents finissent inexorablement par une terrible descente aux enfers, la plupart du temps leur couple vacille et explose. Il en avait été autrement pour monsieur et madame Vaillant. De plus, au lieu de se morfondre dans leur malheur, ils avaient trouvé la force de venir en aide aux autres. Il fallait vraiment qu'Anna puisse discuter avec eux afin de comprendre comment ils y étaient parvenus.

*

Elle referma son PC portable et décida qu'elle allait profiter d'une soirée parisienne à l'extérieur, une envie de veillée urbaine qu'elle n'avait plus envisagée depuis longtemps et qu'elle ne pourrait pas réitérer avant un bon moment puisque d'ici quelques jours elle quitterait la capitale pour une durée indéterminée. Un passage devant le miroir de la salle de bain et elle éprouva l'envie de s'arranger un peu, se coiffer, une légère retouche maquillage. Tout en s'activant avec son mascara *waterproof*, Anna admit que ce n'était pas du luxe et qu'elle ne s'était plus maquillée depuis son retour de l'hôpital près d'un an auparavant. Elle n'eut pas besoin de forcer le trait puisque vivant au naturel depuis si longtemps, un peu de maquillage suffisait à l'embellir immédiatement.

Elle changea son haut informe pour un petit bustier noir, puis, après réflexion, décida de garder son jean plutôt que de se vêtir d'une jolie robe. Une paire d'escarpins noirs pour achever la panoplie puis elle attrapa son sac à main et quitta son appartement.

Anna arpenta les rues de son quartier en ayant en tête l'idée de ne pas choisir à l'avance l'endroit où elle irait boire un verre ou peut-être dîner, pourquoi pas. Dans une autre vie, elle avait l'habitude de sortir au moins une fois par semaine avec ses amies. C'était une clause au contrat entre Stéphane et elle, et ce dès le début de leur vie commune. Il était particulièrement important de s'octroyer des moments de césure dans leur vie de couple. D'un commun accord, ils avaient opté pour un espace de liberté personnelle hebdomadaire à vivre sans l'autre. Une façon de ne pas vieillir avant l'heure, un moyen de respirer, de garder un moment de célibat pour ne pas s'encroûter et s'enfermer dans une vie de couple casanier. Pendant toute leur histoire, le mardi soir était devenu la soirée « perso » et même si ce soir était un jeudi, Anna avait l'impression de revivre sa vie d'avant.

Elle marcha une dizaine de minutes avant de s'arrêter devant *La Fabrica,* un bar à tapas bien connu des habitants du sixième arrondissement de Paris. Il n'était pas encore vingt heures et l'endroit était calme et clairsemé. Anna entra et une jeune serveuse s'empressa de venir aux nouvelles.

— Bonsoir, puis-je vous aider ? demanda la jeune femme avec courtoisie.

Anna hésita l'espace de quelques secondes, la serveuse était grande, blonde, jolie. Elle avait un sourire avenant. Elle fit un signe avec sa main, invitant Anna à entrer dans le bar.

— Bonsoir. Oui, j'aimerais une table un peu à l'écart si possible.

— Sans problème, mademoiselle. Veuillez me suivre s'il

vous plaît, dit la serveuse.

Elle fut amenée vers un coin quelque peu reculé, mais surtout éloigné de la plus grosse concentration des clients. Anna fut invitée à s'asseoir dans une sorte de mini-compartiment pouvant normalement accueillir jusqu'à quatre personnes sur deux rangées de banquettes confortables. Comme elle était installée sur le côté de la salle, elle était éloignée du centre des tables rondes qui accueillaient la plus grosse partie de la clientèle en majorité composée de jeunes gens entre vingt et trente ans. En revanche, elle avait une vue dégagée sur le bar où un barman trentenaire avec des épaules de rugbyman préparait bières à la pression, mais aussi différents cocktails élaborés avec dextérité. Le barman tendit une grande chope de bière blonde à une seconde serveuse qui l'apporta sur un plateau à un homme installé dans un compartiment semblable à celui d'Anna. L'homme semblait perdu dans ses pensées. Anna poursuivait son observation lorsque sa serveuse blonde revint prestement avec la carte des boissons et des spécialités « maison ». Anna la remercia puis, quand elle fut assez éloignée, détailla les différentes boissons proposées par l'établissement. Elle hésita un moment entre une Sangria et une bière. En définitive, elle opta pour une *Estrella* blanche, une bière barcelonaise légère et douce, parfaite pour étancher sa soif. Elle passa commande et en attendant d'être servie, continua son tour d'observation de la salle et des gens qui s'y trouvaient. À sa gauche, il y avait une rangée de tables. Anna passa rapidement celles autour desquelles discutaient, tout en buvant un verre et en grignotant quelque chose, des couples ayant l'air heureux. Elle avait encore du mal à accepter de voir les gens s'aimer. Systématiquement, elle avait le regard fuyant et ne parvenait pas à soutenir un tel spectacle de bonheur simple. Les couples heureux lui faisaient… du mal.

La grande blonde arriva avec la boisson commandée, tirant Anna hors de ses pensées mélancoliques.

— Votre *Estrella* blanche, mademoiselle. Je vous

souhaite bonne dégustation.

— Merci, répondit Anna. Elle fut agréablement surprise par le petit bol d'olives vertes qui accompagnait sa boisson. À l'aide d'un cure-dents posé près du bol, elle piqua dans la plus grosse des olives qui lui faisait envie et apprécia l'amertume du fruit vert. Ce n'était pourtant pas grand-chose, mais ce petit instant de plaisir gustatif lui remonta le moral et chassa pendant un moment la tristesse qui l'avait envahie en ressassant son bonheur disparu. Machinalement, elle regarda sa montre. Il était près de vingt heures. Elle plongea ses lèvres dans son verre et trouva sa bière fraîche et douce, une saveur très agréable.

Alors qu'elle reposait son verre sur la table, elle aurait juré que l'homme assis dans le compartiment le plus proche du sien la regardait discrètement. Il semblait être seul, lui aussi. Anna voulait l'observer sous toutes les coutures à son tour, mais comment s'y prendre sans se faire repérer ? Elle eut une pensée saugrenue, il suffisait de chausser ses lunettes de soleil et ainsi elle pourrait voir sans être vue. Après tout, elle n'avait de compte à rendre à personne et porter des verres solaires dans un bar, le soir venu, pouvait être pris pour un excès de coquetterie. Elle valida l'idée et ouvrit son sac à main pour sortir ses lunettes noires et cacher aussitôt ses yeux. Rassurée par ce masque de fortune, Anna se mit à fixer l'inconnu qui lui faisait face. Il devait avoir dans les trente-cinq ans environ, il paraissait grand, mais sa position assise ne facilitait pas une évaluation vraiment précise de sa taille. Il avait les cheveux clairs coupés courts, un châtain foncé presque brun, mais là encore la lumière artificielle et tamisée de l'établissement ne facilitait pas l'observation d'Anna. Il avait les traits fins et droits, une barbe taillée et entretenue lui donnait un charme fou. Anna rougit. Par chance, elle pouvait cacher sa gêne derrière ses grosses lunettes noires. Comment pouvait-elle s'autoriser de telles pensées alors qu'elle n'était pas même séparée de Stéphane ? Elle songea que, vues de l'extérieur, de telles règles morales pouvaient sembler dérisoires et stupides. Elle imagina les protestations de sa mère à cet égard : bien sûr qu'elle était séparée… puisque Stéphane était mort depuis un an. Il était temps de vivre à nouveau, lui répétait-elle sans cesse. Oui, mais voilà cela lui était impossible.

Elle se figea lorsque l'inconnu la dévisagea ouvertement et lui sourit tout en levant son verre comme pour trinquer avec elle. Bien que près de cinq mètres les séparaient, Anna se trouva aussi démunie que si l'inconnu s'était trouvé là juste à quelques centimètres d'elle. Elle fut prise au dépourvu et ne sut pas comment elle devait réagir. Elle baissa la tête et piqua une autre olive dans son bol. Elle croqua dedans avec une telle force qu'elle se fit mal à une molaire en oubliant le noyau. Elle se mit à transpirer de façon exagérée sous le coup de l'émotion. À cet instant précis, elle n'aurait pu dire si son extrême émotivité était due à l'entreprise de séduction de l'homme en face d'elle ou le résultat de sa culpabilité envers Stéphane. Elle cracha délicatement le noyau d'olive dans le creux de sa main droite et le posa dans la petite assiette prévue à cet effet. Sans oser relever la tête pour regarder à nouveau ce que faisait l'homme, elle but une grande gorgée de bière trop rapidement et fut prise d'une bruyante quinte de toux. À plusieurs reprises, Anna toussa et quand elle releva la tête, le séducteur se trouvait là, devant elle.

— Mademoiselle, ça va ? demanda-t-il tout en lui proposant un mouchoir avec un air compatissant.

Anna parvenait progressivement à reprendre son souffle. Elle avait les yeux qui pleuraient et le nez qui coulait. Bien qu'elle trouva étrange qu'un jeune homme puisse posséder un mouchoir de poche en tissu, l'initiative de l'inconnu à son égard était plutôt sympathique. Sans prendre la peine de répondre, elle s'en empara, s'essuya les yeux puis se moucha le plus discrètement possible.

— Merci, dit-elle dans un souffle. Puis tout à coup, elle se leva précipitamment, attrapa son sac à main et, tout en bousculant son bienfaiteur, courut vers la caisse, régla son addition et quitta en trombe l'établissement.

*

Anna avait pressé le pas pour rentrer chez elle. C'était un comportement irraisonné, voire pathologique, sa mère avait raison : il ne fallait en aucun cas interrompre les séances avec son psy. Parce que s'échapper à toute allure alors que… alors que quoi ? Qu'avait-elle fait de mal en définitive ? Depuis quand accepter un mouchoir était-il un comportement inconvenant ? D'accord, c'était un homme. Et après ? Il ne la connaissait pas. Il avait bien le droit de tenter sa chance. De plus, elle se faisait sans doute des idées. Si on veut bien analyser la situation d'un point de vue purement factuel, nous avons… la scène suivante : une femme est prise d'une quinte de toux, puis un homme à proximité, témoin de la situation, se lève et propose un mouchoir. Waouh… quelle histoire !

Anna sortit ses clés de son sac à main et tenta d'ouvrir sa porte. Sa main tremblait. Elle referma en prenant la peine de verrouiller la serrure puis jeta son sac négligemment sur le sol, balança ses clés sur la console qui meublait l'entrée et s'affala de tout son long sur son canapé, bras et jambes en croix. Elle se fit violence pour tenter de rétablir un retour au calme, mais ne parvint en définitive qu'à alimenter une boule d'angoisse qui bloquait sa respiration. À mesure que cette sensation augmentait, Anna ne parvenait plus à se contrôler et se mit à pleurer puis à sangloter, agitée de la tête aux pieds par d'indésirables soubresauts.

Quelques minutes passèrent ainsi et Anna finit par s'endormir, le corps lové parmi les nombreux coussins qui peuplaient son sofa.

7

Anna ouvrit les yeux et constata que la nuit était tombée. Quelle heure pouvait-il bien être et combien de temps avait-elle dormi ? Elle se leva – sa tête semblait peser des tonnes – et marcha jusqu'à l'entrée pour ramasser son sac et regarder l'heure affichée sur son portable. L'iPhone affichait 6h17. Après un passage par les toilettes, elle se prépara un café fort. Pendant que la machine faisait couler l'expresso, elle se rendit dans la salle de bain pour constater le désastre sur son visage. Le maquillage n'avait pas résisté à sa crise de larmes. Quel spectacle affligeant ! Elle se débarbouilla, se sécha puis étala une crème hydratante qui lui redonnerait peut-être un visage humain. Satisfaite, elle retourna dans la cuisine et avala son café en deux gorgées. Elle revint dans la salle d'eau et ôta ses vêtements qu'elle rangea dans le panier à linge sale. Elle s'examina quelques secondes dans la glace et releva son aspect squelettique. Elle passa en revue ses nombreuses cicatrices, souvenirs douloureux des nombreuses opérations chirurgicales des mois précédents. Elle commença par sa jambe, puis remonta vers sa clavicule pour s'arrêter sur son crâne. Ses cheveux avaient repoussé, elle avait du mal à distinguer la totalité de la trace cicatricielle. Elle n'insista pas, se contentant d'apprécier en écartant ses cheveux la partie visible sur sa tempe : une ligne rosée imprimée sur sa peau blanche. Elle avait laissé pousser une mèche pour cacher le stigmate indélébile. Après ce rituel quasi quotidien, elle entra dans la baignoire, tira le rideau et utilisa la douche. Elle resta ainsi de longues minutes à chercher l'apaisement sous le jet d'eau chaude.

Après avoir séché ses cheveux puis passé son peignoir, elle se fit un second café. Elle se rendit dans le salon, sa tasse à la main. Là, elle ouvrit son ordinateur portable et l'activa. Elle se souvint que l'ordinateur lui avait été offert par Stéphane quelques mois avant sa mort. Un modèle dernier cri qui s'allumait et s'éteignait en quelques secondes. Elle avait toujours du mal à utiliser correctement le nouveau système d'exploitation, mais n'éprouvait aucun regret envers son ancien ordinateur portable qui datait de près de huit ans et prenait presque autant de temps pour se mettre en route ou s'éteindre.

Anna consulta ses mails et dut se résoudre à faire le ménage pour jeter toutes les publicités et autres spams aussi exaspérants qu'inutiles. Tout en portant sa tasse à ses lèvres pour prendre sa dose de caféine, elle fit défiler les e-mails dignes d'intérêt qui restaient à présent dans sa boîte. Une multitude de sites de voyage lui avaient adressé des propositions de destinations, d'hôtel et de vols. Stéphane avait décidé qu'ils partiraient en voyage pour les vacances de Pâques suivantes. Évidemment, il s'y était pris longtemps à l'avance et plusieurs destinations avaient été évoquées lors de longues et nombreuses discussions. Le site *Booking.com* proposait un voyage à moitié prix à destination de l'île de Madère. C'était Stéphane qui avait choisi cette destination, soi-disant pour la beauté de l'île et le climat ensoleillé. En réalité, Stéphane voulait surtout voir l'île qui avait vu naître Cristiano Ronaldo, joueur de football portugais, star du club de la Juventus de Turin, un footballeur dont Stéphane était un fervent supporter. Anna s'était même aperçue que les établissements retenus par Stéphane se trouvaient juste à proximité du *CR7 museum* ! Un musée tout à la gloire de la star du ballon rond.

Elle aurait dû supprimer ces mails qui n'avaient plus de raison d'être… mais elle n'y parvenait pas. Au contraire, elle ouvrit la page et lut les deux propositions choisies par son défunt compagnon. La première était un grand hôtel de luxe, un cinq étoiles nommé *The Vine Hotel*, Anna s'imaginait dans ce palace en compagnie de son homme, un déballage de luxe et de douceur, il y avait même un Spa. L'autre proposition s'appelait la *Quinta de Casa Branca*, ce n'était pas un seulement un hôtel, car on pouvait choisir aussi de résider dans un élégant manoir qui abritait des chambres avec vue sur un magnifique jardin où régnaient divers arbres subtropicaux et même une bananeraie. Elle fit défiler les photos et trouva l'endroit merveilleux, là encore il y avait sur place une piscine chauffée, un Spa ainsi que plusieurs restaurants.

Anna soupira. Pourquoi s'infligeait-elle cela ? À quoi bon rêver à un bonheur qui n'aurait finalement jamais lieu ? Stéphane n'était plus là, et elle n'irait jamais sur l'île de Madère. Elle cliqua sur la croix rouge en haut et à droite de l'écran. Elle fit défiler encore une dizaine de mails sans intérêt puis stoppa sur un envoi de l'association *La main tendue*. Anna eut plaisir à constater que certains des contacts qu'elle avait sollicités prenaient non seulement la peine de répondre, mais ne tardaient pas à se manifester. Elle commença à lire l'e-mail :

« *Chère mademoiselle Wells, j'ai été fort surpris et très intrigué par votre e-mail. En effet, d'ordinaire les gens qui me contactent sont des personnes ayant perdu un être cher et ils cherchent un peu de réconfort pour adoucir leur malheur. C'est la première fois que l'on sollicite notre association pour une entrevue sur un sujet aussi passionnant que la quête du bonheur. Je suis donc tout à fait disposé à vous recevoir chez moi, en Normandie, et ce dès que vous le souhaiterez. Je suis à la retraite sans la moindre contrainte de planning. En conséquence, à vous de me dire quand vous souhaitez me rencontrer. Cependant, je dois vous dire que malheureusement et à mon grand regret je serai seul pour cette entrevue… ma merveilleuse femme est décédée en avril dernier. C'est donc moi seul que vous pourrez interroger si vous le souhaitez. Je termine cet e-mail en vous disant le plus simplement du monde qu'en cet instant précis, si vous étiez en face de moi et que vous me demandiez ce qu'est pour moi le bonheur... je vous répondrais que c'est de me réveiller le matin au côté de ma femme et de voir la première chose qu'elle avait l'habitude de faire en se réveillant... me sourire. Dans l'attente de vous lire par retour. Je vous souhaite bonne continuation et vous dis à très bientôt. Jacques Vaillant »*

Anna s'inclina en arrière et se nicha dans le gros coussin qui épousait son dos. Elle essuya du revers de sa main une petite larme qui coulait le long de sa joue. Le récit de ce vieux monsieur l'avait émue. Le pauvre homme venait de perdre son épouse et il acceptait de recevoir une journaliste qui écrivait un article sur la quête du bonheur. D'autre part, sans pouvoir l'expliquer de façon rationnelle, elle ressentait une forme de bienveillance qui émanait de la part de l'auteur du mail. Ce Jacques Vaillant n'était assurément pas une personne banale et Anna brûlait d'envie de le rencontrer. Cet homme avait quelque chose à lui raconter, elle n'en doutait pas, mais surtout elle, Anna Wells, avait quelque chose à apprendre de lui.

Elle répondit au mail avec enthousiasme, elle remercia monsieur Vaillant et lui présenta ses plus sincères condoléances pour la perte récente de son épouse. Alors qu'elle pianotait sur son ordinateur portable, elle hésita à révéler par e-mail le décès récent de son compagnon. Ce n'était pas vraiment qu'elle voulait occulter son deuil personnel, mais il serait sans doute préférable de parler de ce sujet... de vive voix. Elle opta donc pour ne pas évoquer la relative similitude de leur histoire personnelle, puis la lumière extérieure du jour qui se levait illumina soudain son séjour et vint se refléter sur son écran. Elle fit une pause et s'approcha de la fenêtre pour mieux voir le lever du jour. Elle trouva le spectacle magnifique. Non seulement l'astre solaire nappait la ville de reflets dorés, mais en plus il réchauffait la fine peau de son visage comme si la jeune femme s'était trouvée assise sur un fauteuil devant un bon feu de cheminée. Anna savoura cet instant. Elle prit alors conscience qu'effectivement quelque chose avait changé, elle n'aurait pas su dire quoi exactement, mais elle était de nouveau capable d'apprécier les petits instants de bonheur. C'était assurément un pas en avant, oh sans doute pas encore une réelle avancée vers la guérison, puisqu'on ne peut pas guérir de la perte d'un être cher, mais elle progressait… enfin. Elle pouvait à nouveau goûter aux petits plaisirs simples de la vie, ceux-là mêmes que la plupart des gens oublient d'apprécier. Anna trouva triste le fait de ne pas constamment jouir des instants de joie éphémères qui jalonnent le quotidien. Elle nota qu'elle n'aurait certainement pas stoppé la rédaction d'un mail parce qu'un rayon de soleil entrait dans le salon de son appartement… avant. Aujourd'hui, c'est ce qu'elle venait de faire. Un petit pas en avant.

Alors qu'elle admirait la vue, elle se figea brusquement. Elle eut une pensée qui l'interpella. Se pouvait-il que de ce terrible attentat qui l'avait privé de son amour… et toute cette effroyable souffrance psychologique qui l'avait submergée après son réveil à l'annonce de la mort de Stéphane… se pouvait-il que… que… quelque chose de bien… quelque chose de positif même… puisse découler de ce chaos ? Anna ferma les yeux. Elle sentit le nœud qui se formait dans le creux de son estomac. C'était toujours pareil, à chaque fois qu'elle tentait de voir le verre à moitié plein, elle ne pouvait s'empêcher de culpabiliser. Que penserait-il ? Comment Stéphane réagirait-il s'il pouvait être là, près d'elle ? Tel un fantôme, un esprit qui percevrait ses pensées… et qui l'observerait secrètement. Serait-il fâché qu'elle puisse entrevoir une échappatoire à son malheur, une possibilité de sortir de cette voie sans issue ? Ou au contraire, l'encouragerait-il à continuer sans lui, à avancer sur une nouvelle route, un chemin où elle poursuivrait sa marche en avant seule… ou avec quelqu'un d'autre ? Elle fit signe que non de la tête, comme si quelqu'un l'observait, comme si Stéphane pouvait la voir. Elle chassa ces idées perturbantes et retourna s'installer face à son ordinateur. Il fallait finir cet e-mail, elle reprit sa frappe au clavier et indiqua à Jacques Vaillant qu'elle souhaitait le voir aussitôt que possible. Elle précisa qu'elle était disponible immédiatement et serait ravie de venir en Normandie le plus vite possible. Elle remercia son interlocuteur, écrivit les formules de politesse d'usage et, à l'aide de sa souris, cliqua sur l'icône d'envoi. Un message indiqua que son e-mail avait été envoyé avec succès. Il lui fallait un autre café pour balayer les miettes de culpabilité qui s'étaient encore éparpillées dans son esprit. Elle devait bien admettre que sa mère avait raison et qu'elle était encore très fragile. Se décider à avancer était un vrai progrès pour elle, mais elle restait toujours immobile. La ligne de départ n'était pas encore franchie. Prendre la route pour la région du Calvados où l'attendait un homme qui pourrait comprendre son malheur et, peut-être, lui raconter comment il était, lui, parvenu à transcender le sien. Voilà qui ressemblait bigrement à un nouveau jour, comme si le réveil venait de sonner et qu'il était temps de se lever…

8

Une demi-heure s'était écoulée. Jacques Vaillant avait posté un mail de réponse à Anna Wells. Il lui indiquait qu'elle pouvait prendre la route dès le lendemain si elle le souhaitait. La météo s'annonçait ensoleillée et la route serait agréable. Il lui communiqua son adresse. L'homme vivait dans un petit village nommé Gonneville, situé à quelques kilomètres du port de Honfleur, un lieu nettement moins fréquenté par les touristes, surtout en plein été. Jacques Vaillant promit un endroit calme et verdoyant qui, bien que proche de la mer, était plutôt l'illustration de la pleine campagne. Il l'attendrait donc pour déjeuner et lui proposa même de l'inviter dans un petit restaurant sans prétention tenu par un de ses amis. Pour terminer, il lui transmit son numéro de téléphone portable pour le joindre au cas où elle rencontrerait des difficultés pour trouver sa maison. Anna n'hésita pas une seconde et répondit par texto, ainsi monsieur Vaillant aurait aussi son numéro de téléphone. Elle précisa qu'elle était ravie de son invitation à déjeuner et qu'elle arriverait donc un peu avant midi le lendemain.

*

Le reste de la journée s'était déroulé lentement. Anna aurait déjà voulu partir. Elle dut se résoudre à prendre son mal en patience et en profita pour mettre à jour son emploi du temps. Il fallait d'abord téléphoner à sa mère et l'avertir de son voyage en Normandie. Catherine Wells voulut savoir pour combien de jours sa fille s'absenterait de Paris, ce à quoi Anna fut dans l'impossibilité de répondre. Elle expliqua sur un ton amusé qu'elle n'en savait rien et que cela dépendrait de plusieurs choses, mais surtout de son envie lorsqu'elle serait sur place. Évidemment sa mère fit grise mine, mais n'en laissa rien paraître à Anna puisqu'elle s'apprêtait enfin à reprendre sa vie en main. Anna promit de l'appeler pour la tenir au courant et cela parut rassurer madame Wells.

Dans la foulée, Anna se rendit dans sa chambre et monta sur un tabouret pour attraper une de ses petites valises à roulettes, c'était la première fois qu'elle s'essayait à cet exercice. C'était toujours Stéphane qui sortait les valises ou les sacs de voyage de la partie supérieure du placard où les bagages étaient rangés. Il en profitait toujours pour se moquer affectueusement de la petite taille de sa compagne et les risques encourus à monter sur une chaise pour extirper par exemple la grosse valise, bras tendus et sur la pointe des pieds. Anna ne put s'empêcher de sentir une pointe dans le creux de son estomac, comme à chaque fois qu'elle pensait à lui. Elle décida cette fois de ne pas se laisser aller et chassa sa mélancolie. Elle s'entendit parler à haute voix :

— Tu vois chéri, j'y arrive très bien sans toi !

En équilibre précaire sur la pointe des pieds et les bras tendus à l'extrême, elle parvint à attraper une des poignées de la petite valise « cabine ». De sa main gauche, elle l'attira vers le bord de l'étagère et parvint à l'aide de sa seconde main à la faire basculer vers le sol, l'agrippa ensuite et la balança sans ménagement sur le lit. Elle descendit de son perchoir et remercia le ciel de ne pas avoir perdu l'équilibre pendant la manœuvre.

Elle prit le strict nécessaire parmi ses vêtements. Jeans, T-shirts, un pull en laine au cas où le soir serait frais, des chaussures de marche, sa chemise de nuit, trousse de toilette, un K-Way, car il s'agissait de la Normandie, son « jogging d'écriture » qu'elle enfilait pour rédiger ses articles, et enfin son ordinateur portable pour retranscrire ses notes après l'entretien et éventuellement poursuivre ses recherches sur Internet, mais aussi lire et écrire ses e-mails.

Avant de ranger son ordinateur, elle se connecta sur Internet pour trouver un hôtel correct proche de l'adresse que Jacques Vaillant lui avait communiquée. Elle décida de s'établir à Honfleur même, car elle pourrait se promener dans le centre et manger un morceau dans l'un des nombreux restaurants de poissons qui bordaient le port. Elle trouva deux cent dix hôtels. Elle utilisa un moteur de recherche qui présentait les dix meilleurs de la ville portuaire. Elle resta indifférente à celui qui occupait la première place, mais s'arrêta sur le second dont le nom la fit sourire, l'hôtel s'appelait *Le cheval blanc*, elle jeta un œil sur le prix, correct, les photos de présentation finirent de la séduire, aussi elle réserva une chambre pour… trois jours.

Puis Anna se dit qu'elle devait sortir à la recherche d'un présent à offrir à Jacques Vaillant. Elle n'allait pas arriver les mains vides. Problème : elle ignorait tout de ses goûts. Que peut-on bien offrir à quelqu'un qu'on rencontre pour la première fois ? Buvait-il de l'alcool ? Sinon une bonne bouteille de vin serait un présent tout à fait convenable. Fumait-il ? Une boîte de cigares serait alors un cadeau original. Anna cessa ses interrogations stériles puisqu'elle ne connaissait rien de ce vieux monsieur. Il fallait trouver quelque chose de neutre, qui puisse plaire à un homme d'un certain âge alors qu'on ne connaît rien de lui. Pas simple.

Anna se décida pour une plante cadeau pour l'extérieur, elle sortit et, à bord de sa voiture, prit la direction d'une grande jardinerie en périphérie parisienne. Arrivée à destination, elle se promena dans les allées avec la mine réjouie. C'était vraiment très plaisant de déambuler entre toutes ces plantes, ces fleurs sublimes aux parfums exquis qui réjouissaient ses sens. Au bout d'une petite demi-heure, elle s'arrêta devant la roseraie, elle admira ces plantes incontournables qui font le ravissement de la plupart des jardiniers. Comme elle continuait à hésiter devant plusieurs rosiers de différentes couleurs et formes plus sublimes les unes que les autres, elle se décida à solliciter les conseils avisés d'un des employés de la jardinerie. Après plusieurs longues minutes d'attente, elle reçut les conseils d'un jeune homme qui venait enfin d'en terminer avec un couple qui souhaitait refaire entièrement la haie encerclant leur jardin.

— Je suis à vous dans une minute, dit-il à Anna tout en tapant sur le clavier d'un ordinateur qui devait sans doute lui servir à consulter son stock et passer ses commandes.

Anna répondit par un sourire forcé. Même s'il était vrai qu'elle se sentait bien entourée par ces subtils parfums et toutes ces fleurs magnifiques, elle avait déjà attendu son tour pendant près de dix minutes. Heureusement, il se détourna de son écran et déclara :

— Voilà, je suis à vous !

L'homme était vêtu d'un très seyant tablier au nom du magasin et c'est plein de fierté qu'il lui expliqua qu'il était le responsable de la roseraie. Il la questionna pour savoir ce qu'elle désirait et s'il s'agissait d'un achat personnel ou si c'était plutôt pour offrir à quelqu'un.

— C'est un cadeau pour un ami qui vit en Normandie et qui j'espère le repiquera dans son jardin, répondit Anna.

Le responsable lui présenta plusieurs rosiers. Chacun d'eux présentait des caractéristiques différentes qui, excepté les couleurs changeantes, échappaient complètement à Anna qui devait bien avouer sa méconnaissance totale en matière d'horticulture.

Aussi le jeune homme fit de son mieux pour lui donner quelques rapides notions dans l'art de cultiver un jardin et lui proposa plusieurs rosiers. Les deux premiers la laissèrent indifférente, mais le troisième lui tapa dans l'œil.

— Je veux celui-là ! clama-t-elle.

C'était un rosier grimpant *Pierre de Ronsard*, elle lui trouva un charme fou grâce à sa forme de fleur ancienne, bien formée et compacte, avec un tendre et délicat coloris crème rosé. De plus, le rosier grimpant dégageait une odeur de mousse qui lui rappelait son enfance. Le fleuriste lui expliqua qu'en plus d'être très robuste et remontant ce rosier avait l'avantage de ne pas être seulement superbe, mais était surtout issu d'une variété résistante et florifère durant tout l'été. Anna opina de la tête en signe d'acquiescement. Le jardinier parut satisfait, aussi il déposa la plante en pot sur un chariot et accompagna Anna jusqu'aux caisses. Quand elle eut réglé son achat, l'employé décidément bien prévenant l'aida à pousser le chariot jusqu'au parking puis à abaisser les sièges passagers de la voiture pour charger le rosier. Il arrima le pot à l'aide d'une des ceintures de sécurité et claqua la portière. Anna, gênée par le zèle du jeune homme, le remercia du bout des lèvres et lui tendit la main.

— Merci pour vos conseils et pour votre aide.

— Tout le plaisir était pour moi, mademoiselle. À bientôt j'espère ? l'interrogea-t-il avec un sourire enjôleur.

Anna sentit une chaleur embraser ses joues qui s'empourprèrent aussitôt, aussi elle s'empressa de monter dans sa voiture. Elle claqua la portière et démarra pour disparaître rapidement vers la sortie de la jardinerie.

9

Le lendemain très tôt, Anna était descendue dans le parking de son immeuble afin de charger sa voiture. Elle décida d'ajuster la banquette arrière de la petite citadine sur ses rails coulissants pour mieux installer au sol le pot du rosier *Pierre de Ronsard,* d'une contenance encombrante. Elle avança puis recula le siège afin de buter sur le pot de terre cuite. Elle testa la solidité du maintien en tentant de faire bouger la plante. Cela avait l'air de tenir bon. Satisfaite, elle s'occupa ensuite de sa valise qu'elle cala tout contre le cadeau végétal à l'arrière de sa Peugeot. Quand tout fut agencé comme elle le souhaitait, elle referma le coffre de son véhicule et, alors qu'elle s'apprêtait à monter côté conducteur, un véhicule gris métallisé se gara à proximité de sa 108. Anna reconnut le modèle, il s'agissait d'une Volvo. Les phares de la V40 s'éteignirent et Anna réalisa soudain qu'il était encore tôt et qu'elle était seule dans le parking. La jeune femme prit peur et ne put s'empêcher de trembler. Depuis l'attentat, elle s'effrayait pour un rien. Elle était trop éloignée de la porte de l'escalier et l'idée de s'enfuir en courant lui sembla aussi incongrue qu'irréalisable parce qu'elle avait les jambes en coton et n'aurait pas pu parcourir deux mètres au pas de course sans s'étaler de tout son long sur le sol.

La portière s'ouvrit et un homme sortit de l'habitacle de

la Volvo. Il avait le visage dans une zone d'ombre et Anna ne put distinguer ses traits. Il était grand et portait un costume noir, ainsi qu'une cravate. Anna se dit qu'une personne bien habillée ne pouvait pas être un voyou et que par conséquent elle ne risquait rien. Elle réalisa que cette idée n'était qu'un cliché stupide et qu'un potentiel agresseur pouvait très bien porter un costume. Elle n'eut pas le temps de poursuivre ses élucubrations, l'homme s'approcha d'elle. En avançant, son visage apparut peu à peu dans la lumière et Anna eut un mouvement de recul en distinguant les traits maintenant bien distincts de l'homme. Elle le reconnut immédiatement, c'était l'homme du bar à tapas *La Fabrica*, le même qui lui avait offert un mouchoir le soir où elle s'était enfuie comme une voleuse.

— Bonjour ! Tout va bien, mademoiselle ? demanda-t-il en prenant soin de garder ses distances face à la jeune femme qui tremblait comme une feuille.

Comme Anna ne répondait pas, l'inconnu du bar à tapas poursuivit :

— J'espère que je ne vous ai pas fait peur ?

Voyant que la jeune femme restait figée, mais souffrait de légers tremblements, l'homme s'adressa à elle avec une voix douce et, dans le même temps, cessa d'avancer.

— D'accord. Bon, écoutez… tout va bien, OK ? N'ayez aucune crainte, je ne vous veux aucun mal et… si je peux vous aider en quoi que ce soit, s'il vous plaît, dites-le, d'accord ?

Anna ne parvenait pas à prononcer le moindre mot, mais elle fut quelque peu rassurée par les propos de l'inconnu qui n'en était plus vraiment un maintenant. Elle fit un signe affirmatif avec sa tête et tenta d'articuler un « oui », mais n'y parvint pas.

L'homme fixa Anna pour la regarder plus distinctement dans la demi-pénombre du parking et parut surpris.

— On se connaît, non ? Vous… vous êtes la jeune femme du bar, c'est ça ? L'autre soir, à *La Fabrica*. Je vous ai offert un mouchoir et vous vous êtes enfuie comme si j'étais le diable en personne.

Anna ne savait plus où se mettre. Elle l'aurait bien planté là une seconde fois en s'engouffrant dans sa voiture, elle pourrait démarrer au quart de tour et accélérer à fond en direction de la sortie du parking. Oui, mais voilà, ses jambes refusaient de lui obéir. Elle resta immobile sans dire un mot.

Devant le mutisme de la jeune femme, l'homme continua :

— Écoutez mademoiselle, il n'y a pas de problème. Je vois bien que je vous ai fait peur et je vous prie de m'en excuser. Tout va bien, d'accord ?

Anna resta muette.

— Je travaille ici… à côté de l'immeuble. Du coup, j'ai loué une place de parking. Cela me permet de ne plus avoir à payer des fortunes en parcmètre… ou en PV.

Il la gratifia d'un large sourire se voulant aussi bienveillant que possible. Cela n'eut pas l'effet escompté, car la jeune femme semblait toujours aussi paralysée, elle n'avait toujours pas prononcé une parole.

— Bien. Je vais y aller et je vous souhaite une bonne journée, dit-il en levant la main pour la saluer tout en s'éloignant vers la porte menant à l'escalier de service.

Anna parvint au prix d'un incommensurable effort à balbutier un semblant de phrase :

— V… vous… aussi… euh… bonne… journée !

À peine avait-il avancé d'un pas qu'elle se rua dans l'habitacle de sa 108 et claqua aussi vite que possible sa portière. Elle appuya sur le bouton de la condamnation centralisée, le bruit caractéristique du verrouillage des portières ne la rassura pas vraiment. Les mains tremblantes, elle eut toutes les peines du monde à introduire sa clé de contact dans le démarreur. Elle réussit tout de même à lancer le moteur et passa la première vitesse puis fit crisser les pneus sur la surface lisse du sol. La 108 disparut rapidement du champ de vision du jeune homme en montant sur la rampe qui remontait au 1er sous-sol. Il se dit que décidément cette femme était vraiment très spéciale, mais que ce côté mystérieux et craintif lui conférait un charme fou.

*

Une bonne demi-heure s'était écoulée avant qu'Anna recouvre un semblant de calme. Bien évidemment la circulation parisienne très dense, malgré l'heure matinale, n'aidait pas à se détendre. Elle fit le choix de ne pas emprunter l'autoroute A13. Elle avait envie de prendre son temps et de passer par les villages. Elle choisit finalement la Nationale 12. Elle programma son GPS et décocha les routes à péages. Un nouveau calcul s'ensuivit et Anna fut ravie de voir que l'itinéraire passait bien par la N12.

Anna roulait tranquillement. Elle avait branché son autoradio sur la fréquence de *Radio Classique*. Bercée par *l'Adagio* d'Albinoni, elle conduisait en mode automatique. Son cerveau comme scindé en deux fonctions distinctes : la première, presque inconsciente, s'occupant de la conduite de son véhicule ; la seconde fixée sur un questionnement bien légitime quant à ses réactions irrationnelles chaque fois qu'elle se trouvait en présence d'un homme proche de son âge. Depuis la mort de Stéphane, elle ne supportait plus qu'un homme s'intéresse à elle. Une simple conversation banale devenait sujette à inquiétude et passage en mode panique. Elle perdait inévitablement toute raison et tout contrôle de son corps qui se mettait alors invariablement à trembler, puis sa bouche ne laissait plus sortir que des bribes de phrases le plus souvent incompréhensibles. En définitive, même si elle semblait être sur la bonne voie… elle était encore loin d'être sortie d'affaire.

Anna n'avait parcouru que 80 kilomètres depuis près de 1h20 qu'elle avait quitté le parking de sa résidence, elle s'approchait de la ville de Dreux. Elle avait faim. Quand elle entra dans la ville, elle s'arrêta sur le bas-côté pour chercher sur son iPhone la meilleure boulangerie locale. Elle tomba sur un article qui vantait les mérites de l'une d'elles située place Fusillés, on y faisait le meilleur pain et les plus savoureuses viennoiseries de Dreux selon bon nombre d'avis. Elle entra l'adresse dans son GPS. Quelques minutes plus tard, elle trouva une place de stationnement juste à côté de la boulangerie, elle stoppa sa voiture sous un marronnier en face d'une pharmacie. La *Boulangerie Clerc* disposait d'une terrasse posée sur un petit pont sous lequel passait un cours d'eau. Anna commanda une spécialité locale nommée *Sarmentine* avec un café allongé, puis comme elle était vraiment affamée et qu'ils avaient l'air vraiment appétissants, elle ajouta un croissant au beurre à sa commande. Elle s'attabla sur le pont et profita de la douce chaleur qu'apportaient les premiers rayons du soleil matinal.

Il était près de 9h quand elle reprit la route. Le trafic était fluide et il y avait étonnamment peu de camions sur le trajet qui la mena en direction de Honfleur. La faible circulation et les limites de vitesse souvent franchies, elle ne mit qu'une heure et demie depuis la pause-café avant de voir un premier panneau indiquant qu'elle arrivait à destination.

Elle avait rendez-vous à midi avec Jacques Vaillant. Elle disposait d'un peu de temps, aussi elle décida d'aller d'abord prendre sa chambre d'hôtel puisque l'établissement *Le Cheval Blanc* devait se trouver à proximité. Ensuite, elle irait faire un tour sur le port et pourquoi ne pas s'enfoncer un peu dans les rues de la ville. Elle laissa sa voiture dans le parking qui longeait l'entrée de l'estuaire. De là, elle avança sur le pont et aperçu le vieux bassin situé près de l'ancien faubourg. Elle découvrit le port sur sa gauche, le quai Sainte-Catherine avec ses bateaux de plaisance amarrés et tanguant au gré du vent. Tout autour, une flopée de restaurants, de bars, de crêperies.

Dans l'angle, sur sa droite, longeant le quai à l'entrée du vieux bassin, elle distingua une façade qui devait être son hôtel. Elle résista à l'envie de faire le tour du port et se laisser charmer par le style tout en hauteur des constructions qui l'encadraient, elle prit donc la direction opposée et constata qu'elle ne s'était pas trompée. Cerclé de rouge, le nom de l'hôtel ne laissait aucune place au doute. Anna entra et s'annonça à la réception. L'accueil fut chaleureux. Elle apprit que le lieu était autrefois un relais de poste et que – elle avait de la chance – sa chambre donnait sur le port. Plus tard, elle découvrit que c'était le cas pour chacune des chambres de l'hôtel. Cela l'amusa. Il fallait bien flatter le client. Elle fit ensuite un rapide aller et retour pour récupérer sa valise et monta dans sa chambre qu'elle trouva à son goût. Le style était plutôt ancien, mais correspondait aux photos qu'elle avait vues sur Internet. Le descriptif annonçait une décoration contemporaine, Anna trouvait l'avis discutable. Cela dit, c'était plutôt spacieux et confortable et puis il y avait une grande salle de bain avec… un jacuzzi près de la fenêtre d'où elle apercevait le port. Elle rangea sommairement les quelques affaires qu'elle avait apportées et balança négligemment sa trousse de toilette sur l'étagère de la salle de bain. Elle avait envie d'un café, elle n'avait plus de temps à perdre si elle voulait arriver à l'heure chez Jacques Vaillant.

Elle sortit de l'hôtel à la recherche d'un café et fut immédiatement charmée par l'ambiance romantique du cœur de ville entouré de vieilles petites rues avec des maisons à pans de bois ou en pierre. Son cœur se serrait quand elle croisait des couples se tenant la main. Que n'aurait-elle pas donné pour être là en compagnie de Stéphane ? Elle était bien consciente que s'arrêter à de telles considérations ne pouvait que l'attrister davantage, mais… elle n'y pouvait rien, c'était là, présent, et… ça faisait toujours aussi mal.

Elle s'arrêta dans un petit café dont la devanture invitait à entrer. Elle commanda un expresso, mais refusa les viennoiseries et autres tartelettes normandes que le serveur lui recommanda. Elle consulta son iPhone. Pas de message ni de SMS.

Elle s'était installée près de la fenêtre qui donnait sur une rue passante, ce qui lui permit d'observer le va-et-vient des vacanciers à la recherche d'un restaurant. Elle accueillit sa tasse de café avec plaisir. Elle paya immédiatement sa consommation afin de pouvoir partir sans tarder puis décida d'envoyer un texto à Jacques Vaillant :

« Bonjour monsieur Vaillant. Je suis arrivée à Honfleur. Je viens de déposer mes affaires dans mon hôtel. Je ne vais pas tarder à partir. Merci. Anna Wells. ».

Elle pressa sur l'icône d'envoi et entendit, satisfaite, le son caractéristique qui indiquait que son SMS était bien expédié. Elle but une petite gorgée de son café en attendant la réponse. Son smartphone bipa presque aussitôt :

« Fantastique ! Je vous attends dès à présent, je vais préparer un petit apéritif ! À tout de suite. Jacques Vaillant. »

Anna termina prestement son Arabica et accéléra le pas jusqu'à sa Peugeot. Elle activa son GPS et sélectionna l'adresse de Jacques Vaillant qu'elle avait préalablement enregistrée. La voix digitale indiqua la route à suivre. Un léger sourire se dessina sur les lèvres d'Anna quand elle démarra et qu'un rayon de l'astre solaire illumina l'habitacle de la Peugeot, l'obligeant à chausser ses lunettes de soleil.

La Parisienne sortit de la ville et entra sur plusieurs rondpoints avant d'apercevoir un panneau routier indiquant la direction de Gonneville-sur-Honfleur. Elle passa devant un Fast-Food et se demanda comment on pouvait aller manger des burgers industriels quand on vivait près d'un port de pêche. Il en fallait pour tous les goûts et les jeunes locaux n'allaient pas échapper à la mode de la malbouffe !

Elle emprunta une petite côte qui était bordée par des lotissements flambant neufs. Elle parcourut encore deux kilomètres avant d'arriver dans le village de Gonneville. Elle remarqua qu'un panneau publicitaire mettait en avant une crêperie installée dans l'enceinte d'une ancienne école. La carte du GPS révélait que l'adresse de Jacques Vaillant se situait un peu à l'écart du village. Elle roula encore quelques minutes et stoppa quand le GPS indiqua qu'elle était arrivée à l'adresse indiquée. Effectivement, elle se situait pile devant une barrière de bois grande ouverte avec le numéro qui correspondait bien à l'adresse donnée par Jacques Vaillant. Anna hésita à entrer bien que le portail soit ouvert. Elle patienta un moment jusqu'à ce qu'un vieux monsieur apparaisse en la saluant de la main. Il avait les cheveux ras tirant vers le blanc, mais encore abondants malgré son âge, une barbe bien taillée de la même teinte encerclait un sourire avenant.

— Mademoiselle Wells ?

Anna avait ouvert la vitre de sa portière. Elle pencha sa tête à l'extérieur.

— Oui, c'est moi ! Bonjour monsieur Vaillant.

Le vieux monsieur s'approcha et lui tendit la main.

— Bonjour ! Je vous en prie… entrez votre voiture à l'intérieur, dit-il tout en serrant la main d'Anna, puis s'écartant pour lui permettre d'entrer sa 108 dans l'allée.

— Vous pouvez vous garer sur la gauche, dans l'herbe, à côté de la Renault, d'accord ?

Anna acquiesça et avança doucement jusqu'à se positionner à l'endroit indiqué par Jacques Vaillant. Elle coupa le contact et ôta sa ceinture de sécurité pendant que le vieil homme refermait le portail en bois massif.

Jacques revint à grands pas vers Anna.

— Dépêchez-vous ma chère, il ne va pas tarder à tomber des cordes.

Anna regarda le ciel qui s'était refermé depuis qu'elle était partie d'Honfleur. Un gros nuage noir poussé par un vent fort semblait menaçant, Jacques Vaillant avait raison.

— Mais qu'est-ce que vous avez à l'arrière de votre voiture ? C'est un rosier, pas vrai ? Qu'est-ce que vous fabriquez avec ça ? l'interrogea-t-il en lissant sa moustache.

Anna ouvrit la portière arrière et s'écarta pour que le vieux monsieur puisse voir.

— C'est pour vous ! dit-elle presque honteuse à la vue du magnifique jardin qui s'offrait à sa vue. De là où elle avait garé sa voiture, elle put admirer un parc immense où trônaient une multitude d'arbres majestueux, tous plus beaux les uns que les autres, il y avait à première vue au moins une dizaine d'espèces différentes.

Jacques Vaillant parut surpris.

— Pour moi ? Sacrebleu, c'est trop gentil. Je n'ai encore rien fait pour mériter ça, vous ne trouvez pas ?

— Vous avez accepté ma demande d'entretien, c'est amplement suffisant ! répondit-elle. Pouvez-vous sortir le pot de là ?

Il s'approcha et tenta d'extirper la plante.

— Je crois bien que nous ne serons pas trop de deux pour extraire ce mastodonte de votre auto ! plaisanta-t-il.

Anna fit mine de s'approcher de lui, mais il tendit la main pour l'arrêter.

— Non, vous devriez passer par l'autre côté et soutenir la plante pendant que je m'occupe du pot. Vous avez très bien emballé ce rosier, dites-moi !

Anna obéit et fit le tour de son véhicule. Elle ouvrit la portière et soutint des deux bras le rosier pendant que Jacques s'occupait de faire basculer le pot hors de l'habitacle.

— Comment avez-vous fait pour le faire entrer ? Vous avez eu besoin d'aide, non ? demanda-t-il.

Anna s'était presque allongée sur la banquette arrière pour soutenir la plante pendant que Jacques l'extirpa de l'arrière de la 108.

— Oui, le fleuriste m'a aidée ! J'ai simplement dû bien le caler contre le siège avant. J'espère ne pas l'avoir abîmé dans la manœuvre ? s'enquit-elle alors que le rosier était totalement sorti de la voiture et que Jacques le posait au sol. C'est un *Pierre de Ronsard*… d'après le vendeur !

— Oh vraiment ? Cela me touche beaucoup. Même si je dois vous avouer que j'ignore tout des gens pompeux qui donnent leur nom aux plantes qu'ils cultivent et vendent. Jacques émit un rire puissant et communicatif.

Il poursuivit :

— C'est un très beau rosier en tout cas ! Et pour ce qui est de sa protection pendant votre route… Je crois que vous vous être très bien débrouillée, petite demoiselle, déclara-t-il en ôtant le plastique ajouré qui protégeait la plante. Comment saviez-vous que j'aimais les rosiers ?

Avant qu'Anna ne puisse répondre, la pluie se mit à tomber d'abord de façon clairsemée puis avec force. Il l'attrapa par la main et l'entraîna vers l'entrée de la maison normande.

— Vite ! Venez !

Il claqua la portière de son côté et abandonna le rosier à la place où il se trouvait.

— Le rosier ne craint pas la pluie, bien au contraire. Ce n'est pas notre cas ! déclara-t-il en faisant entrer Anna la première. Elle découvrit une cuisine qui faisait aussi office de salle à manger typique des vieilles fermes normandes, elle avait un côté rustique fort agréable au goût d'Anna. Au centre, la table en chêne massif avec les chaises assorties. Sur le côté, un poêle à bois ou à charbon. Un peu plus loin, une porte ouverte vers une autre pièce d'où sortait une chaleur vive ainsi qu'une succulente odeur de cuisson. Anna apprécia le fumet qui s'en extirpait, elle huma avec concentration l'air ambiant pour identifier ce que cela pouvait bien être ?

— Ah ! Je vois que vous reniflez ! Cela vous plaît, mademoiselle Wells ?

Anna opina de la tête.

— C'est du pain, n'est-ce pas ? Vous faites votre pain vous-même ? demanda-t-elle.

— Vous êtes dans le vrai, je ne suis pas grand cuisinier, mais il y a deux ou trois recettes que ma mère m'a autrefois transmises et que je tente de perpétuer. La fabrication du pain est une sorte d'héritage, mademoiselle Wells.

Anna fit une moue contrariée.

— Monsieur Vaillant, je vous en prie, appelez-moi Anna.

Le vieil homme acquiesça.

— Soit ! Va pour Anna. Mais à condition que vous laissiez aussi tomber le « monsieur Vaillant ». Je m'appelle Jacques et ça me rajeunirait un peu si vous acceptiez vous aussi de m'appeler par mon prénom, d'accord ?

Anna pensa qu'elle allait avoir un peu de mal. L'utilisation du seul prénom était une réelle difficulté pour elle, tout comme le tutoiement avec les personnes plus âgées qu'elle.

— Je vais essayer, répondit-elle.

— Alors parfait ! Maintenant, venez par ici, dit-il en tirant une chaise. Et donnez-moi votre manteau, s'il vous plaît. En plus du pain, j'ai préparé un petit quelque chose pour l'apéritif… mais rassurez-vous, j'ai réservé une table pour deux personnes dans un restaurant du coin dont vous me direz des nouvelles. J'ai préparé hier une terrine à l'ancienne et sans vouloir me vanter, sur une bonne tartine de pain de campagne fraîchement sortie du four, je pense que vous allez m'en dire des nouvelles !

Anna lui laissa sa veste qu'il déposa sur le porte-manteau à côté de la porte. Il courut vers la pièce d'à côté et passa le seuil. Il avait une façon de se déplacer unique. C'était un vieil homme, mais il avait des attitudes d'enfant. Cela plaisait bien à Anna qui n'avait pas pu profiter longtemps de son grand-père.

— Vous voulez voir mon four à pain, mademoi… euh… Anna ?

Anna rejoignit Jacques Vaillant dans la salle en contrebas. Elle abritait effectivement un four à pain dans la plus pure tradition : de vielles pierres, mais aussi de la brique rouge pour le pourtour de l'entrée, elle-même fermée par une porte en fonte à l'aide un mécanisme antédiluvien qui s'actionnait à l'aide d'une poignée en bois poli. Le vieil homme ouvrit la porte et avec une pelle à pain, sortit deux belles boules bien cuites à l'odeur enivrante.

— Alors ? Qu'en dites-vous Anna ? L'odeur vous plait ? (Anna fit signe que oui.) Regardez-moi ça si ce n'est pas beau ?

Jacques posa les deux pains sur une plaque métallique. Il attrapa sa pelle et l'introduisit presque jusqu'à l'extrémité du manche, à l'intérieur du four. Anna risqua une remarque :

— Mais, monsieur Vaillant, vous en avez fait pour une armée, s'étonna-t-elle en le voyant sortir deux miches supplémentaires.

— Mais non. C'est pour vous ! Vous en rapporterez à Paris. Ce n'est pas avec vos baguettes chimiques que vous allez rester en bonne santé, pas vrai ? Regardez-vous, vous n'avez que la peau sur les os !

Anna s'amusait de la situation. Jacques Vaillant distillait une bonhomie contagieuse. Cela faisait tellement longtemps qu'elle ne s'était pas sentie d'une humeur aussi guillerette. Elle s'abstint de lui répondre qu'avec l'insistance de sa mère, elle était presque dans l'obligation d'acheter du pain issu de l'agriculture biologique, sans quoi les foudres maternelles ne manqueraient pas de s'abattre sur elle.

Jacques Vaillant disposa les six gros pains sur un plan de travail à sa gauche. Il referma la porte du four et tapa du plat de la main sur une des miches alignées.

— Et voilà le travail ! déclara-t-il tout en lissant sa moustache, affichant du même coup un air ravi.

Le sourire sincère d'Anna était une source de joie pour le vieil homme. Anna pensa qu'il n'avait rien d'un veuf éploré comme il y en a parfois dans les villages. Bien qu'à la réflexion, il y a vraisemblablement beaucoup plus de veuves que de veufs vivant seuls dans les campagnes françaises.

Jacques invita Anna à revenir dans la salle à manger. Le soleil était réapparu. Aussi, il ouvrit la porte pour laisser la clarté envahir la pièce.

— Venez Anna. Il ne s'agissait que d'une petite pluie éparse. L'herbe est déjà sèche. Si vous le voulez bien, je vais vous faire visiter les lieux en commençant par l'extérieur. Vous êtes d'accord ?

Bien sûr qu'elle était d'accord. Anna imagina la solitude de Jacques Vaillant depuis la mort de sa femme. Combien de personnes avait-il reçues depuis les trois mois qui s'étaient écoulés après les obsèques ? Elle n'eut pas le temps de pousser plus loin ses réflexions, Jacques poursuivit :

— Vous savez, Anna, cette maison appartenait à ma femme à l'origine. Elle l'avait héritée de ses parents qui, eux-mêmes, la tenaient du grand-père maternel qui, selon mon épouse, l'avait construite de ses mains. J'imagine que cet homme devait s'y connaître, car la réalisation est d'une grande qualité. Je parierai qu'il n'a pas fait le travail tout seul.

Ils passèrent devant les voitures rangées dans l'allée auprès desquelles le rosier offert par Anna trônait.

— Encore merci pour le rosier ! C'est vraiment très gentil à vous. Comment avez-vous dit qu'il s'appelait ?

— *Pierre de Ronsard*, répondit-elle.

Jacques Vaillant attrapa le pot et déclara :

— Si vous voulez mon avis, il se fiche pas mal du nom dont on l'a affublé, non ?

Anna acquiesça.

— Suivez-moi, Anna. Nous allons le poser près de ses congénères et je le repiquerai plus tard, dit-il.

Anna emboîta le pas du vieil homme. Le jardin était vraiment splendide. D'une superficie tellement impressionnante qu'Anna ne parvenait pas à la déterminer avec précision, il était entouré par d'anciennes écuries sur la gauche, une petite grange sur la droite, des étables qui servaient aujourd'hui de range-tout et d'atelier. Mais surtout, il y avait des arbres de tous côtés. Suivant les pas du propriétaire des lieux, Anna aperçut une splendide roseraie. Son cadeau paraissait soudain presque dérisoire devant une telle multitude de fleurs magnifiques.

Jacques s'arrêta un court instant devant le parterre de fleurs qui lui faisait face. Il mit à peine une dizaine de secondes à déterminer puis choisir l'emplacement adéquat qui accueillerait le *Pierre de Ronsard*. Il pointa son index et déclara :

— Là ! C'est l'endroit idéal pour lui !

Anna n'allait pas le contredire puisqu'elle n'y connaissait pas grand-chose en jardinage. Elle observa Jacques Vaillant qui posa le pot à l'endroit choisi, puis recula d'une dizaine de pas pour s'arrêter et observer à distance.

— Magnifique ! Anna voici sa nouvelle demeure, mais il

va devoir attendre encore un peu. Maintenant, il est temps de prendre un verre de cidre avant de rejoindre le restaurant que j'ai réservé pour nous. Venez ! ajouta-t-il, en faisant signe avec sa main.

Anna tourna les talons pour le suivre et aperçut la maison distante de près de 200 mètres. Tout en s'alignant sur le pas de Jacques, elle put admirer la façade de la demeure typique normande, avec ses colombages et ses volets de bois vernis. Le toit était composé d'ardoises et abritait trois petites fenêtres, les chambres sans doute. Il y avait deux cheminées, Anna comprit que la première devait être la cheminée principale tandis que celle sur la droite au fond provenait du four à pain. Le mur de la façade possédait trois grandes fenêtres et une porte d'entrée. De chaque côté des volets, trônaient sur le sol de gros pots de fleurs ovoïdes dans lesquels poussaient des petits géraniums d'un rouge vif. Il y avait aussi une deuxième porte plus à droite, c'était par là qu'elle était entrée pour échapper à l'averse en arrivant. Anna remarqua la jolie terrasse de pierres polies grises sur laquelle reposait une grande table blanche de jardin, elle avait l'air d'être en plastique, les modèles que l'on trouve dans les jardineries. Six chaises du même acabit l'entouraient. Un parasol de bonne taille couvrait l'ensemble.

— Vous me suivez, Anna ? cria Jacques.

— Euh… j'arrive !

Elle accéléra le pas et suivit Jacques qui avait déjà disparu dans l'embrasure de la porte. Jacques était en train de sortir deux bolées du vaisselier qu'il posa sur la table. Il désigna une chaise à Anna qui prit place tout en admirant la multitude d'objets hétéroclites posés sur des étagères faisant presque le tour de la cuisine.

Jacques se dirigea vers le réfrigérateur et en sortit une bouteille de cidre bien fraîche.

— C'est du brut, ça vous ira ?

— Oui, pas de problème !

— Vous auriez peut-être préféré du doux ? demanda-t-il. Pardonnez-moi, je suis vraiment inexcusable ! En général, les femmes préfèrent le cidre doux, pas vous ?

— Ne vous en faites pas, Jacques. J'aime beaucoup le cidre brut, je vous assure.

Jacques ferma la porte du réfrigérateur et posa la bouteille sur la table.

— Mouais... Je suis sûr que vous dîtes ça pour me faire plaisir, pas vrai ? Je suis un vieil idiot qui n'a même pas été fichu de mettre deux bouteilles au frais, une de brut et une autre de doux, au cas où !

Anna ne sut pas trop quoi répondre. Elle disait vrai, elle appréciait autant l'un que l'autre, donc ce n'était vraiment pas un souci pour elle.

Jacques voulut se rattraper, il demanda :

— Dans ce cas, j'ai une petite terrine que j'ai faite moi-même, ça vous dit ?

Anna ne voulut pas le contrarier. La terrine n'était pas particulièrement un mets dont elle raffolait, mais elle ne voulait surtout pas être impolie.

Jacques partit un court instant et revint avec un plat à terrine d'un blanc nacré dans les mains.

— Avec une tartine de pain tout frais qui nous attend à côté... Je crois bien que vous allez aimer... enfin j'espère !

Ils dégustèrent leurs tartines. Anna se força un peu, par politesse. Elle s'en sortit en déclarant qu'elle mangeait très peu. Le pain était délicieux, mais la terrine... ce n'était définitivement pas son truc. Jacques s'en aperçut et compatissant lui servit une bolée de cidre.

— Vous n'aimez pas ?

— Disons que c'est un peu fort pour moi. Je n'ai pas trop l'habitude, s'excusa-t-elle.

— Ne vous en faîtes pas, Anna. Il sourit. Monique n'aimait pas trop non plus, contrairement à moi. Ce n'est rien, j'en aurai plus pour moi !

Il regarda l'horloge accrochée au mur.

— On va devoir y aller. J'ai réservé pour midi trente.

Anna avala son cidre d'un trait.

— D'accord, allons-y, répondit-elle.

10

Ils montèrent dans la Renault de Jacques. Le restaurant était situé dans un village proche nommé *La rivière Saint-Sauveur*. Jacques expliqua qu'il l'emmenait dans un tout petit établissement qui, de prime abord, ne payait pas de mine étant donné son côté exigu et sa position géographique par rapport à la ville de Honfleur, bien plus prisée des touristes. Cependant, après seulement trois ans d'activité, le *Coup de fourchette*, c'était le nom du restaurant, venait de décrocher la première place sur *Tripadvisor*, célèbre moteur de recherche alimenté par les critiques et notes des clients, et cela malgré la présence à Honfleur de restaurants très côtés, mais aussi excessivement chers.

— Vous savez Anna, nous avons connu ce restaurant à son ouverture, il y a environ trois ans. Monique cherchait toujours des petits établissements authentiques, le contraire des gros « attrape touristes » que l'on peut voir dans Honfleur. Le patron est un homme vraiment d'une grande gentillesse, comme on en rencontre rarement. Il a ouvert cet établissement avec son épouse, mais aujourd'hui, il est aidé par un cuisinier. Il propose une carte simple et succincte, mais il n'y a que des produits régionaux de qualité. Il travaille localement avec des produits le plus souvent bio. De plus, l'endroit est assez calme à l'abri du tourisme de masse et des arnaques de Honfleur. Monique adorait cet établissement.

On venait y déjeuner régulièrement. C'est la première fois que j'y retourne depuis sa mort.

Anna ne savait que répondre, aussi elle préféra garder le silence. Jacques poursuivit :

— J'ai prévenu Fabrice, c'est le patron, que j'emmenais une journaliste parisienne qui écrit un article sur notre association. Je sais bien que ce n'est pas vraiment le cas, mais je n'ai pas voulu entrer dans les détails.

Anna cessa de regarder la route. Elle fixa Jacques.

— Je vous suis très reconnaissante, monsieur Vaillant. Euh… Jacques, pardon ! Simplement, c'est très gentil à vous, mais rien ne vous obligeait à m'inviter au…

— Je vous arrête, Anna ! J'avais vraiment envie d'y retourner. C'était une excellente occasion cette interview. Tenez, d'ailleurs nous y sommes !

Anna aperçut la façade peinte en rouge lie de vin. Au-dessus de l'enseigne au nom du restaurant, il y avait un étage avec deux fenêtres, le mur de l'étage était recouvert d'ardoises, cela contrastait avec les briques rouges et les murs peints en blanc des façades mitoyennes. Il y avait aussi deux écriteaux, des tableaux en ardoise, qui indiquaient les tarifs et les plats du jour.

Jacques Vaillant s'engagea sur la route à droite de l'église qui faisait face au restaurant.

— Il y a un parking derrière l'église, annonça-t-il. C'est pratique et puis il y a toujours de la place.

En effet, il n'eut aucun mal à garer son Renault Scénic. Il coupa le moteur.

— Je ne sais pas pour vous, mais… moi, j'ai faim ! déclara-t-il avec un air malicieux. On va se régaler, je peux vous l'assurer.

Anna acquiesça. Le soleil brillait et une douce chaleur

frappa sa nuque alors qu'elle sortait de la voiture. Elle inspira profondément une grande bouffée d'or et d'azur. Elle se nourrissait de l'enthousiasme de Jacques. Comment un homme de son âge parvenait-il à avoir autant d'énergie et de joie de vivre ? Il venait de perdre son épouse et pourtant… Elle allait avoir des questions à poser et se rendit compte qu'elle était déjà impatiente de connaître les réponses du vieil homme. Elle lui emboîta le pas en direction du *Coup de fourchette*. Elle avait du mal à l'admettre, mais elle était d'humeur joyeuse et cela lui fit un bien fou. De plus, elle allait peut-être se régaler avec un excellent repas ? Du moment qu'il ne servait pas de terrine…

Jacques Vaillant ouvrit la porte du restaurant et Fabrice, le gérant, un homme jeune à l'allure joviale et au sourire sympathique, l'accueillit par une franche accolade. Après plusieurs tapes amicales dans le dos, il le regarda les yeux dans les yeux, le tenant par les épaules.

— Ah… Jacques ! Quelle joie de te revoir ! Tu ne peux pas t'imaginer le plaisir que j'ai eu quand tu m'as appelé pour réserver. (Il se tourna vers Anna.) Vous devez être la journaliste parisienne ? Bienvenue dans mon modeste restaurant, mademoiselle !

Fabrice attrapa la main d'Anna et la serra avec fermeté, mais sans brutalité. Une poigne franche, sincère et… amicale.

— Venez par ici ! Je vous ai mis un peu à l'écart pour que vous puissiez discuter en toute tranquillité. C'est par là, déclara-t-il en les accompagnant jusqu'à leur table.

Ils s'installèrent au fond de la salle… qui n'était vraiment pas très spacieuse, mais la décoration avait été soignée et agencée avec goût.

— Je vous apporte la carte du jour. Vous désirez boire quelque chose en attendant ? demanda le restaurateur.

— Pour moi, ce sera une bière. Une blonde à la pression, comme d'habitude ! répondit Jacques Vaillant.

Fabrice ne prit pas la peine de noter la commande de son ancien client, il se tourna vers Anna.

— Et vous ?

Anna avait envie d'un verre de blanc.

— Avez-vous du petit Chablis ?

Fabrice fit grise mine.

— Je crains que non. Par contre, j'ai un Chardonnay « bio » qui devrait vous plaire.

Anna accepta l'offre et commanda un verre de ce bourgogne blanc qu'elle appréciait aussi. Elle résista à l'envie de questionner Jacques un court moment, puis elle se dit qu'il valait mieux être franche et éviter les faux semblant. Elle profita du fait que Jacques lui demandait ce qu'elle pensait du restaurant pour donner un avis sincère.

— C'est charmant, lui répondit-elle. Mais on est un peu à l'étroit, vous ne trouvez pas ?

Jacques fit mine d'inspecter les lieux comme si c'était la première fois.

— Vous avez raison, Anna. Vous savez… Fabrice n'est parti de presque rien et il s'est endetté à l'époque pour ouvrir cet établissement. Ils avaient, son épouse et lui, un objectif de faire de la qualité avec une carte restreinte. Ils ignoraient si leur projet tiendrait la route ou s'ils allaient lamentablement se planter en seulement quelques mois. Aussi, ils ont pris la décision de prendre un petit local pour éviter des charges trop importantes et limiter les risques.

— Je vois ce que vous voulez dire. Commencer petit et voir comment cela va tourner.

— Exactement.

— Cependant, vous m'avez dit qu'il avait ouvert depuis trois ans et que… il était maintenant à la première place sur un site de classement établi par les clients, n'est-ce pas ?

Jacques empoigna sa serviette et la déplia sur ses genoux.

— Tout à fait. Qu'est-ce qui vous chiffonne ?

Anna l'imita avec sa serviette.

— Eh bien c'est le fait que, s'il est maintenant le restaurant numéro un en termes de satisfaction clients, il devrait peut-être envisager de… enfin… d'agrandir son établissement, non ? Vous ne croyez pas ?

Fabrice apporta les boissons accompagnées de quelques olives, pain de campagne et beurre normand puis s'éclipsa aussitôt.

Jacques servit sa bière dans son verre tulipe qu'il leva pour trinquer.

— Santé ! déclara-t-il en faisant tinter bière contre Chardonnay. Vous savez Anna, Fabrice est très spécial. Je ne dis pas qu'il ne souhaite pas vivre de son restaurant, mais il cultive une passion pour l'authentique, la cuisine « maison », les produits issus de l'agriculture biologique. Même pour sa viande : il a rencontré un tas d'éleveurs de la région avant de porter son choix sur la personne qui lui convenait, du coup il propose de succulentes entrecôtes que je vous recommande !

Anna esquissa un sourire tandis que Jacques poursuivit son explication.

— Je vous dis ça, car c'est une conversation que j'ai déjà eue avec lui. Il m'a expliqué que pour le moment, il ne souhaitait pas « grandir » ! Il ne voulait pas perdre son côté « artisan restaurateur ». Jacques rit de bon cœur à l'évocation de cette formule qu'il venait d'inventer, mais qu'il trouvait opportune.

La conversation continua jusqu'à l'arrivée des plats principaux. Anna trouva la cuisine excellente et prit plaisir à déjeuner ainsi en compagnie de Jacques Vaillant qui lui détaillait sa vie normande. Le dessert et le café terminés,

Jacques proposa d'aller se promener le long de la plage. La côte normande s'étalait sur des kilomètres de sable fin et Jacques sentait que la discussion allait bientôt s'épaissir. Anna n'était pas venue le rencontrer pour parler de la cuisine régionale et du port de Honfleur. Jacques régla l'addition malgré les protestations d'Anna. Ils remercièrent Fabrice et regagnèrent la voiture.

Le chemin jusqu'à la plage fut bref et Jacques stoppa dans un parking à la sortie de l'estuaire. Il invita Anna à traverser la route pour arriver sur l'étendue de sable fin qui faisait face au port du Havre. Un bateau de plaisance sortait de l'embouchure pour partir au large. Anna admira le voilier tout en se souvenant qu'il fut un temps, Stéphane rêvait de pouvoir s'offrir un jour un catamaran pour l'emmener naviguer.

— C'est beau, n'est-ce pas ? demanda Jacques.

Anna hocha la tête pour indiquer son approbation.

— Selon la saison, on venait parfois presque tous les jours marcher le long de la plage. Monique adorait ça. (Il se tourna vers Anna.) Je tenais à vous remercier, Anna.

Elle s'étonna :

— Mais de quoi ? C'est à moi de vous remercier, vous m'avez invitée à déjeuner et j'ai apprécié cette bonne cuisine maison. Il y a des lustres que je n'avais pas vraiment fait un bon repas, depuis que...

Jacques avait compris dès le premier regard que cette jeune femme tentait de cacher une grande blessure à l'âme. Il attendait juste une ouverture pour aborder le sujet. Ce qui venait précisément de se produire.

— Vous savez, Anna, j'ai une sorte de sixième sens. Une sensibilité qui me permet de percevoir les choses au-delà des apparences. Monique me tuerait si elle m'entendait dire ça ! Elle affirmait que j'exagérais toujours et qu'en fait j'avais plutôt une grande empathie qui me permettait de voir relativement clair chez les autres. (Il se mit à rire.) D'ailleurs, ma femme disait que j'aurais mieux fait d'essayer d'y voir plus clair chez moi avant de regarder chez les autres. Elle avait raison.

Anna croisa le regard du vieil homme. Elle sentit toute la bienveillance qui l'animait. Elle décida de ne pas intervenir et de le laisser poursuivre.

— Vous m'avez dit que vous étiez journaliste et que vous écriviez un article pour votre magazine. Bien évidemment, avant de vous donner mon accord, je me suis empressé de vérifier le bien-fondé de vos affirmations. J'ai donc pu constater que vous étiez bien qui vous prétendiez être et qu'effectivement vous étiez journaliste pour un mensuel traitant de psychologie ou plutôt de… vulgarisation. Je dis cela sans vouloir vous vexer !

Il en fallait bien plus pour la vexer. En réalité, elle était bien loin de toutes ces considérations. Le bien-fondé d'un magazine de psychologie était un débat qui ne l'intéressait pas… ou plus.

Jacques Vaillant insista :

— Dites-moi ? C'est pour votre article ou bien pour vous que vous êtes venue m'interviewer, Anna ?

Elle s'arrêta de marcher et lutta pour ne pas se mettre à trembler. Son visage se ferma. Plus de sourire de façade, plus de mur ou de barrage de protection. Elle était percée à jour. Elle pensa à fuir à toutes jambes. Elle se ravisa et, avec lenteur, releva la tête. Elle se fixa sur le regard lumineux du vieux normand.

— Quel est le coup de tonnerre qui a éclaté dans votre ciel bleu, Anna ? demanda-t-il faiblement, comme s'il ne voulait pas l'effrayer.

Anna sentit ses yeux s'emplir de larmes. Elle comprit

qu'il aurait peut-être été plus honnête et plus simple de commencer par là. Dire la vérité sans artifice. Avouer à Jacques Vaillant que ce reportage n'était qu'un prétexte, une couverture, un écran de fumée parce qu'il était tellement fin et sensible que tenter de lui cacher ce qui motivait vraiment cette rencontre était totalement vain. Elle décida alors qu'il était peut-être temps d'en dire un peu plus.

— Je suis désolée, Jacques, s'excusa-t-elle.

Jacques parut surpris. Il sortit un mouchoir en papier d'un paquet de Kleenex qu'il avait dans sa poche et lui tendit.

— Allons donc… en voilà une idée saugrenue ! Tenez, Anna, essuyez-moi vos jolis yeux et ne dites pas de bêtises. Je ne vous demande pas ça pour vous mettre mal à l'aise et je vous prie de m'excuser si c'est ce que vous ressentez.

Anna s'empara du mouchoir en papier et s'exécuta. Jacques poursuivit :

— J'ai accepté de vous recevoir pour vous raconter ma vision des choses, parce que vous vouliez savoir comment j'étais parvenu à poursuivre ma vie et accepter ce qu'elle avait encore à m'offrir en dépit... de la perte de ma fille unique. Ajoutons à cela le décès récent de mon épouse bien aimée. Voilà, c'est tout. Je suis bien conscient que je n'ai pas à connaître votre histoire personnelle en contrepartie. C'est juste que… cela m'intéresse… c'est aussi histoire de se connaître un peu mieux. J'ai toujours fonctionné comme ça, vous savez ! Je ne peux pas me confier à vous si vous ne vous confiez pas à moi, ne serait-ce qu'un tout petit peu. C'est un échange de bons procédés en somme.

Anna n'avait plus le choix. Il n'était pas question de mentir… pas à un homme comme Jacques, cela n'aurait pu que mettre un terme à leur conversation, elle en était persuadée.

— J'ai du mal à en parler. C'est… c'est difficile pour moi d'aborder le sujet.

Jacques observait Anna et ne put s'empêcher d'être ému par la jeune femme qui essuyait une larme qui glissait sur sa joue.

— Je vous propose de commencer le premier. Vous verrez bien ensuite si vous souhaitez m'en dire un peu plus sur votre histoire personnelle. Cela vous convient-il ?

Anna acquiesça.

— Commençons par le commencement. Tout d'abord, que savez-vous de moi, Anna ? Vous m'avez trouvé sur Internet, si j'ai bien compris ?

— Oui.

— Et ?

— Et quoi ?

Jacques parut surpris par la situation surréaliste.

— Vous n'êtes décidément pas très loquace, mademoiselle Wells, ironisa-t-il. Qu'avez-vous appris sur la toile au point d'éprouver l'envie de me rencontrer ?

— Je voulais vous rencontrer vous et votre femme, corrigea-t-elle.

Cette précision sembla plaire au vieux normand qui décocha un sourire amusé.

— C'est exact. Pardonnez-moi. Donc, je reformule ma question. Pourquoi avez-vous voulu nous rencontrer Monique et moi ?

Anna pinça ses lèvres avant de répondre.

— J'ai lu que vous aviez créé votre association pour aider les personnes en deuil et cela a attiré mon attention.

— C'était à cause de votre article ?

— Indirectement, oui. Mais aussi… parce que j'étais… parce que je suis… moi-même personnellement affectée par la perte de… de quelqu'un.

Elle avait fini par lui dire. Sans entrer dans les détails certes, mais c'était un pas en avant. Elle en ressentait un certain soulagement. Elle trouvait cela curieux, elle n'avait fait la connaissance de Jacques Vaillant que depuis quelques heures seulement et pourtant… c'était comme si elle discutait avec un vieil ami. Curieux ce sentiment de proximité avec un parfait inconnu. Aucun doute : Jacques avait le don de mettre immédiatement les étrangers à l'aise. Malgré tout, Anna ne souhaitait pas brûler les étapes et elle resta évasive en évitant d'entrer dans des détails trop personnels.

— D'une pierre deux coups, déclara le vieil homme.

— Oui. Pour être tout à fait franche, j'ai d'abord eu l'idée de cette recherche à titre privé. Cependant, après en avoir discuté avec ma rédactrice en chef, elle estima que cela pouvait faire un très bon sujet de reportage pour notre magazine.

Jacques semblait amusé par les révélations de la jeune journaliste. Il voulut en savoir un peu plus.

— Avez-vous rencontré d'autres personnes avant moi ?

— Vous êtes le premier !

— Vraiment ?

— Oui. Je commence tout juste mon enquête et les autres contacts n'ont pas encore donné suite à mes demandes d'entretien. Enfin, certains ont répondu en indiquant qu'ils allaient y réfléchir et me contacter ultérieurement pour décider d'une date de rendez-vous. D'autres ont fait répondre leur secrétariat en expliquant qu'ils décideraient plus tard des suites à donner à ma requête… j'emploie les termes utilisés, expliqua Anna.

— Donc je suis le premier, murmura Jacques.

— J'ai même été étonnée par la rapidité avec laquelle vous avez répondu à mon e-mail.

— Ah oui ?

— Oui. Pour tout vous dire, je n'étais pas très sûre de moi. Mon idée n'était peut-être pas si bonne que ça ! J'avais essuyé un ou deux refus polis de la part de mes premiers contacts. Du coup, je n'étais plus très confiante. Allais-je pouvoir mener à bien ce projet saugrenu ? Ou bien tout cela n'était-il qu'une vaine tentative de sortir de ma…

Anna s'arrêta brusquement. Elle ne souhaitait pas trop étaler sa vie privée et à quoi bon parler de la profonde dépression dans laquelle elle avait pataugé pendant des mois. Elle ne voulait surtout pas que quiconque s'apitoie sur son sort.

Comme s'il avait deviné ce qu'Anna tentait de lui cacher, Jacques décida de ne pas appuyer là où cela faisait mal. Cette jeune femme avait traversé des moments très difficiles et la page n'était pas tournée. Du reste, elle n'était pas prête à demander de l'aide, c'est pourquoi il préféra ne pas creuser plus loin dans cette direction.

— J'ai failli tout envoyer promener, vous savez !

Anna fut prise au dépourvu.

— Pardon ?

— Quand Monique est décédée… j'ai eu envie de tout ficher en l'air. Je ne voulais plus poursuivre et continuer à m'occuper de l'association. La *main tendue*, c'était le bébé de ma femme. Moi, je n'avais fait que la soutenir et partager ce projet avec elle. Sans Monique, tout cela ne rimait plus à rien ! Et puis…

La douce mélodie du ressac fut troublée par une mouette qui poussa un cri si puissant en passant au-dessus de leurs têtes qu'ils stoppèrent leur marche sur le sable pour lever les yeux et observer le vol de l'oiseau criard.

— En voilà une qui se fiche bien de ce que je raconte. Elle n'a peut-être pas tort. Voyons, où en étais-je ?

— Vous disiez que vous n'aviez plus envie de poursuivre votre association après le départ de votre épouse.

Jacques se tourna vers Anna avec de la tendresse au fond des yeux.

— Vous dîtes *départ* ! Vous n'imaginez pas comme cela lui aurait fait plaisir. Vous savez pourquoi ?

Anna hésita un court instant et fit signe que non.

— Elle croyait fermement en une vie après la mort. C'était plus qu'une croyance. Elle en était persuadée, car... comment dire ça ? Euh... elle était déjà morte... auparavant.

Anna ouvrit de grands yeux. Qu'est-ce que Jacques voulait dire par là ?

— Je ne comprends pas, s'excusa-t-elle.

— Anna, n'avez-vous jamais entendu parler des expériences aux frontières de la mort ? Ce que l'on appelle plus communément maintenant des NDE pour Near Death Experience, pardonnez mon accent exécrable.

— Pas vraiment, répondit-elle.

— Vraiment ? Dans votre magazine de psychologie, vous n'avez jamais parlé de ces expériences ?

Anna sembla perplexe.

— Je crois que... effectivement oui, on a déjà dû parler de ce sujet, mais c'était un autre journaliste que moi et je ne me suis pas vraiment intéressée par ce thème.

— Ah oui ! Et pourquoi cela ?

— Disons que... que je préfère traiter des sujets... euh... concrets... liés à la vie des gens.

— Anna, vous savez... la mort fait partie de la vie des gens ! affirma-t-il. Cela dit, je ne vais pas vous blâmer. En règle générale, on ne s'intéresse pas à un tel sujet pourtant essentiel avant... d'avoir été confronté soi-même à la mort de quelqu'un de proche. Moi-même avant le décès de ma fille, mais plus encore avant cet événement où Monique a failli mourir… Eh bien, disons que je n'avais jamais vraiment été attiré par un sujet qui peut paraître presque… glauque, en définitive.

Anna éprouvait une angoisse naissante. En temps normal, elle aurait fui. Depuis le départ de son compagnon, elle ne pouvait aborder l'idée même de la mort. Le psychologue qu'elle voyait régulièrement depuis sa sortie de l'hôpital avait bien tenté de réintroduire chez sa patiente l'acceptation du concept de la mort comme processus normal de la vie, mais Anna n'avait rien voulu entendre. Pourtant, là, à cet instant, elle pressentait qu'elle devait écouter ce que Jacques Vaillant avait à lui raconter.

— Jusqu'au jour où ? demanda-t-elle.

— On revenait d'un réveillon du Nouvel An chez mon beau-frère. C'était le 1er janvier 1984. On se remettait difficilement du… enfin de la perte de notre fille. Mon beau-frère avait fait tout ce qu'il pouvait pour nous sortir du gouffre dans lequel nous étions plongés depuis des mois. Et puis Monique avait fini par accepter l'invitation de son frère qui avait insisté. Cela faisait six mois que l'on ne sortait plus. On vivait reclus. C'était pourtant nécessaire. Il avait fallu faire notre deuil. Bref, pour la première fois depuis des mois, grâce à mon beau frère, on avait un peu repris le dessus. Il nous avait fait rire grâce à sa bonne humeur naturelle. Même Monique avait ri. On avait bien mangé et… bien bu ! Mon beau-frère nous avait proposé de rester coucher chez lui, mais je préférais rentrer à la maison en vieux casanier que j'étais ! Monique avait bien tenté de m'en dissuader, mais j'étais une vraie tête de mule et je n'ai rien voulu savoir. On a pris la route vers trois heures du matin. Paul habitait Caen à cette époque-là. Il ne s'agissait que d'une soixantaine de kilomètres, à peine trois quarts d'heure de route pour rentrer sur Gonneville ! Et puis un peu avant la sortie de l'autoroute, un cinglé est arrivé à contresens sur l'A13. Monique dormait.

J'ai à peine eu le temps de comprendre ce qui arrivait... j'ai donné un coup de volant pour éviter le choc frontal ! J'ai réussi à me déporter sur la droite, j'avais évité le pire, puis j'ai rebondi sur la glissière de sécurité et ma Renault est partie en tête-à-queue et malgré le fait que j'appuyais sur les freins de toutes mes forces... je n'ai rien pu faire pour éviter la collision avec une autre voiture devant nous. On a percuté l'auto, et puis... rideau. Je suis tombé dans les pommes à plusieurs reprises alors que je voulais savoir comment Monique allait. J'ai vu les secours qui sciaient la carrosserie pour nous extraire. J'ai vu le visage de Monique en sang. Je l'ai appelée. Elle était inconsciente. Et je me suis évanoui à nouveau.

Plus tard, je me suis réveillé en salle de soins intensifs à l'hôpital de Caen. J'avais une commotion à la tête et quelques fractures, ma main et ma clavicule avaient morflé. J'ai tout de suite demandé des nouvelles de ma femme et l'infirmière m'a répondu qu'on s'occupait d'elle, que le docteur viendrait me voir très vite pour me donner des informations.

Anna écoutait et imaginait la scène. Le soleil avait maintenant disparu et de gros nuages menaçants avaient remplacé le ciel azur.

— Et si nous poursuivions en allant prendre un café ? Les nuages arrivent et je ne serais pas étonné de voir la pluie les suivre de près. C'est la Normandie quoi !

Anna approuva la suggestion, d'autant qu'un petit vent frais pointait aussi le bout de son nez. Ils rebroussèrent chemin et se dirigèrent vers le port au moment même où quelques gouttes de pluie commençaient à tomber.

11

— Voici vos billets et toute la documentation qui vous permettra de passer, je l'espère, un agréable séjour. Bien entendu si, d'ici votre départ, vous avez besoin d'une précision supplémentaire, n'hésitez pas à me passer un coup de fil, annonça le jeune homme en se levant et tendant la main pour les salutations d'usage. Je vous souhaite un très bon voyage !

Le couple de retraités se leva péniblement et l'homme et la femme saluèrent à tour de rôle l'agent de voyage avec enthousiasme. Le mari avait souhaité offrir une croisière à son épouse afin de fêter dignement son tout récent départ à la retraite.

Le jeune homme les accompagna jusqu'à la sortie et leur souhaita une bonne journée. Il regagna ensuite son bureau et classa le dossier du couple de retraités qu'il ferma d'un clic de souris. Il quitta son écran d'ordinateur des yeux et regarda la rue qui apparaissait à travers l'immense baie vitrée de l'agence de voyages. Depuis quelques jours, il scrutait le trottoir d'en face avec un mince espoir de la voir passer. Elle passerait là, devant lui, avec son allure mystérieuse et craintive qui… la rendait irrésistible. Il avait eu du mal à l'admettre, mais force fut de reconnaître que la belle mystérieuse parasitait ses pensées. Il culpabilisait parce qu'il lui avait fait apparemment très peur lors de leur deuxième rencontre fortuite dans le garage de l'immeuble d'à-côté, lieu où il garait tous les jours de la semaine son véhicule. L'immeuble près de l'agence et son parking était une aubaine : juste à côté de l'agence, mais surtout certaines places étaient à louer au mois et à l'année, inutile d'être locataire ou propriétaire au sein de la résidence.

Le téléphone sonna. Carl chassa de son esprit la jeune femme mystérieuse et décrocha le combiné avec un manque d'enthousiasme évident. Malgré son professionnalisme, quelque chose clochait et cela n'avait pas échappé à sa collègue qui, en raison de la promiscuité engendrée par la nouvelle mode des bureaux dits ouverts, n'en avait pas manqué une miette. Quand Carl eut terminé sa conversation téléphonique, elle ne résista pas à l'envie de découvrir ce qui n'allait pas chez lui.

— Eh Carl ! Tout va bien ?

Le jeune homme, l'air ahuri, la regarda avec des yeux ronds.

— Oui, bien sûr que ça va ! Pourquoi cette question ?

— Tu es sérieux, là ? Cela fait deux jours que tu ne décroches pas un mot ! Tu es ici, mais… sans y être vraiment. Tu crois que tu vas pouvoir faire illusion encore longtemps comme ça ? Je te parie dix euros que la boss te fait une remarque avant ce soir, affirma la jeune femme.

— Franchement, Ludivine, je ne vois pas de quoi tu parles !

Elle recula son siège de bureau à roulettes et plaqua ses poings sur ses hanches, un air de défi durcissait les traits de son visage.

— Tu me prends vraiment pour une idiote, ce n'est pas croyable, s'emporta Ludivine.

Carl la scruta, feignant l'étonnement.

— Mais non je t'assure, vraiment je…

— Arrête ! Stop ! dit-elle les dents serrées avec une colère difficilement contenue qui irradiait de son visage ? Je préfère que tu me dises que ce n'est pas mes oignons plutôt que de me mentir d'une façon aussi irrespectueuse ! C'est vrai quoi, tu n'es plus le même depuis hier matin et monsieur déclare la bouche en cœur qu'il ne voit pas de quoi je parle ! Je te préviens, tu peux m'envoyer balader si tu veux, mais ne me prends pas pour une conne !

Carl n'avait pas envie d'étaler ses états d'âme avec Ludivine Berthelot. C'était une chic fille, charmante, malicieuse, très ambitieuse et pleine de vie. C'était surtout une vraie pipelette et tout le quartier serait informé de sa vie privée dans la demi-journée s'il n'y prenait garde. Aussi, il décida de lâcher un peu de leste sans, bien entendu, parler de la femme qui ne quittait plus ses pensées.

— D'accord Ludivine, tu as raison, s'excusa-t-il. J'ai effectivement un problème personnel en ce moment, mais... je ne veux absolument pas en parler au boulot. C'est un souci familial et ça ne regarde que moi. Voilà, c'est tout ce que je peux te dire.

Ludivine Berthelot desserra les poings et laissa retomber ses bras le long de ses hanches, une mine d'étonnement déformant son joli visage.

— Quoi ? C'est tout ? répondit-elle. Tu ne vas rien me dire et me laisser comme ça ? En plan ? Avec ton attitude depuis hier, tu pourrais au moins me dire de qui il s'agit. C'est tes parents ? Ils sont malades ? Ton frère ? Il lui est arrivé quelque chose ? Ou alors c'est...

— Stop ! Cette fois, c'est moi qui t'arrête. Je ne te dirai rien de plus. C'est personnel et cela ne te regarde pas.

Carl ne savait vraiment pas s'y prendre avec Ludivine qui le fixa sans sourciller.

— Alors c'est toi ? Tu es malade, c'est ça ? répliqua-t-elle.

— Hein ?

— Si ce n'est pas ton père, ta mère ou ton frère, c'est donc… toi !

Carl n'avait pas su désamorcer l'explosive Ludivine. Il préféra prendre la fuite pour échapper à cet interrogatoire malsain.

— Tu n'y es pas du tout, Ludivine. Cela n'a rien à voir avec ce que tu crois. Bref, je n'ai pas envie d'en parler et encore moins avec toi. (Il regarda sa montre.) En plus, il est midi trente, j'ai faim. Je prends ma pause déjeuner. Je reviendrai dans une heure. Profites-en pour vider ton esprit de toutes tes questions indiscrètes, termina-t-il en attrapant sa veste sur le porte-manteau, abandonnant sa collègue qui le regarda sortir de l'agence la bouche grande ouverte. Ludivine ignorait le fin mot de l'histoire, mais elle en était certaine : il s'était passé quelque chose dans la vie de Carl et elle finirait bien par découvrir ce dont il s'agissait…

*

Carl marcha jusqu'à sa brasserie favorite en inspirant l'air extérieur avec exagération. Ce que Ludivine pouvait être pénible parfois ! Comment avait-il pu avoir une relation avec une fille pareille ? Elle avait tous les défauts qu'il exécrait : elle avait les dents qui rayaient le parquet et donc qu'une idée en tête : prendre la direction de l'agence. Et puis, elle parlait trop, la plupart du temps pour ne rien dire. Des conversations sans aucun intérêt. Un bavardage permanent et irritant pour Carl. Dieu merci, il y avait son collègue Antonio qui faisait office de barrage, et ces deux-là passaient un temps considérable à parler pour ne rien dire. La presse people n'avait aucun secret pour eux. Heureusement, madame Guerrier, la directrice de l'agence de voyages, avait consenti à placer les deux pipelettes un peu à l'écart de son bureau. Carl lui en avait été très reconnaissant. Lui qui aimait le silence, la méditation, l'univers lui avait offert la réponse idéale avec Ludivine et Antonio.

Il arriva devant la porte de la brasserie, entra, salua le patron et alla s'attabler dans son coin favori, dans l'angle et face à la grande baie vitrée qui lui permettait d'observer les allées et venues des passants. Avec un peu de chance, il pourrait apercevoir la mystérieuse et jolie craintive.

— Bonjour Carl ! Qu'est-ce que je te sers aujourd'hui ? Le plat du jour ? demanda le patron.

— Oui, merci Pierre. Ce sera parfait !

Pierre, le patron, parut surpris.

— Tu ne me demandes pas ce que c'est ?

— Quoi donc ?

— Eh bien… le plat du jour ! Quoi d'autre ?

Carl sortit son téléphone portable de sa veste et le posa sur la table.

— Cela ira très bien. Je te fais confiance.

Pierre nota sur son carnet de commandes.

— Très bien. Un plat du jour. (Il hésita.) Carl ? Tu es sûr que tout va bien ?

Qu'est-ce qu'ils avaient tous ce matin ? Tout le monde s'était ligué pour être casse-pied aujourd'hui, ce n'était pas possible. Pile le jour où Carl souhaitait qu'on le laisse tranquille, chacun s'évertuait à lui poser des questions stupides. Il prit sur lui et répondit calmement :

— Tout va très bien, Pierre, je te remercie.

— Bien. Si tu le dis ! Tu prendras une pression, comme d'habitude ?

— Oui, ce sera parfait. Merci.

Pierre s'éloigna en direction du bar. Il jeta néanmoins un coup d'œil intrigué vers son client qu'il connaissait depuis près de trois ans pour venir déjeuner dans sa brasserie depuis le jour où il avait été engagé dans l'agence de voyages à l'angle de la rue. Quelque chose clochait, Pierre en était pratiquement certain. Il n'avait jamais vu Carl aussi... aussi... étrangement absent. Bien sûr, son client était bien présent physiquement, mais pour le reste. D'ordinaire, il aurait plaisanté sur la fraîcheur du poisson ou encore la provenance de la viande. Une blague aurait dû ponctuer sa commande, comme toujours. Et puis, surtout c'était la première fois que Carl commandait le plat du jour sans s'enquérir de sa teneur. Pierre savait que Carl ne mangeait pas de tout. Il avait des goûts très arrêtés et, par exemple, il n'aurait jamais daigné consommer certains plats comme les abats ou du veau, et même de l'agneau. Heureusement, le plat du jour était composé d'un suprême de volaille accompagné d'un aligot. Cependant, Pierre, digne gérant d'une brasserie qui voyait passer bon nombre de clients tous aussi hétéroclites que pouvait l'être la population locale, avait appris à cerner les habitués. Et là, il en aurait donné sa main à couper, quelque chose allait de travers chez Carl et son attitude le trahissait indéniablement. Il verrait ça plus tard, mais il allait falloir cuisiner Carl qui n'avait pas l'air de vouloir lâcher le morceau.

Pendant qu'il attendait sa commande, Carl scrutait la rue. Malheureusement, la jeune fille mystérieuse ne fréquentait pas la brasserie. Dans le cas contraire, il l'aurait remarquée. Il était très contrarié par le fait que sa voiture n'était pas sur la place de parking comme d'habitude. Elle avait dû s'absenter. Peut-être avait-elle quitté Paris pour quelques jours ? Carl ne souhaitait qu'une chose : pouvoir la revoir pour lui présenter ses excuses. Il ignorait pourquoi, mais il lui avait fait peur. Et ce, à deux reprises déjà ! Il aurait donné cher pour savoir pourquoi il effrayait autant cette jeune femme ? Il était plutôt beau garçon, à l'aspect soigné. Il s'était à chaque fois montré courtois, prévenant, aimable, charmant même. Alors quoi ? En y réfléchissant, il fallait bien admettre que se retrouver nez à nez avec un homme dans un parking pouvait être une expérience tout à fait désagréable pour une jeune femme si... jolie. Dieu qu'elle était charmante. En revoyant son image dans son esprit, Carl sentit un courant électrique, un picotement qui lui remontait du bas du dos jusqu'à son cerveau. Que lui arrivait-il ? Il n'allait tout de même pas tomber amoureux d'une parfaite inconnue ? Bon d'accord, elle était très séduisante, mais… il ne savait rien d'elle. Qui était-elle ? Que faisait-elle dans la vie ? Mis à part le fait qu'elle le fuyait à chaque fois qu'elle l'apercevait, Carl ne savait pas grand-chose en définitive. Elle devait avoir dans les 25 ou 26 ans. Et surtout, elle paraissait être… seule. La première fois qu'il l'avait aperçue, dans le bar à Tapas *La Fabrica*, elle était attablée en face de lui et elle buvait un verre, toute seule. De mémoire de célibataire habitué à sortir souvent le soir, il n'avait que très rarement vu de jeune femme non accompagnée. Certes, il ne fréquentait pas forcément les lieux inhérents aux rencontres entre célibataires, mais… elle était libre, il en était persuadé.

Pierre arriva avec la boisson. Il déposa un rond à bière sur la table et posa le verre tulipe en fixant Carl avec une moue d'inquisiteur.

— Alors ? Tu ne veux toujours rien me dire ? demanda-t-il.

— Non.

Pierre soupira.

— Au moins cela a le mérite d'être clair, grommela-t-il.

Devant la mine déconfite du patron de la brasserie, Carl se radoucit quelque peu.

— Ce que tu peux être pénible, toi aussi, ce matin !

Pierre sourit.

— Ah ! Tu vois ! Je ne suis pas le seul à m'être rendu compte que quelque chose ne tournait pas rond chez toi. (Il s'arrêta pour réfléchir.) On se connaît depuis des années, tu me racontes un peu de ta vie, je te raconte un peu de la mienne. Je veux bien admettre que l'on n'est pas des amis proches, mais… je te connais suffisamment pour me rendre compte que quelque chose te… te tracasse. Je te laisse méditer là-dessus et je reviens avec le suprême de dinde. J'espère simplement que tu seras dans de meilleures dispositions lorsque je reviendrai !

Sur ces mots, il tourna les talons et s'éloigna à grands pas.

Carl appréciait Pierre. Non seulement il venait déjeuner dans son établissement depuis qu'il avait été engagé dans l'agence de voyages, mais en plus ils jouaient au tennis ensemble. Tous les dimanches matins, été comme hiver, à une heure extrêmement matinale, ils se retrouvaient sur les courts de tennis. Après la partie et avant la douche, ils refaisaient le monde en prenant un café.

Quelques minutes passèrent avant que Pierre revienne avec la commande qu'il déposa devant Carl.

— Monsieur est servi ! grogna-t-il. Alors ?

— Je n'ai rien à dire… pour l'instant, déclara Carl.

Le patron fit mine de comprendre.

— Très bien. C'est toi qui vois ! répondit-il en repartant dans la direction opposée, l'air contrarié.

Carl, tout en déjeunant, comprit qu'il devrait dorénavant faire un effort de comportement s'il tenait à son intimité. C'était sans doute un peu de sa faute. Il fallait toujours qu'il parle. C'était son défaut principal : en dire trop sur lui et finir par se confier. Du coup, à force de mauvaise habitude, dès qu'il voulait garder pour lui un peu de sa vie privée, cela ne manquait pas de sonner l'alarme chez ses confidents. Il allait vraiment falloir trouver une solution pour régler ce problème. Cela dit, commencer à garder l'histoire de la jeune femme craintive pour lui était une première étape. Il n'en parlerait à personne. Point. Ensuite, une autre solution pouvait consister à donner un peu mieux le change. Faire en sorte de ne pas modifier ses habitudes, son attitude aussi, par rapport à l'ordinaire. Ne pas se mettre à rêvasser sur la jolie inconnue à longueur de journée. Se réserver des moments bien définis, de préférence chez soi, pour y penser. Fermer son esprit le reste du temps. Plus facile à dire qu'à faire. Carl devait bien reconnaître qu'une fois encore, il ne maîtrisait rien. Au moins, c'était une bonne chose de l'admettre, on pouvait avancer et tenter de modifier certaines choses pour évoluer dans le sens désiré.

— Un dessert ? demanda une des serveuses de la brasserie.

Pierre avait envoyé une de ses employées, signe qu'il était vraiment contrarié. Et puis après tout tant pis, il faudrait bien qu'ils s'y fassent tous. Carl, cette fois, garderait ses histoires pour lui et c'était bien mieux comme ça.

— Non merci. Juste un café, s'il vous plaît mademoiselle, répondit-il.

— Bien, monsieur !

Après son café, Carl régla son addition et décida de marcher un peu avant de rejoindre l'agence. Comme il disposait encore d'un petit quart d'heure avant la fin de sa pause déjeuner, il alla s'asseoir sur un banc public. Une idée traversa son esprit et il retrouva le sourire instantanément. Comment n'y avait-il pas pensé plus tôt ? C'était pourtant simple, il suffisait d'aller voir le concierge de l'immeuble où elle résidait ! Puisqu'il possédait une place de parking dans le même bâtiment, il mit au point un stratagème pour obtenir plus de détails sur l'inconnue récalcitrante.

Carl se leva d'un bond et partit vers l'agence, le moral regonflé à bloc.

12

Quand Anna Wells entra dans le café, elle était trempée jusqu'aux os. Elle ressemblait à un oisillon mouillé. Jacques Vaillant lui emboîta le pas et secoua sa tête dégoulinante avec un air malicieux non dissimulé.

— Eh ! On peut dire que ça ravigote, non ?

Anna qui tentait maladroitement de s'essuyer le visage avec la manche de son sweat-shirt trempé lui aussi, le regardait avec des yeux aussi étonnés qu'attendris.

— Jacques ! Nous sommes trempés des pieds à la tête. On risque d'attraper un rhume et on dirait que… que ça vous amuse ?

En guise de réponse, Jacques entraîna Anna vers une table pour deux personnes. Une serveuse arriva et, en les apercevant aussi mouillés qu'au sortir de la douche, leur proposa une serviette sèche.

— Oui, volontiers. C'est très aimable à vous, mademoiselle.

La jeune fille fit un aller-retour express vers le bar et revint avec deux torchons propres à peine sortis de la teinturerie.

— Ce n'est pas une serviette éponge, mais c'est toujours

mieux que rien, s'excusa-t-elle.

Jacques s'empara des torchons et en tendit un à Anna. Il s'essuya aussitôt le visage et la tête et remercia la serveuse.

— C'est parfait ! Merci beaucoup !

— Je vous en prie, répondit la serveuse. Vous prendrez quoi ?

— Un chocolat chaud pour moi, demanda Anna qui s'essuyait les cheveux.

— Et vous, monsieur ?

Jacques extirpa son visage rougi du torchon maintenant bien imbibé.

— Un thé au citron, s'il vous plaît. Avec un peu de miel si possible ?

La serveuse fit signe que oui et s'éloigna.

Anna sortit une brosse à cheveux de son sac à main et tenta de démêler les nœuds qui s'étaient formés dans sa chevelure. Quand elle releva la tête, elle demanda :

— Jacques ?

— Oui, Anna.

— J'ai l'impression qu'un rien vous amuse, non ?

Jacques, terminant de se sécher, opina du chef.

— Mais bien entendu ! Ne vous en déplaise… quoi faire d'autre ? (Il rit.) Anna, la vie est un jeu, souffla-t-il.

Jacques s'apprêtait à ajouter quelque chose quand la serveuse arriva avec les boissons chaudes qu'elle déposa près des clients.

À ce moment, le téléphone portable d'Anna sonna. Le numéro de Catherine Wells, sa mère. Anna hésita à répondre par politesse. Jacques sentit son hésitation et déclara :

— Je vous en prie, Anna, répondez ! C'est peut-être important ?

— C'est ma mère, s'excusa-t-elle.

— Raison de plus ! déclara-t-il.

Anna s'excusa et s'éloigna de la table pour se poster devant la baie vitrée qui laissait entrevoir le port de Honfleur attaqué par la pluie et le vent.

— Allo ?

— Bonjour, ma chérie, c'est ta mère.

— Je sais, maman. Ton nom apparaît sur mon écran quand tu m'appelles !

— Ah oui, tu as raison. En fait… Je voulais juste savoir si tout allait bien ? l'interrogea-t-elle.

Anna fixait les bateaux qui lui faisaient face. Autrefois, elle avait trouvé sa mère trop envahissante. Depuis l'accident, force était de constater que c'était dorénavant le contraire. Elle appréciait de savoir que quelqu'un se souciait d'elle.

— Tout va bien, maman.

— C'est bien vrai ? s'inquiéta Catherine Wells.

— Oui, je te promets. Ne t'en fais pas, tout va bien.

— Et ton premier contact, ça se passe bien ?

Anna jeta un œil sur Jacques Vaillant qui dégustait tranquillement son thé citron.

— Oui, c'est un vieux monsieur charmant et plein de sagesse, répondit-elle sincèrement. En plus, je suis persuadée que j'ai plein de choses à apprendre de son expérience. Tout va bien pour moi, maman, tu peux être rassurée. Là, il faut que j'y aille, d'accord ?

— Très bien, ma chérie. Tu m'appelles dès que possible, d'accord ?

— Oui, promis !

— Je t'aime ma fille. Fais attention à toi ! (Elle raccrocha.)

Moi aussi je t'aime maman, pensa Anna.

Elle regagna la table où Jacques dégustait avec bonheur son thé-citron.

— Pardonnez-moi, Jacques. Comme je vous le disais, c'était ma mère et il fallait que je réponde.

Jacques posa sa tasse brûlante.

— Je vous en prie, ma chère. Votre mère doit toujours être à la première place dans l'ordre de vos priorités. Je n'ai rien à ajouter. Vous deviez répondre, c'est une certitude. (Il réfléchit.) Rien de grave, j'espère ?

Anna chercha sa tasse de chocolat chaud, mais elle n'était plus sur la table, là où la serveuse l'avait posée quelques minutes auparavant.

— Non, tout va bien. Ma mère s'inquiète inutilement pour moi depuis… Enfin, je veux dire qu'elle a toujours peur qu'il m'arrive quelque chose.

Jacques ne put s'empêcher de sourire.

— Qui pourrait l'en blâmer ! (Il pointa du doigt l'espace vide où aurait dû se trouver la boisson chaude d'Anna.) Vous cherchez votre chocolat ? J'ai demandé à la serveuse d'en refaire un autre. Un chocolat chaud se doit d'être bu… chaud !

La serveuse, qui avait suivi la scène, arriva à cet instant précis. Elle déposa la tasse devant Anna et s'éclipsa.

— Vous êtes un sacré personnage, Jacques ! dit Anna en portant la tasse à ses lèvres et soufflant par-dessus.

— Oui, je sais bien. Monique ne cessait de me le répéter. J'aime à penser que c'est une des raisons pour lesquelles elle avait fini par succomber à mon charme ! Mais, revenons à nos moutons si vous le voulez bien ?

— Oui avec plaisir, dit Anna.

— Voyons… où j'en étais déjà ?

Anna avala une gorgée de la boisson chocolatée.

— Vous étiez à l'hôpital et aviez demandé des nouvelles de votre épouse aux médecins… je crois bien !

— Oui, c'est ça. Donc, je venais à peine de reprendre conscience qu'une infirmière refusa de me donner des nouvelles de Monique. Elle prétexta qu'il faudrait attendre l'arrivée des chirurgiens qui s'occupaient d'elle. J'ai mis un certain moment à obtenir satisfaction. Les infirmières ne cessaient de me sommer de rester calme, mais vous pensez bien que cela n'était pas possible. J'ai dû patienter plusieurs heures dans cette maudite chambre d'hôpital avant qu'enfin on daigne m'informer de l'état de ma femme.

Anna leva doucement les yeux et quelque chose d'infiniment triste dans le regard coupa le vieux normand dans son élan.

— J'ai connu ça… moi aussi, balbutia-t-elle.

— Je vois. J'avais bien senti que quelque chose de grave était arrivé à un de vos proches, vous aussi.

Anna leva la main pour empêcher Jacques de poursuivre dans cette voie.

— Je vous ai coupé, Jacques. Pardonnez-moi.

— Mais non voyons ! Il n'y a rien à pardonner !

— Continuez, s'il vous plaît ! demanda-t-elle.

— D'accord… mais vous me promettez que vous m'en direz plus… prochainement ?

Anna céda.

— Si vous voulez. Mais, j'insiste pour que vous poursuiviez votre histoire.

— Euh… oui. Certainement. Donc, je vous disais qu'enfin un des médecins était venu me voir dans ma chambre pour me dire que Monique était dans un état stable. Elle avait repris conscience, mais était sous sédatif et devait rester en réanimation pendant au moins quarante-huit heures pour éviter toutes complications.

— Vous n'avez pas pu la voir le jour même ?

— J'en étais bien incapable. J'avais une jambe fracturée et je ne pouvais pas me déplacer en dehors de ce fichu lit.

Jacques se mit à rire.

— Qu'y a-t-il de drôle ?

— Oh ! C'est simplement que certaines choses me reviennent en mémoire. Sur le moment, je n'avais pas envie de rigoler, croyez-moi, Anna ! Mais maintenant que j'y repense.

Jacques éclata d'un gros rire sans retenue. Anna tenta de garder son sérieux, mais le normand avait un rire communicatif. Elle finit par le rejoindre avec bonheur et ils rirent de concert. Quand Jacques retrouva un tant soit peu de sérénité, il s'expliqua :

— Je suis resté sans avoir la moindre possibilité de me lever pendant plusieurs jours. Du coup, ils m'avaient refilé un de ces engins étranges pour pouvoir uriner en position allongée. (Il recommença à rire.) Ah si vous saviez Anna comme il est difficile de se soulager en position allongée ! Cela m'a demandé de gros efforts pour y parvenir. (Il prit le torchon avec lequel il s'était essuyé la tête en entrant dans le café et sécha ses yeux.) Et puis quelque temps plus tard, on m'annonça que Monique allait mieux et qu'elle était consciente.

— Cela a dû vous rassurer, j'imagine ? demanda Anna.

— Certes. Cependant, il fallait que je puisse la voir. J'ai alors demandé s'il n'était pas possible de la transférer dans la même chambre que moi. Ils m'ont répondu que tant qu'elle serait sous surveillance, cela ne pourrait se faire.

— Jacques, vous m'avez dit sur la plage que... que Monique était... morte.

— Oui. C'est exact.

— J'avoue ne pas comprendre.

— Eh bien, je ne l'ai su que plus tard. Monique a fait un arrêt cardiaque pendant le transport du lieu de l'accident à l'hôpital de Caen. Évidemment, on s'est bien gardé de m'en informer sur le coup. C'est le médecin de garde qui, quelques jours plus tard, m'a expliqué ce qui s'était passé. Le cœur de Monique s'est arrêté de battre pendant près de deux minutes ! Ils ont procédé à des massages et avec un appareil électrique... je ne sais pas trop comment cela s'appelle.

— Un défibrillateur ?

— Oui, je crois bien que c'est ça. Du coup, ils ont utilisé leur fichu truc et ils sont parvenus à la récupérer. (Jacques fronça les sourcils.) La technologie a du bon !

— C'est incroyable, Jacques ! s'extasia Anna. Vous vous rendez compte de la chance que vous avez eue ?

— Certes ! Enfin, surtout Monique. Mais cela n'est rien comparé à ce qu'elle m'a avoué plusieurs semaines après notre sortie de l'hôpital. Mais... ceci est une autre histoire. Je vous raconterai cela plus tard, si vous le permettez.

Anna avait les yeux écarquillés et les oreilles à l'affut. Elle buvait littéralement les paroles du vieux normand. Elle réalisa que, face à la mort, parfois, certaines personnes ont une... seconde chance. Ce ne fut pas le cas pour Stéphane. Malheureusement.

La pluie cessa de tomber et le vent chassa les nuages presque aussi vite qu'ils étaient arrivés. Le soleil inonda à nouveau le port normand à la plus grande joie des touristes qui refermèrent les parapluies. Les parents retrouvèrent le sourire et les enfants repartirent dans des courses folles le long de la jetée. Comme Anna observait le spectacle, Jacques déclara :

— Vous voyez, Anna, ce que vous observez là est à l'image de la vie même ! Tout est cyclique dans l'existence. Jamais rien n'est figé. Le seul problème est que depuis notre plus tendre enfance, nous sommes tous conditionnés !

Anna fronça les sourcils.

— Cela vous semble inexact ? questionna Jacques.

— Eh bien, j'imagine que c'est le cas pour bon nombre d'entre nous, oui !

— Vous avez vu que les gens sur le port faisaient grise mine pendant qu'il pleuvait et retrouvaient un éclatant sourire en même temps que le soleil refaisait surface dans les cieux ?

— Oui.

— À votre avis, pourquoi sommes-nous désappointés quand il fait mauvais ? (Il se gratta le nez.) D'ailleurs, voyez notre vocabulaire, nous disons qu'il fait « mauvais ». Pourtant, la pluie amène l'eau qui est source de vie pour nous tous ! Quelle ironie, ne trouvez-vous pas ?

— Je suppose que c'est parce que nous ne pouvons rien faire quand il pleut. On est obligé de rester cloîtré chez soi et adieu les promenades, les sorties.

Jacques fit la moue.

— Mais qui a décrété cela, sacrebleu ?

— Eh bien, je ne sais pas trop.

— Justement, c'est une habitude stupide. Depuis je ne sais pas quand, les parents transmettent aux enfants, de génération en génération, que la pluie est néfaste et qu'on ne peut pas jouer dehors ou se promener dès qu'elle se met à tomber. C'est non seulement un non-sens, mais aussi une erreur totale. Pourquoi ne pas mettre des bottes de caoutchouc, un K-Way, prendre un parapluie et… sortir tout de même ?

Anna tenta timidement une réponse :

— Peut-être parce que les mères ont peur que leur enfant attrape froid et tombe malade ?

Jacques ferma les yeux et soupira lentement.

— C'est justement à force de trop vouloir se protéger que l'on ne résiste plus à rien. Je suis persuadé qu'un solide gaillard de la campagne, travaillant dehors par tous les temps, possède des défenses immunitaires bien supérieures à n'importe quel citadin.

Anna pensa que Jacques n'avait peut-être pas tort. Elle-même avait connu des enfants de son âge bien plus résistants qu'elle ne l'était. Ces derniers, il est vrai, vivaient à la campagne. Elle jouait avec eux pendant les vacances chez sa grand-mère. Elle admit qu'effectivement, elle ne les avait jamais connus malades ou se plaindre du froid, de la pluie. Sa grand-mère vivait dans le nord de la France et les hivers étaient rudes. Pourtant, les mômes du coin jouaient dans la neige et ne semblaient pas craindre la fraîcheur de l'hiver, le vent, les intempéries. Elle se souvint que pour ce qui la concernait, elle préférait rester devant la cheminée avec un bon livre.

— Bref, ce que j'en dis, Anna, c'est qu'en refusant ce que l'on juge comme étant « négatif », on se fragilise dangereusement ! C'est vrai pour le temps qu'il fait, mais c'est aussi rigoureusement la même chose pour tout dans la vie !

Jacques demanda l'addition à la serveuse.

— Vous êtes diplômée, Anna ? demanda-t-il.

Anna surprise ne voyait vraiment pas le rapport entre la conversation qu'ils venaient d'avoir et cette nouvelle question pour le moins incongrue.

— Euh… oui, j'ai un diplôme.

— Quel diplôme, si ce n'est pas indiscret ?

— Un Master, niveau Bac +5, obtenu à l'ESJ de Lille, mais… je ne vois pas très bien où vous voulez en venir, Jacques !

— Cela ne m'étonne pas, mais vous allez comprendre. Moi aussi j'ai un diplôme, affirma-t-il. Je suis diplômé de l' « École Des Coups Durs ». Et vous pouvez me croire, c'est la meilleure école pour progresser sur la route de la vie !

— Je pense comprendre ce que vous voulez dire, répondit-elle.

— Bien sûr ! C'est en effet le cas puisque vous-même, très récemment, vous avez fréquenté cette école ! (Il se leva de table et l'invita à le suivre, ne la laissant pas réfléchir plus avant.) Venez Anna, nous serons plus confortables pour poursuivre notre conversation chez moi.

*

L'addition réglée, ils se dirigèrent vers la voiture. Anna huma l'air humide. Cela faisait longtemps qu'elle n'avait pas respiré l'odeur de la mer, ce parfum marin caractéristique des cités côtières. La dernière fois, c'était à Nice… Ils passèrent devant un vieux manège où les enfants montaient et descendaient au rythme des chevaux de bois sur lesquels ils étaient juchés. Anna réprima une envie folle d'aller y faire un tour. Comment des idées pareilles pouvaient-elles bien naître dans son esprit ? C'était vraiment un mystère. Elle avait passé l'âge requis depuis bien longtemps. Elle chassa cette tentation furtive avec dédain.

— On se fait un tour de manège ? demanda Jacques avec des pétillements dans les yeux.

Anna resta bouche bée. Ce vieux normand était un sorcier ou alors un télépathe ? Que pouvait-elle répondre ? Une réponse négative semblait aller de soi.

— Euh… non, merci.

— Allons, allons, Anna. Ne trichez pas avec vous-même. Pourquoi répondre « non » alors que vous en mourrez d'envie ?

En effet, pourquoi avait-elle décliné cette invitation ? Par peur du ridicule ? Par convention ? Jacques Vaillant avait sans doute raison de vivre sa vie sans s'inquiéter du jugement des autres. Il riait sans retenue, n'était pas avare en accolades quand il rencontrait une personne de sa connaissance. Il ne s'enfermait pas dans un carcan de préjugés convenus. Il paraissait libre. Ce n'était sans doute qu'apparence, mais tout de même cela élargissait le champ du possible.

— Alors ? Allez, venez !

Il l'attrapa par la main et acheta deux tickets. Ils montèrent sur le manège avec le sourire aux lèvres comme deux gamins.

— Choisissez votre cheval, Anna ! Moi, je prends l'alezan.

Anna enfourcha le cheval de bois blanc qui se trouvait en face d'elle. Elle put apercevoir que les enfants lui adressaient de larges sourires qui voulaient sans doute dire : *eh, c'est cool de voir des vieux venir jouer avec nous !* Le carrousel s'ébroua et Anna, grâce à l'insistance de Jacques, se permit de respirer quelques minutes, humer le parfum suave d'un petit plaisir simple.

13

Quand Carl Pessoa entra dans sa voiture, sa journée de travail terminée, il ne put s'empêcher de scruter la place vide qu'occupait d'ordinaire la petite Peugeot 108 de la jeune femme craintive. Il réfléchit un moment et sortit de son véhicule. C'était trop bête de ne pas tenter sa chance. Il prit l'escalier de service et se dirigea vers la loge de la gardienne. Arrivé à destination, il toqua à la vitre de la porte occultée par un rideau.

— Voilà, j'arrive ! s'exclama une voix féminine.

La porte s'ouvrit, dévoilant une femme dans la cinquantaine, habillée d'une blouse de travail. Elle avait l'air fatiguée, mais arborait pourtant un sourire sympathique.

— Oui ? C'est pourquoi ?

— Bonjour madame. Désolé de vous déranger. Voilà, je suis propriétaire d'une place de parking au sous-sol de l'immeuble et j'aimerais savoir à qui appartient l'emplacement occupé par une Peugeot 108 garée habituellement en face de ma voiture. La place de parking est le numéro B31.

La gardienne fronça les sourcils et afficha un air méfiant.

— Je suis désolée, monsieur, mais je ne peux pas

donner le nom des gens comme ça !

Carl prit une mine abattue.

— Je comprends très bien, mais... voilà, il s'agit d'une jeune femme que j'ai croisée à plusieurs reprises puisque nous occupons deux places de parking très proches l'une de l'autre. La dernière fois, elle était enrhumée et n'avait pas de kleenex sur elle, donc... Je lui ai prêté mon mouchoir et... comment vous expliquer ? Euh... c'est un objet de famille auquel je tiens. Il est brodé avec mes initiales et c'était un cadeau de ma grand-mère. Tout cela pour vous dire que c'est important pour moi et que j'aimerais bien le récupérer. Seulement, j'ignore totalement le nom de la jeune femme en question !

La gardienne parut ennuyée. Elle aurait bien voulu faire plaisir au monsieur sympathique et l'aider à résoudre son problème, mais... elle n'était pas autorisée à transmettre le nom de ses propriétaires ou locataires comme ça, au premier venu !

— Quelle place de parking occupez-vous ? l'interrogea-t-elle.

Carl s'attendait à cette question.

— B27. Mon nom est monsieur Pessoa. Carl Pessoa !

La gardienne ne cacha pas son étonnement.

— Pessoa ? Comme l'écrivain Fernando Pessoa ?

— En effet, oui.

— Vous êtes portugais ? demanda la gardienne.

Carl n'y avait pas pensé, mais madame Da Costa pouvait être sensible à ce détail.

— Du côté de ma mère, oui, déclara-t-il.

— De quelle région est votre mère ? demanda-t-elle.

— Eh bien, elle est née sur les rives du Douro, pas très

loin de la frontière espagnole. Un petit village qui s'appelle Vila Nova de Foz Coa. Cela m'étonnerait beaucoup que vous connaissiez, c'est vraiment un coin perdu et...

— Bien sûr que je connais ! s'exclama la gardienne interloquée. C'est un endroit célèbre au Portugal, on a découvert là-bas des gravures préhistoriques pendant la construction d'un... ah... comment on dit en français ? *Um barragem* !

— Un barrage, traduisit Carl.

— Oui, c'est ça : un barrage. D'ailleurs, ils ont stoppé tous les travaux à cause de ça. Je me souviens que c'était très tendu entre les partisans du... barrage et ceux qui défendaient le... comment on dit déjà en français ?

— Le patrimoine culturel de la région ?

— Voilà ! Oui.

— Vous avez raison. Cela dit, j'ai visité et il faut vraiment un œil exercé pour distinguer les fameuses gravures, surtout la journée. La nuit, il y a des éclairages qui aident à mieux les distinguer. Et vous ? De quelle région êtes-vous ? Si ce n'est pas trop indiscret bien sûr...

La gardienne semblait à présent beaucoup plus détendue. Elle répondit avec enthousiasme :

— Je suis du Sud. Une petite ville près de Faro, en Algarve. Elle s'appelle Olhao. C'est très joli, mais un peu trop fréquenté par les touristes... surtout l'été !

— Je connais ! s'exclama Carl. J'y suis allé une fois par le train en partant de Faro. Il y a un superbe marché couvert qui a été construit par Gustave Eiffel. Vous le saviez ?

— Ah bon ? Comme pour la tour Eiffel ?

— Exactement. Vous saviez qu'Eiffel avait vécu au Portugal pendant quelque temps ? Il a habité à Bercelinhos. Et puis, il a construit le pont Maria Pia, vous savez le grand viaduc ferroviaire qui franchit le Douro à Porto !

— C'est lui aussi, ce pont à Porto ?

— Tout à fait.

— Vous en savez des choses, vous, dites donc ! fit-elle, admirative.

— C'est parce que c'est mon métier.

— Vous construisez des ponts et des constructions en fer ?

Carl fit une mimique amusée.

— Non. Je travaille dans l'agence de voyages au coin de la rue. Donc, je renseigne mes clients qui souhaitent découvrir certaines villes célèbres et, au fil du temps, à force de s'informer, on apprend plein de choses sur l'histoire des grandes villes qu'on propose ! Mais pour en revenir à notre sujet initial, j'aime beaucoup le Portugal et je n'y vais pas assez souvent à mon goût.

Carl Pessoa observa la gardienne avec dans les yeux une lueur d'espoir. En définitive, peut-être n'aurait-il pas à attendre l'hypothétique retour de la belle inconnue.

Cela dut faire effet. Madame Da Costa lui demanda d'attendre un instant et s'éclipsa dans sa loge. Quand elle revint, elle tenait un morceau de papier avec quelque chose griffonné dessus.

— J'espère que vous ne m'attirerez pas d'ennui. Je vous répète que d'ordinaire, je n'ai pas le droit de communiquer les noms des locataires ou propriétaires à des inconnus.

— Mais… je ne suis pas un inconnu ! déclara le jeune homme sympathique.

Madame Da Costa hésita un court instant et… lui tendit le billet sur lequel elle avait pris la peine de noter le nom et le prénom de la propriétaire de la place numéro B31.

— La personne s'appelle Catherine Wells. Je ne vous en dirai pas plus et rappelez-vous que je ne vous ai rien dit, compris ?

Carl opina de la tête.

— Bien entendu, affirma-t-il.

— Au revoir, monsieur Pessoa.

— Merci beaucoup ! Je vous serai éternellement reconnaissant.

La gardienne referma la porte de sa loge, pas vraiment rassurée. Elle avait trop bon cœur et cela pouvait très bien lui jouer des tours.

Carl scruta le bout de papier comme s'il était Indiana Jones venant de trouver un vieux parchemin secret. Il lut à haute voix.

— Catherine Wells. Catherine…

Il se dit qu'il était tombé sur une Américaine. Ce nom sonnait américain. Pourtant elle n'avait rien qui aurait pu laisser penser qu'elle l'était. Aucun accent. Aussi bien qu'il puisse se souvenir de leurs brèves conversations… elle n'avait pas d'accent. De toute manière, cela n'avait aucune importance. Il était juste heureux d'avoir enfin un prénom à mettre sur le si joli visage de celle qui hantait ses jours et ses nuits.

Il plia soigneusement le papier en quatre et le rangea délicatement dans son portefeuille et se dirigea d'un pas décidé vers sa voiture. Il était heureux d'avoir pris cette initiative. Il entra dans son véhicule, introduisit la clé de contact et démarra tout en sifflotant.

14

Le tour de manège lui avait fait un bien fou. Elle appréciait la compagnie du vieil homme. C'était étrange et même un peu effrayant, étant donné qu'elle ne connaissait Jacques Vaillant que depuis quelques heures et pourtant… c'était comme s'il avait toujours été là. Comment expliquer une chose pareille ? Elle avait retourné cette question dans sa tête pendant le trajet de retour vers la propriété du vieux normand, mais n'avait trouvé aucune réponse satisfaisante. Son chauffeur était resté silencieux pendant tout le chemin du port de Honfleur jusqu'à son jardin où il gara sa voiture, puis coupa le moteur.

— On est arrivés… et entiers en plus ! fit Jacques, ce qui extirpa Anna de ses rêveries.

Il sortit, fit le tour de l'automobile et ouvrit la portière passager, invitant Anna à sortir.

— Venez Anna, je vais vous montrer quelque chose.

Anna attrapa la main tendue et suivit le vieil homme jusqu'à la roseraie.

— Au fait ! Encore merci pour votre cadeau, ce rosier va se faire des amis ici, déclara-t-il en pointant les autres plans dont certains étaient déjà fleuris tandis que d'autres attendraient encore quelques semaines. Approchez, Anna !

La Parisienne avança prudemment, car elle ne voulait pas marcher sur les plantes par inadvertance, voire maladresse.

— C'est ici, venez voir ! murmura Jacques.

Anna n'osa pas répondre. Pourquoi Jacques s'était-il mis tout à coup à parler à voix basse ? Elle n'en avait aucune idée, mais il n'était pas question de rompre la quiétude qui s'était installée dans la roseraie. On entendait le doux murmure du vent léger dans les feuillages des arbres environnants. Il y avait quelque chose de presque magique qui semblait figer le cours du temps, ralentissant les rythmes de l'existence même. Les insectes, qui tourbillonnaient un instant auparavant, semblaient, eux aussi, animés d'un profond respect. Ils s'étaient tous posés sur les pétales des fleurs ou bien s'en étaient allés vers un autre lieu.

— Regardez ! Là ! chuchota le vieux normand.

Anna s'approcha encore et découvrit une rose… blanche.

— Elle est magnifique, déclara-t-elle doucement.

— N'est-ce pas ! acquiesça Jacques.

Il effleura du bout des doigts les pétales nacrés. Il s'efforçait de mettre de la douceur et de l'harmonie dans ses gestes mesurés. D'un revers de sa main, il caressa la fleur fragile.

— C'est Monique qui a eu cette idée. Elle a planté ce rosier un peu après la mort de Louise, dit-il tout en continuant à caresser délicatement la rose blanche. Elle avait de la famille originaire de Gascogne, dans le sud-ouest de la France. Vous connaissez cette région ?

Anna fit non de la tête.

— Je vous encourage à y aller, c'est une magnifique région qui vaut la peine d'être visitée. Bref, là-bas la rose blanche était considérée comme bénie. Monique m'avait raconté que sa mère disait toujours que cela remontait à l'histoire du Christ. En fait plutôt de sa mère, Marie. Celle-ci cultivait des rosiers de roses rouges. Et puis, un beau jour qu'elle n'avait plus d'eau pour les arroser, elle obtint l'aide de ses voisins qui lui en apportèrent afin que ses roses ne meurent pas. Mais il y eut un problème !

— Lequel ? demanda Anna.

— Eh bien, le père de Jésus, Joseph, tomba malade et il but l'eau destinée aux rosiers de Marie. Ce qui, pour lui, fut bénéfique. Hélas, pour les rosiers ce fut catastrophique puisqu'ils flétrirent et allaient mourir sous peu. L'Enfant Jésus en fut très peiné. C'est alors que Marie eut l'idée de verser une goutte de lait sur les pétales de ses roses. Alors, les fleurs reprirent vie et changèrent de couleur pour devenir des roses blanches.

Jacques fixa sa rose blanche.

— Je crois que c'est ce que Monique souhaitait… une rose bénie.

Anna devina que Jacques parlait de sa fille.

— C'était une façon de bénir votre fille, j'imagine ?

— Je le pense aussi. Cela dit, je ne vous ai pas donné de détails concernant la mort de notre fille, n'est-ce pas ? demanda-t-il.

— Non. Ce n'est pas nécessaire, Jacques. Inutile de vous faire du mal avec vos souvenirs douloureux.

Jacques qui humait le parfum de la fleur immaculée s'arrêta et regarda Anna.

— Vous vous trompez chère enfant. Je n'éprouve pas de tristesse à l'évocation de ma fille… plus maintenant. Mais ceci est une autre histoire que nous aborderons plus tard, affirma-t-il. Pour le moment, apprenez simplement que ma bien aimée femme, qui pleurait la mort de Louise et ne parvenait pas à reprendre le dessus, encore moins une vie normale, a complètement changé d'attitude après sa sortie de l'hôpital ! Vous vous souvenez de l'accident de voiture dont je vous ai parlé sur la plage ?

— Oui. Très bien.

— Eh bien, cet accident s'était produit peu de temps après le décès de notre fille, si vous n'avez pas oublié mon histoire, environ six mois s'étaient écoulés depuis sa disparition. (Jacques stoppa son récit et resta immobile.) Cela dit, en vous racontant cela je me rends compte qu'il conviendrait peut-être mieux de commencer par le commencement. Avant tout, je dois vous expliquer ce qui est arrivé à Louise.

Jacques inspira une grande bouffée d'air. Il ferma doucement les yeux avant de poursuivre.

— Ma chère enfant est morte à cause d'une méningite foudroyante. Nous n'avons rien pu faire, soupira-t-il. Elle s'est sentie mal pendant le dîner, je m'en souviens comme si c'était hier. Elle avait douze ans. Elle a eu mal à la tête puis fut prise de nausée. Elle a refusé de prendre le repas avec nous, expliquant à sa mère qu'avec son mal de tête, elle n'avait pas faim. Monique lui a donné un antalgique et Louise est allée se coucher. Quelques heures plus tard, prise de vomissements, elle nous a réveillés et nous avons appelé le médecin de garde qui ne pouvait passer immédiatement, il était malheureusement occupé chez une autre patiente. J'ai appris plus tard qu'il était en train de mettre au monde le bébé de la boulangère qui avait perdu les eaux cette nuit-là alors que le terme de la grossesse n'était pas prévu avant plusieurs semaines. Bref... Louise souffrait de plus en plus, elle ressentait une violente migraine et ne parvenait presque plus à s'exprimer tant la douleur était intense. Quand elle se mit à vomir de plus belle, j'ai décidé de ne pas attendre et de la transporter le plus vite possible aux urgences les plus proches, c'est-à-dire le centre hospitalier de la côte fleurie, à Cricquebœuf.

Anna constata que Jacques regardait le ciel à présent.

— Que s'est-il passé ensuite ?

— J'ai roulé à toute allure, mais elle s'était évanouie dans les bras de Monique qui, à l'arrière de la voiture, continuait d'implorer Louise de se réveiller. Ma pauvre femme était bouleversée. Elle me suppliait d'aller plus vite. Nous étions submergés par l'urgence de la situation. Je l'entends encore me supplier de faire quelque chose. Et puis, il y a eu cet instant où Monique s'est mise à hurler. J'entends encore le « NON ! » retentissant qu'elle cria quand elle se rendit compte que Louise ne respirait plus. Cela m'a glacé le sang alors que je roulais pied au plancher vers le centre hospitalier. Il ne s'écoula que quelques minutes pour arriver en trombe devant l'accueil des urgences... Ils l'ont prise en charge et ont tenté de la réanimer, mais... c'était trop tard... Louise était morte.

Anna sentit les larmes salées qui pénétraient dans sa bouche. Elle se retint de sangloter avec beaucoup de difficulté. Jacques baissa les yeux vers la jeune femme et s'empressa de la consoler.

— Ne pleurez pas, Anna ! Les choses sont ainsi et... nul ne peut dire pourquoi elles se produisent, à part Dieu... s'il existe.

Anna s'essuya le visage. Le chagrin qu'elle éprouvait pour Jacques se mêlait au sien et à la perte de Stéphane. Jacques avait raison, nul ne savait pourquoi de tels drames se produisaient dans la vie de certaines personnes. Quant à savoir si un Dieu tout puissant contrôlait tout cela et dans quel but ? Voilà une question qui remontait à la nuit des temps. Chacun tentait de trouver un sens à tout ça. La religion ? Anna n'avait jamais été tentée d'embrasser la foi, d'où qu'elle vienne. Il y avait une chose qui la dérangeait profondément et qui, du coup, la repoussait inexorablement : cette certitude inflexible de la part de ceux qui régissaient les différentes religions établies sur cette Terre. Les « gardiens » de la foi croyaient détenir la vérité ultime. Cela aboutissait à une séparation des uns et des autres. Chacun refusant ne serait-ce que d'imaginer qu'il puisse y avoir plus d'un chemin pour arriver à destination. Pour Anna, il n'y avait rien de plus exaspérant. Elle ne pouvait pas « faire confiance » sur la simple base d'un dogme établi par d'autres personnes qui s'étaient érigées détenteurs puis diffuseurs de la vérité. Elle avait toujours préféré s'écouter elle-même, à l'intérieur, faire confiance à ce qu'elle ressentait plutôt qu'à ce qu'on lui disait de croire. D'ailleurs, l'illustration la plus terrible de cela lui avait coûté cher : la mort de son compagnon. L'attentat de Nice n'était que l'aboutissement ainsi que le jusqu'au-boutisme de ce que la religion peut entraîner de pire chez certains individus.

— Vous êtes pensive, Anna ? demanda Jacques, l'extirpant de ses réflexions.

— Oui, répondit la jeune Parisienne. Je me posais des questions par rapport à ce que vous venez de dire.

— Concernant la mort de ma fille ?

— Oui. Enfin… non. C'est à propos de Dieu. Comment des drames pareils peuvent-ils se produire si… enfin… s'il y a un Dieu ?

Jacques leva imperceptiblement les yeux vers le ciel d'azur.

— C'est la grande question qui nous taraude tous, n'est-ce pas ? En effet, comment cela est-il possible ? Je crois que la seule réponse envisageable a quelque chose à voir avec notre libre arbitre !

Anna fronça légèrement les sourcils.

— Vous voulez dire que tous ces drames qui existent dans nos vies et toutes ces atrocités que l'on voit tous les jours aux actualités, tout ceci arrive non pas parce que Dieu laisse faire, mais parce qu'il nous a donné le libre arbitre ?

Jacques s'éloigna de la rose blanche, s'approcha d'Anna et posa sa main sur son épaule.

— Je l'espère, ma chère. Sinon cela voudrait dire que Dieu est injuste et qu'il répond à certaines prières et pas à d'autres. Vous savez, Anna, avec Monique nous avons fait ce que font à peu près tous les parents sur cette planète, à savoir prier pour la protection de son ou ses enfants. Même les personnes qui se disent athées ont des choses auxquelles se raccrocher, des superstitions, des coutumes locales ou familiales. Bref, absolument tous les parents demandent à Dieu, à l'univers, à la vie ou à tout ce que vous voulez... protection, santé, prospérité et bonheur pour leurs enfants.

Jacques posa sa seconde main sur l'autre épaule d'Anna et la regarda droit dans les yeux.

— Dites-moi, Anna. Pourquoi dans ce cas, certains obtiennent-ils satisfaction alors que d'autres, tous les jours, partout dans le monde, voient leur enfant mourir d'une maladie, d'un accident ou de je ne sais quoi ? Hein ? Pourquoi ? Pourquoi ma fille Louise ? Pourquoi est-elle partie à l'âge de douze ans ?

Anna resta muette. Elle ne savait tout simplement pas quoi répondre. Elle avait été élevée dans la religion catholique. Que pouvait répondre l'Église à cette question ? Ah oui : « les voies du seigneur sont impénétrables ».

Jacques reprit :

— Eh bien, Anna. Avez-vous une réponse ?

— Je dois avouer que non, s'excusa-t-elle.

Le vieux normand lui lâcha les épaules et se tourna en regardant le ciel.

— Peut-être parce que Dieu n'a pas fait de nous des pantins, Anna ! Et que chaque décision, chaque acte entraînent des conséquences. Il nous a fait libres et responsables de nos actes, encore une fois la clé... c'est le libre arbitre ! Nous ne sommes pas des robots programmés, mais des êtres conscients pouvant décider de ce qui est bien ou de ce qui ne l'est pas. Cela fait partie de notre grandeur et cela fait aussi parfois partie du malheur de ceux qui nous entourent, de près ou de loin. Nous sommes confrontés à faire perpétuellement des choix et à en assumer les conséquences inévitables, cela à presque chaque instant de nos vies. De plus, on ne peut pas savoir quelles seront les suites qui résulteront de nos choix au moment où on les fait. Ainsi, pour un enfant percuté par une voiture… la responsabilité en incombe au chauffard inconscient, totalement ignorant des répercussions de ses actes inconsidérés sur la vie d'autrui. Un type conduit en état d'ivresse, il renverse un gamin qui rentre de l'école sur la Nationale. Qui est responsable, Anna ? Dieu ? Ou plutôt l'ivrogne assassin qui prend le volant avec une quantité phénoménale d'alcool dans le sang ?

Jacques invita Anna à s'éloigner de la roseraie et à se diriger vers la maison.

— De même, pour une maladie. Si les hommes produisent des aliments gorgés de poisons et autres pesticides hautement dangereux, je parle des conservateurs, des colorants, de tout ce que vous pouvez trouver aujourd'hui dans ce que vous achetez dans la grande distribution. Que sans faire attention, vous alimentez votre enfant avec une petite quantité de poison bien camouflé ! Qu'en plus, vous autorisez les industriels de rejeter dans l'air, les rivières, la mer, une quantité non négligeable de polluants ; mais aussi avec les téléphones portables d'aujourd'hui et leurs antennes relais qui diffusent de probables ondes magnétiques néfastes, eh bien… est-ce la faute de Dieu si un beau jour un gamin attrape une maladie mortelle ? Et si un gosse meurt de la famine dans un coin perdu du tiers-monde ? Ou bien s'il reçoit une bombe larguée par un pays ennemi ? Est-ce la faute de Dieu là aussi ?

En arrivant devant la façade de la maison, Jacques sortit

sa clé et déverrouilla la porte.

— J'en suis venu à penser que le libre arbitre est la clé de tout. Il se pourrait bien que l'on soit venu en faire l'expérience en ce monde ! Que cette même expérience soit bonne ou mauvaise ne dépend que de nous et de nos choix constants.

Jacques invita Anna à s'asseoir à la table de la terrasse.

— On se boit un rafraîchissement ? demanda-t-il.

Anna fut prise un peu au dépourvu.

— Euh, oui ! balbutia-t-elle.

— Un thé glacé, ça vous ira ?

— Très bien, merci.

Jacques ne fut pas convaincu par le ton réservé qu'avait utilisé Anna pour répondre.

— Vous préférez peut-être un café ? demanda-t-il.

— Je n'osais pas vous le demander, répondit la jeune femme, bien heureuse de l'intuition providentielle du normand.

— Mais enfin, Anna, si vous désirez quoi que ce soit, il n'y a qu'à le demander. De la même manière, si vous n'aimez pas quelque chose, dites-le et puis c'est tout. Pas de manière entre nous, vous voulez bien ?

Ces paroles bienveillantes détendirent la jeune Parisienne. Le vieil homme entra dans la maison, Anna en profita pour admirer le jardin et tous les arbres qui longeaient le pourtour du terrain. Il devait bien y avoir trois hectares. Elle ne parvenait pas à comptabiliser toutes les espèces plantées en ce lieu. Il y avait des chênes, des peupliers, quelques conifères dont elle ne se souvenait plus le nom ; plus loin, elle distinguait aussi deux magnifiques saules pleureurs qu'une brise légère faisait onduler harmonieusement. Quelques oiseaux qu'elle ne parvenait pas à distinguer chantaient, posés sur les branches du plus gros chêne. Anna était mélancolique, mais... elle se sentait bien en cet endroit. La brise légère caressait ses épaules et un doux parfum s'extirpant de la roseraie lui parvint tout à coup. Elle huma avec délectation ces senteurs enivrantes. Un souffle de vent s'engouffra dans les feuillages des peupliers, entonnant une douce mélodie. Anna profitait de l'instant présent. Cela ne lui était pas arrivé depuis très longtemps. Elle éprouva une profonde gratitude et intérieurement elle remercia Jacques Vaillant pour ce moment de bien-être.

— Vous ne prenez pas de sucre, n'est-ce pas ? demanda Jacques apparaissant dans l'encadrure de la porte.

— Non, pas de sucre. Merci.

— Parfait ! dit-il en disparaissant à nouveau à l'intérieur de la cuisine.

Moins d'une minute plus tard, Jacques réapparut avec un plateau posé sur ses avant-bras.

— Finalement, moi aussi je me suis servi un bon café ! déclara-t-il. Je n'ai pas fait de sieste aujourd'hui et je ne voudrais pas piquer du nez devant une charmante Parisienne.

— Je suis désolée, Jacques ! Je ne veux surtout pas contrarier vos habitudes.

— Mes habitudes ? On s'en fiche pas mal, Anna ! D'ailleurs, à ce propos, vous ne m'avez pas dit jusqu'à quand vous restiez à Honfleur ? demanda-t-il, tout en déposant délicatement la tasse fumante devant son invitée qui le remercia.

— Eh bien, j'ai dit à l'hôtel que je pensais rester deux ou trois jours. Après, je ferai peut-être un détour vers Bayeux. Je n'en suis pas encore certaine.

— Bayeux ? Vous voulez voir la tapisserie ?

— Non, pas vraiment. C'est le village de mon arrière-grand-mère. Cela fait très longtemps que je n'y suis pas allée.

J'avais l'intention d'aller déposer une fleur sur sa tombe.

La vérité était qu'elle s'y rendait de plus en plus rarement. Quand elle n'était encore qu'une enfant, c'était un rituel familial. On allait aussi sur la tombe de l'aïeul américain inhumé dans le cimetière de Colleville, le premier lieutenant Jonathan Wells (66ᵉ division d'infanterie. Inhumé Bloc E, Allée 20, Tombe 7). Anna lui devait son nom, issu de sa lignée paternelle, mais elle n'éprouvait pas particulièrement de fierté. L'histoire de la famille Wells était compliquée, bien éloignée de ce que les livres d'histoire avaient pour habitude de décrire. Les soldats américains, de jeunes GI entre 18 et 20 ans pour la plupart, sont naturellement encensés pour leur courage et l'immense sacrifice de leur vie : 52000 d'entre eux sont morts pour la libération de la France. C'est un fait établi sur lequel il n'y a pas de discussion. Toutefois, ce que l'on connaît moins voire pas du tout concerne la déferlante de libido qui a débarqué sur les côtes normandes le 6 juin 1944. Son grand-père et son père n'ont jamais voulu aborder le sujet. Anna avait fini par découvrir que l'histoire n'était pas si romantique qu'elle aurait pu l'imaginer de prime abord. Son arrière-grand-mère, une jeune fille de 17 ans à l'époque, s'était retrouvée enceinte et Jonathan Wells avait assumé ses responsabilités auprès de la famille normande. Malheureusement, il se fit tuer lors d'un des derniers accrochages entre alliés franco-américains et allemands, à Saint-Nazaire, le 19 avril 1945.

Jacques avala sa dernière gorgée de café. Il demanda :

— C'est votre arrière-grand-mère qui a dû épouser un soldat venu pour nous délivrer pendant la Deuxième Guerre mondiale, c'est pour ça que vous portez un nom américain, c'est ça ?

— Disons… à peu de choses près, oui.

— Je vois ! Cela doit être une fierté d'avoir un tel héros dans votre famille ! Il est resté en France après la guerre ou peut-être a-t-il emmené votre grand-mère aux États-Unis ?

Anna ne répondit pas immédiatement. Elle baissa les yeux au sol, soupira doucement puis releva la tête. Malgré son âge avancé, Jacques avait un visage doux et surtout un éclat vif et presque magique dans son regard bleu. Pour Anna, c'était comme une invitation qui encourageait à se confier.

— Non. Il est mort avant la libération lors d'une opération du côté de Saint-Nazaire, déclara-t-elle. Pour être franche, c'est un sujet sensible dans ma famille. Je ne sais pas vraiment ce qui s'est passé. Toujours est-il qu'avant de mourir, il a dû faire ce qu'il fallait pour reconnaître l'enfant à venir. Comment ont-ils fait ? Je l'ignore et personne n'a jamais rien voulu me dire à ce sujet. Dès que j'en parlais à mon père, il s'emportait en vociférant qu'il ne fallait pas remuer les vieilles histoires.

Jacques scrutait Anna. Elle disait la vérité. Elle ne tentait pas de lui cacher quelque secret familial inavouable.

— Et vous, Anna, qu'en pensez-vous ?

Elle fit une grimace qui en disait long, relevant ses lèvres jusqu'à la pointe de son nez, puis balaya du regard le jardin et les arbres dont les feuillages dansaient, animés par la brise.

— J'ai longtemps cru qu'il l'avait violée.

Jacques fit une grimace de dégoût.

— Vous êtes sérieuse ?

— Oui. Vous savez, cela s'est produit plus d'une fois à l'époque. Bien entendu, on n'en parle pas. Cela ne cadre pas vraiment avec la gratitude que les Français doivent aux Américains. Pourtant, cela ne change rien au sentiment d'admiration et de reconnaissance que l'on peut éprouver à l'égard de tous ces soldats. Qui sait ce que serait devenue la France… et l'Europe sans leur intervention. Cela dit, il y a eu des abus. Vous me direz que c'est monnaie courante en temps de guerre. Sauf que là, il ne s'agissait pas de l'envahisseur allemand, mais des libérateurs.

Jacques n'avait jamais envisagé ce type de problème. Bien sûr, il avait – comme tout normand – entendu des rumeurs. Un certain nombre de liaisons entre les jeunes femmes normandes et les soldats US, mais... pas d'abus et encore moins de viols, ça non.

— Vous n'avez pas cherché à en savoir plus ? demanda-t-il.

— Oh non ! Mon arrière-grand-père est un héros, enterré au cimetière américain de Colleville. Il n'était pas question de faire vaciller la statue que la famille et la nation entière lui avaient érigée. Je me disais qu'un jour, peut-être, je m'occuperais de faire la lumière sur notre histoire. Et puis, je n'ai jamais vraiment eu le courage de découvrir que...

Anna s'interrompit.

— Que vous pourriez avoir raison ?

Elle fit oui de la tête.

— Oui. Je me suis demandé ce que j'y gagnerai ? Je ne ferai que faire du mal à ma famille paternelle. Et puis, il n'est pas exclu que je fasse fausse route. Qui peut savoir ?

Jacques s'empara de la cafetière et proposa un second café, ce qu'Anna accepta avec plaisir.

— Vous savez ce qui me turlupine le plus dans cette affaire ?

— Dites-moi !

— Eh bien, je me demande toujours si mon père, mon grand-père, enfin bref toute la famille quoi... s'ils savaient que... Je veux dire... J'ignore s'ils avaient connaissance de ce qui s'est vraiment passé à l'époque. À moins...

— À moins ?

— À moins qu'ils n'aient pas eu le courage, tout comme moi, de chercher vraiment à savoir par crainte de ce qu'ils auraient pu découvrir.

Anna porta le café à sa bouche. Une brûlure légère lui apporta un bref soulagement. Sa gorge s'était resserrée à l'évocation de ce secret de famille qu'elle partageait maintenant avec Jacques Vaillant. À bien y réfléchir, c'était elle la journaliste, mais la personne la plus douée pour faire parler son vis-à-vis, c'était plutôt lui ! En prenant conscience de cela, elle se dit qu'elle en avait trop dit pour cette seule journée. Il était temps de rentrer à l'hôtel.

— Je vais y aller, Jacques !

Le vieux normand n'en prit pas ombrage. Il afficha un air faussement offusqué.

— Quoi, déjà ?

— Oui. Si vous êtes d'accord, on se voit encore demain pour que vous me racontiez ce qui est arrivé à votre épouse. Comment est-elle parvenue à accepter... à se remettre de la perte de votre enfant ? Et... a-t-elle réussi à retrouver ne serait-ce qu'un semblant de bonheur par la suite ?

Anna avait des larmes qui glissaient sur ses joues. Jacques comprit que la jeune femme avait eu son compte d'émotions fortes pour la journée, aussi il ne la retint pas.

— Vous voulez passer pour quelle heure ? demanda-t-il.

— Vers 14h ? Cela vous convient-il ?

Jacques parut déçu.

— Vous ne voulez pas déjeuner avec moi demain ?

— Si cela ne vous fait rien, non. J'ai assez mangé aujourd'hui pour une semaine. Je vais être malade si on recommence sur les mêmes bases dès demain. En plus... j'ai du poids à perdre !

— Hum…

— Vous n'êtes pas fâché, dites ?

— Eh… grand Dieu, non ! C'est parfait comme ça. Je vous attendrai pour 14h.

Elle se leva et s'approcha de Jacques pour l'embrasser.

— Merci pour tout, Jacques.

— Merci à vous chère Anna. Et puis, merci pour le rosier ou plutôt le… *Pierre de Ronsard*. Je vais immédiatement le repiquer avec ses cousins !

Elle monta dans sa petite citadine, ouvrit la vitre de sa portière et salua le vieux normand.

— Soyez prudente sur la route, Anna !

— Promis !

Il la regarda s'éloigner et franchir le portail, s'avança sur la route et vit la voiture disparaître au premier virage.

Pauvre petite, pensa-t-il. Elle n'avait rien dit de précis bien sûr, mais il savait qu'un mal bien plus profond lui déchirait le cœur ! Quelqu'un qu'elle venait de perdre tout récemment. En tout cas, rien qui ne touchait de près ou de loin son arrière-grand-mère, pas plus que le premier lieutenant Jonathan Wells.

15

Catherine Wells s'était levée du pied gauche ce matin-là. Elle avait du mal à s'extirper de son rêve nocturne. C'était vraiment un songe étrange et un peu effrayant. Tout en préparant son petit déjeuner, elle tenta de se souvenir, mais n'y parvint pas. Pourquoi se sentait-elle si mal ? Peu à peu, quelques bribes apparurent : Elle se rappelait qu'elle était étendue au bord d'une piscine découverte, plus loin il y avait sa fille, Anna, en train de nager et lui faisant signe de la main. Et puis soudain, elle avait coulé à pic. Catherine ne la voyait plus et se mit à crier, elle suppliait que quelqu'un l'aide, mais il n'y avait pas âme qui vive, alors elle se jeta à l'eau pour sauver sa fille. Arrivée à l'endroit où elle l'avait vue sombrer, elle plongea et descendit... descendit encore, sans parvenir à distinguer le fond de la piscine. Elle tentait de voir quelque chose, mais sous l'eau chlorée ce n'était pas facile. Elle crut apercevoir Anna qui agitait les bras et essayait de dire quelque chose, mais sous l'eau c'était peine perdue. À son tour, Catherine manqua d'air et dut remonter à la surface sous peine d'asphyxie. À l'instant même où son visage sortit de l'eau, elle vit un jeune homme inconnu sauter du rebord. Il fendit l'air, puis l'eau, et disparut dans les profondeurs sombres de la piscine qui s'était, tout à coup, transformée en une... mer sombre et agitée.

Catherine se trouvait maintenant sur une plage où il

faisait froid, les nuages étaient obscurs, chargés et nombreux. Madame Wells appelait à l'aide, mais il n'y avait personne sur cette étendue de sable balayée par le vent, à part elle et quelques mouettes qui hurlaient en faisant de grands ronds dans le ciel gris. Et puis, le jeune homme apparut soudain sortant des vagues. Il portait Anna dans ses bras. Malgré l'urgence de la situation, il paraissait calme.

Arrivé sur la plage, il posa Anna et demanda à Catherine de bien vouloir s'écarter parce que la jeune fille ne respirait plus. À contrecœur, Catherine s'éloigna quelque peu. Le jeune homme prodigua les premiers soins à la noyée. Il effectua un bouche-à-bouche et après chaque série, il massa le cœur d'Anna avec un geste technique sûr et appuyé.

Après un instant, qui ne dura pourtant que quelques secondes, mais que Catherine Wells trouva interminable, Anna toussa et expectora de l'eau en grande quantité. Le jeune homme releva légèrement sa tête et lui prit le pouls. Anna ouvrit ses grands yeux clairs et quand elle vit son sauveur, les nuages s'éclaircirent et furent chassés par un vent soudain. Le soleil réapparut dans le ciel et illumina la plage. C'est à ce moment que Catherine Wells s'était réveillée.

*

Catherine récupéra sa tasse de café et commença à beurrer ses toasts grillés. Elle s'attabla tout en se grattant le cuir chevelu. Que pouvait bien signifier ce rêve étrange ? À bien y réfléchir, cela ressemblait plus à un cauchemar, car Catherine avait ressenti une véritable angoisse. Cependant, cela s'était plutôt bien terminé puisque sa fille avait eu la vie sauve. Qui pouvait bien être ce mystérieux jeune homme ? Ce n'était pas Stéphane, il ne lui ressemblait pas. Alors qui ?

Elle croqua dans son toast beurré et mâcha frénétiquement. Elle ne pouvait contenir sa nervosité lorsqu'il s'agissait de sa fille, même si dans le cas présent il ne s'agissait que d'un rêve ou plutôt d'un cauchemar puisque Anna avait failli mourir noyée !

Elle avala prestement ses autres tartines grillées et but d'un trait son café. Elle avait besoin d'une douche. Cela lui ferait le plus grand bien et lui remettrait les yeux en face des trous. Heureusement qu'Anna ne la voyait pas dans cet état. Catherine Wells devait être le roc sur lequel Anna pouvait s'appuyer. Depuis que sa fille était sortie presque indemne de l'hôpital, voilà la tâche qu'elle s'était assignée : être le mur porteur de la maison Anna ! Le fait de s'effriter de temps en temps devait rester strictement confidentiel.

Le jet d'eau chaude qui s'abattait sur sa peau lui procurait autant de douceur qu'une cuillère de miel coulant le long d'une gorge irritée. Catherine s'efforça de remettre de l'ordre dans ses pensées. Le rêve de la nuit dernière était probablement un message. Anna était en train de se noyer en s'empêchant de vivre une vie de jeune fille de son âge. Bien évidemment, elle continuait son travail de deuil. Mais cela faisait maintenant plus d'un an que Stéphane n'était plus... et rien ne le ferait revenir. Catherine savait qu'Anna avait l'impression de vivre une expérience unique, donc dévastatrice. Il lui fallait intégrer le fait que d'autres aussi avaient vécu des histoires similaires et parfois même encore plus terribles. Son idée d'aller rencontrer des personnes ayant réussi à retrouver le bonheur malgré des vies éclatées par le destin était salutaire, comme de petits pas qui permettraient d'avancer au fur et à mesure ; cette quête signifiait pour Catherine Wells le retour de sa fille parmi les vivants.

Alors qu'elle se savonnait énergiquement, Catherine décida que son rêve était un signe du destin. Un message en provenance d'un ailleurs ? En tout cas c'était quelque chose qui la dépassait, mais qui signifiait un point capital : Anna avait besoin d'un nouvel amour. Il ne s'agissait aucunement d'oublier Stéphane, non. Cependant, il fallait que le nageur-sauveteur de son rêve entre en scène, qu'il se matérialise dans la vie d'Anna. Cela prendrait sans doute du temps, mais Catherine était confiante et elle croyait en la providence, elle aimait à penser que les choses dans la vie n'arrivant jamais par hasard, le départ de Stéphane avait sans doute une raison d'être. Peut-être était-il parti pour laisser la place au nageur-sauveteur de son rêve étrange ? Comment savoir ?

Alors qu'elle se rinçait sous un jet d'eau froide, elle remercia intérieurement Dieu, son ange gardien, l'univers, la vie… enfin bref toutes les bonnes volontés qui lui avaient transmis en songe la perspective d'un avenir éclairci pour son enfant. Elle sortit de la douche, se sécha avec frénésie, enfila ses chaussons et courut à la recherche de son téléphone portable qu'elle finit par dénicher sur la tablette du salon, relié à une prise de courant, où il avait terminé son cycle de recharge. Catherine décrocha le chargeur, tapa son code PIN, il était encore tôt, mais Anna était peut-être déjà debout ? Elle tapa sur la photo d'Anna et le numéro se composa automatiquement. Cela sonna, mais personne ne répondit et la messagerie d'Anna s'enclencha : « *Bonjour, vous êtes bien sur le portable d'Anna Wells. Je ne suis pas disponible pour le moment, mais vous pouvez me laisser un message après le bip sonore et je vous rappellerai probablement… Bye !* »

Catherine décida de lui laisser un message.

« *Coucou, ma chérie, c'est maman. J'espère que ça va pour toi et que ton entrevue avec ton vieux normand s'est bien passée. Eh bien, j'allais partir ouvrir la boutique et puis… j'ai eu envie de te téléphoner… Je voulais juste t'appeler pour te dire que… je t'aime ! Et aussi pour te dire que je suis de tout cœur avec toi en ce qui concerne ta nouvelle quête personnelle. D'ailleurs, à ce sujet j'aimerais – si tu es d'accord – t'aider un peu dans tes recherches. Je pourrais dégrossir un peu ton chemin ? Je veux dire peut-être t'aider à sélectionner les personnes que tu pourrais rencontrer ? Qu'en penses-tu ? Si tu préfères t'en occuper toute seule, je comprendrais aussi. Voilà c'était juste une idée comme ça ! Appelle-moi dès que possible, d'accord ? Je t'embrasse. Bisous* ».

Catherine reposa son téléphone portable et revint dans la salle de bain. Avec les années, une femme doit prendre un peu plus de temps pour s'apprêter et la séduction naturelle n'est plus toujours suffisante, voilà ce qu'elle se disait en se regardant dans le miroir. Pourtant, elle était encore très belle au naturel, mais elle refusait de paraître en public sans ses artifices. Elle se sécha les cheveux, se coiffa, se maquilla et alla choisir une tenue de travail à la fois élégante et confortable. Une jupe droite noire et légèrement fendue, un chemisier blanc sans fioriture, mais surtout des chaussures plates confortables et ne risquant pas de lui faire mal aux pieds parce que Catherine était gérante d'une parfumerie rue de Passy, dans le seizième arrondissement et elle passait des heures debout. Elle enfila une veste, ajusta la bandoulière de son sac à main sur son épaule et attrapa ses clés sur la console de l'entrée puis sortit de son appartement pour se rendre à son travail. Pendant qu'elle attendait l'ascenseur, une pensée survint : il s'agissait d'une affirmation qu'elle avait lue dans un bouquin, elle ne se souvenait plus quand ni dans quel livre : « *le monde n'est que le résultat des actes de chacun. Si vous voulez changer le monde, commencez par vous changer vous-même* ». Cette idée lui plaisait. Si le monde de sa fille était froid et triste, il fallait d'abord qu'Anna modifie son être intérieur. Le monde extérieur ne serait alors que le reflet de son état intérieur. Catherine sortit dans la rue avec la certitude qu'il fallait qu'Anna trouve un nouvel amour. Ainsi, elle parviendrait plus facilement à oublier Stéphane. C'était un peu tiré par les cheveux, mais cela lui semblait cohérent. Elle méditerait là-dessus ce soir, allongée dans un bain chaud, avec un peu de musique douce, après une journée à servir les clients, à les conseiller, à les parfumer, et à leur vendre si possible le parfum qui leur convienne. Les clients, ou plutôt les clientes, Catherine Wells commençait à en avoir plus qu'assez. Une clientèle à majorité féminine, habitant dans un quartier chic de Paris, habituée à chipoter et par surcroît n'étant que très rarement aimable. C'était bien sûr largement exagéré. La majorité de la clientèle était agréable et polie. Catherine avait tendance à noircir le tableau. Depuis l'attentat et la sortie du coma de sa fille, elle avait du mal à continuer à gérer sa boutique comme avant. Quelque chose s'était fissuré.

Comment continuer à supporter le quotidien quand on revient d'aussi loin ? Elle avait déjà perdu son mari, avait dû faire face, remonter la pente, trouver du travail, élever sa fille seule. La perdre dans cet attentat sur la promenade des Anglais l'aurait achevée pour de bon. Heureusement, Anna s'en était sortie. Les séquelles psychologiques étaient tenaces, mais Catherine s'employait à aider sa fille du mieux qu'elle pouvait. S'approchant de la parfumerie, elle inspira un grand coup et décida de positiver. Anna était vivante et c'était ça qui importait. Le reste ne serait qu'une question de temps et d'acharnement. Catherine était bien décidée à tout faire pour raviver le bonheur perdu. Celui d'Anna, mais aussi le sien. Le bien-être se cultive dit-on, ça tombait bien Catherine était une très bonne jardinière.

Arrivée près de la devanture de sa boutique, elle s'imagina rayonnante de joie en serrant Anna dans ses bras. Elle aussi souriait. Cette image lui donna du courage et une belle journée pouvait commencer.

16

Comme chaque jour, Ludivine Berthelot était arrivée la première à l'agence. Elle avait garé sa Mini le plus près possible de son lieu de travail sans oublier de payer le parcmètre pour la journée. Elle avait ensuite placé son ticket bien en évidence pour éviter un PV. L'agent verbalisateur qui officiait dans le quartier ne faisait pas les choses à moitié. Une minute de dépassée et c'était la prune à trente-cinq euros ! Carl, son collègue, avait raison : il fallait être dingue pour payer des places de stationnement une petite fortune pour en plus risquer d'avoir une amende pour dépassement de temps. Il lui conseillait systématiquement de prendre les transports en commun, comme tout le monde. Mais, justement, elle n'était pas « tout le monde ».

Pour Ludivine, conduire une Mini et l'utiliser chaque jour pour se rendre au travail, c'était un peu comme un signe de réussite. Elle n'avait aucune envie de faire comme sa mère qui avait pris le RER pendant des années pour aller gagner un salaire de misère et s'abaisser à faire des ménages. Ludivine, elle, était une jeune femme ambitieuse. Encore quelque temps à apprendre le métier et elle ouvrirait sa propre agence, pas question de se crever à la tâche pour trois fois rien sans tenter sa chance, forcer le destin. Avoir sa propre affaire, c'était son rêve et elle y arriverait. Un jour, elle ne se contenterait plus de vendre de beaux voyages, c'est elle qui visiterait le monde. Ce n'était qu'une question de temps, donc de patience et d'observation. Dans ce domaine, nul ne lui arrivait à la cheville. Ludivine Berthelot voyait tout, entendait tout. Carl aimait se moquer d'elle en la traitant de commère. Elle n'y pouvait rien. Elle était comme ça. Rien ne pouvait lui échapper et, parfois, elle s'octroyait le droit de partager diverses informations - des potins insignifiants selon Carl - avec ses comparses, enfin surtout avec Antonio, son jeune collègue fraîchement embauché par la patronne alors qu'il venait de finir son stage de fin d'études. Il était gay et cela plaisait beaucoup à Ludivine. Quel bonheur d'avoir comme collègue de travail un homme qui lisait *Voici,* surfait sur les réseaux sociaux et les pages people comme un surfeur australien sur une grosse déferlante et plus fort que tout, se délectait des ragots de quartier colportés par sa collègue ! Entre le café, la poste, la brasserie, le bureau de tabac et bien entendu l'agence de voyages où elle travaillait, Ludivine disposait de relais anarchiques où les informations circulaient à loisir. Il y avait même le vieux José, un SDF qui arpentait les trottoirs du quartier depuis si longtemps qu'il faisait presque partie des murs ; lui aussi distillait ses indiscrètes découvertes à la jolie Ludivine qui bossait dans l'agence du coin de la rue et par un échange de bons procédés, se voyait de temps en temps offrir une petite pièce, plus rarement un billet de cinq ou encore les jours de chance un sandwich bien garni.

Et puis, il y avait Carl. Carl Pessoa. Un type vraiment charmant et joli garçon, mais qui détestait les histoires. Il avait même fait déplacer son bureau. Ludivine avait couché avec lui, deux ou trois fois. Et puis il avait fini par lui dire qu'il valait mieux qu'ils en restent là. Une histoire entre collègues ne pouvait que mal finir. Sur le moment, elle n'avait pas trop apprécié de se faire envoyer sur les roses, même de façon plutôt élégante. Par ailleurs, même si Carl était plutôt un bon coup au lit, il y avait pléthore d'hommes qui n'attendaient qu'un signe de la belle blonde. Alors, pourquoi s'attarder sur Carl le taciturne ? Sans doute parce qu'il était différent. D'ailleurs, une chose lui manquait cruellement depuis qu'ils ne sortaient plus ensemble : Carl semblait sortir d'un vieux film américain des années 60, une sorte de Cary Grant des temps modernes, un gentleman qui vous donnait l'impression d'être quelqu'un d'important, une personne qui compte. Ludivine adorait cela. Pendant les quelques semaines où ils s'étaient fréquentés, elle s'était progressivement habituée à ce traitement spécial, une qualité première qui faisait malheureusement défaut à la plupart des hommes, du moins ceux qu'elle avait rencontrés jusqu'à aujourd'hui.

Elle avait fait le plein d'eau dans le réservoir de la machine à café puis l'avait mise en marche. Pendant que l'eau montait en température, elle avait allumé son ordinateur et tapé son mot de passe. Son écran s'était figé sur une photo d'un paysage montagneux. Elle l'admira un instant, rêvant à ses prochaines vacances qui approchaient. Encore trois semaines et à elle les grandes randonnées sur des chemins escarpés, longeant les cimes parfois encore enneigées, même en été, dans les alpages.

Elle s'imagina, enthousiaste, en train de faire une randonnée, dans un GR alpin, en compagnie de Carl. Dire que cet imbécile l'avait laissée tomber comme on se débarrasse d'un vêtement usé. Après tout ce qu'elle avait fait pour lui. Quel ingrat ! Pareil à tous les hommes. Mais elle n'avait pas dit son dernier mot. Il n'était pas question d'abdiquer. Pour une fois qu'un mec lui plaisait vraiment. Cet idiot n'avait pas voulu emmener leur relation vers une issue trop sérieuse. Elle n'était plus sûre des termes exacts qu'il avait employés, mais qu'importent puisqu'en définitive cela ne changeait rien. Elle s'était fait larguer. Point.

Ludivine plaça la capsule de café dans la machine et posa son mug *Hello Kitty* sous le percolateur. Elle observa le jet de son expresso brûlant qui se déversait en parfumant la pièce de volutes caféinées. Elle s'empara de sa tasse et souffla sur la boisson très chaude, puis alla s'asseoir, se lovant dans son fauteuil de bureau ergonomique. Elle avala sa première gorgée suffisamment refroidie. Ses collègues n'allaient plus tarder à arriver. Elle profita du quart d'heure de solitude qui lui restait pour échafauder les prémices d'un plan d'action destiné à reconquérir Carl Pessoa. La tâche serait ardue puisqu'il n'avait pas daigné donner la moindre raison réellement valable pouvant expliquer les motifs de leur rupture. Sur le moment, Ludivine ne s'était pas vraiment posé de question. Elle avait l'habitude. Ses relations amoureuses ne duraient jamais très longtemps. De quelques heures à quelques... semaines, en de très rares occasions. Sauf que là...

Elle savoura sa deuxième gorgée. Elle avait beau se creuser la tête, pas moyen de savoir pourquoi elle s'était soudain sentie animée par un esprit de reconquête. Cela ne lui était jamais arrivé auparavant. Qu'y avait-il de nouveau cette fois-ci ?

Troisième gorgée. Mais oui, bien sûr ! Ludivine d'ordinaire ne continuait pas à côtoyer ses ex. Alors que là, c'était le cas. Mais pourquoi tenter de le ramener dans ses filets maintenant ? Pourquoi pas il y a deux mois ?

Quatrième gorgée. Un peu amer la fin d'*Arpeggio*. Peut-être parce que... tant qu'il n'avait pas fréquenté une autre fille, elle s'en fichait éperdument. Par contre, depuis que monsieur Pessoa se conduisait comme un ado amoureux de sa voisine de classe. Eh bien oui, ça la mettait en pétard ! Il avait beau lui raconter des histoires, elle n'était pas dupe. Une femme sent ces choses. Carl Pesoa était tombé amoureux. Elle aurait parié sa fortune, si elle en avait eu une.

Ludivine Berthelot balança soudain son mug *Hello Kitty* dans sa poubelle. Certaines choses allaient changer, à partir de maintenant.

17

Le temps est élastique. Alors qu'elle n'avait pas vu passer la journée en compagnie de Jacques Vaillant, la soirée s'étirait maintenant en longueur. Dans sa chambre d'hôtel, Anna s'ennuyait...

C'était un signe. Une première aussi depuis sa sortie de l'hôpital. Elle avait pourtant pratiqué l'ennui avec maestria. Des heures, des journées, des semaines à ne rien faire à part... dormir, assommée par les antidépresseurs. Aucune envie, aucun désir, si ce n'est que celui de disparaître. Le *Big Crunch* d'Anna !

Et maintenant ? La donne avait changé, quelque chose s'était réamorcé, un peu comme quand votre box déraille et que vous êtes dans l'obligation d'effectuer un *reeboot*.

Après de longues minutes à rêvasser en regardant les bateaux passer l'estuaire qui s'étalait sous la fenêtre de sa chambre, Anna décida qu'il ferait bon se détendre dans un bain chaud ; et puis un brin de toilette s'avérait nécessaire. Elle prit d'abord le temps d'écrire une réponse par SMS au dernier message vocal de sa mère qui lui proposait son aide. Elle déclina l'offre pour le moment. Elle expliqua qu'il était important qu'elle avance dorénavant sans soutien, mais qu'elle appréciait le geste. Elle savait que sa mère comprendrait. Elle posa son téléphone et gagna la salle de bain.

Toutes les chambres avec vue disposaient d'un jacuzzi. Au moment de la réservation, elle n'avait pas eu le choix, le jacuzzi allant avec la « vue sur le port », mais maintenant... elle ressentait un certain enthousiasme à l'idée de profiter du bain à remous. Elle passa près d'une demi-heure à se détendre, immergée dans l'eau chaude et bouillonnante.

Relaxée, propre et fraîche, Anna décida ensuite de s'atteler à la rédaction de son article. Après tout, elle était venue pour ça... en principe.

Après s'être séchée et coiffée en quelques secondes, elle enfila sa tenue d'écriture qu'elle avait emportée pour le voyage : un jogging et des chaussettes épaisses. Satisfaite, elle sortit de la salle de bain, extirpa son ordinateur portable de sa valise, le mit en route, vérifia la charge de la batterie, qui était pleine, et s'affala sur le lit. Elle n'avait plus écrit depuis toute une année. Sa main trembla quand elle cliqua sur l'icône de son traitement de texte et ouvrit une nouvelle page. Ce n'était pas grand-chose, mais étant donnée d'où elle venait, elle estima que c'était déjà une petite victoire. *Step by step,* comme disait son père autrefois. Elle changea de position, assise en tailleur, seule face à l'écran et sa page blanche, le curseur clignotant attendant les lettres, les mots, les phrases.

Elle n'avait pas réfléchi à un titre pour son article. Il fallait trouver quelque chose d'original. Pas évident ! Quelque chose dans le style : À *la recherche du bonheur...* Mouais ! Cela sonnait bien, mais... on avait déjà entendu ça quelque part. Elle se souvint d'un film avec *Will Smith.* Elle n'était pas sûre qu'il s'agissait du titre exact, mais qu'importe, cela ne convenait pas et il fallait trouver autre chose. Elle ferma les yeux et tenta de faire le vide. Pas évident, ça non plus ! Quelques minutes s'écoulèrent où elle parvint à fixer son attention sur le rythme régulier de sa respiration. Ses mains restèrent figées sur le clavier de son ordinateur portable. Les yeux clos, mais l'esprit en alerte, certaines images apparurent :

les souvenirs joyeux de sa rencontre avec Jacques. Leur course de la plage au bar près du port pour échapper à la pluie. Les serviettes sèches offertes par la serveuse. Les promeneurs courant partout à la recherche d'un abri. Le retour du soleil miroitant sur le sol encore humide. Les visages souriants des touristes sortant des abris de fortune et... bingo ! Mais oui, elle le tenait son titre : *Après la pluie...*

Elle ouvrit les yeux, satisfaite. Oui, ça sonnait bien et les lecteurs ne manqueraient pas de poursuivre eux-mêmes la suite de ce titre.

Anna tapa sur les touches de son MacBook et lut son titre à haute voix. Elle modifia la police de caractère ainsi que la justification en gras, puis centra le tout. Elle fixa les mots affichés sur l'écran pendant quelques minutes puis... passa à la ligne. Ses doigts s'animèrent de mouvements frénétiques alors que les caractères s'inscrivaient sur la page blanche qui ne le serait bientôt plus. La journaliste était enfin de retour.

La nuit était déjà présente depuis un bon moment lorsque Anna interrompit l'écriture de son article. Cette journée l'avait épuisée. Elle sauvegarda son travail et referma son ordinateur qu'elle déposa sur sa table de chevet. Elle éteignit la veilleuse et, un sentiment proche de celui du devoir accompli, un sourire se dessina sur son visage. Elle s'accrocha à son oreiller et s'endormit dans la minute.

Le bonheur d'Anna

18

Claire Marchal, la cinquantaine épanouie, tirée à quatre épingles dans un tailleur chic, perchée sur des talons aussi hauts qu'inconfortables, était la rédactrice en chef, depuis bientôt quatre ans, de la revue mensuelle *PsychoMag*.

Elle s'était réveillée, ce matin-là, avec une idée qui ne l'avait pas quittée durant tout le trajet à bord d'un Uber, de son domicile jusqu'aux bureaux de la rédaction. Elle avait rêvé d'Anna Wells, l'une de ses journalistes, sa préférée. Depuis qu'elle l'avait engagée au sein de *PsychoMag*, elle n'avait eu de cesse de se revoir des années en arrière. Anna était une certaine version d'elle-même, en plus jeune. Elle revivait ses débuts journalistiques au travers d'Anna. Elle l'avait encouragée à aller de l'avant. Prendre des risques. Chercher des sujets originaux et sortant du marasme ordinaire. Bien entendu, il y avait des impondérables : un magazine de psychologie, même s'il s'agissait de vulgarisation, ne pouvait pas publier n'importe quoi. Pourtant, Anna trouvait presque toujours LE sujet qui se démarquait des autres, ce qui ne manquait jamais de faire le bonheur de Claire. Il n'y avait qu'un inconvénient : Mme Marchal exigeait d'Anna Wells une imagination débordante pour se réinventer sans cesse et demeurer une force d'idées neuves et originales. Du coup, la jeune journaliste subissait continuellement une pression supplémentaire. Les trois autres journalistes, qui composaient le comité de rédaction, pouvaient se contenter d'écrire sur des sujets plus usuels.

Pourquoi ce faible pour Anna Wells ? Parce que la jeune femme ne s'était jamais plainte. Elle avait endossé le costume de la jeune journaliste chercheuse d'idées originales et singulières, sans tiquer. Même si, du coup, sa tâche s'avérait nettement plus compliquée que pour ses collègues. Et pourtant, la jeune fille illuminait chaque fois les réunions présidées par Claire Marchal de sa présence rayonnante. Anna n'avait jamais montré le moindre signe d'agacement, de lassitude – bien que sa quête journalistique n'était pas des plus simples – au fil des mois, puis des années. Au contraire, elle continuait à se creuser les méninges pour dénicher, au rythme des publications mensuelles, les perles rares. Claire Marchal appréciait Anna Wells parce que la jeune femme incarnait parfaitement la fille qu'elle n'avait jamais eue, mais qu'elle avait tant souhaitée.

Claire Marchal avait donc rêvé cette nuit-là. En s'éveillant, elle se souvenait très clairement du songe dont elle venait à peine de s'extirper. Oui, mais voilà ! Maintenant, tout s'était pratiquement évaporé. Les fragiles vestiges de son rêve nocturne s'étaient dissipés en volutes légères et transparentes. Quelle guigne ! Pourquoi les rêves avaient-ils toujours cette fâcheuse tendance à disparaître à mesure que l'on se réveillait ? Claire tenta de rassembler les morceaux éparpillés : il y avait Anna Wells, ça, elle en était sûre. La jeune femme lui tendait la main, peut-être ? Claire ferma les yeux et se concentra. Oui, c'était ça : Anna tendait la main parce qu'elle tombait dans le vide. Claire ressentit un léger frisson lui parcourir le dos alors qu'elle récupérait les images perdues. Oui, c'était bien ça : Anna était accrochée à une paroi rocheuse et Claire se trouvait au-dessus, sur une corniche. Anna arrivait à son niveau, se hissant en poussant sur ses avant-bras. Alors qu'elle allait passer sa jambe pour rejoindre Claire, Anna glissa et, sans le réflexe de sa patronne qui l'attrapa par le col de son anorak, faillit tomber dans le vide. Heureusement, Claire Marchal avait verrouillé sa prise d'une poigne de fer, elle l'agrippa de toutes ses forces et parvint, au prix d'un gros effort, à la hisser auprès d'elle, en sécurité, sur la corniche.

Claire ouvrit les yeux. C'était évident, ce rêve signifiait qu'elle devait aider Anna. D'une façon ou d'une autre, il y avait quelque chose à faire. Quelque chose de plus. Quand elle avait reçu l'appel d'Anna lui indiquant qu'elle souhaitait voyager pour rencontrer des personnes susceptibles de l'aider à retrouver une vie à peu près normale, Claire s'était retenue sinon elle aurait hurlé un énorme « YES ! » en fermant le poing. Ce coup de fil lui avait fait un plaisir immense. Sa protégée, qui n'avait pas donné signe de vie depuis l'attentat, au point que Claire avait dû prendre des nouvelles auprès de la mère d'Anna, une femme qu'elle n'appréciait pas trop, la jugeant envahissante et surprotégeant sa fille. Quelle joie que cet appel d'Anna ! Un retour parmi les vivants. Et même si ce n'était qu'un tout petit pas. Cela n'en restait pas moins... un pas en avant.

En définitive, Claire devait-elle aider Anna d'une façon plus soutenue ? Le simple accord pour qu'elle puisse voyager et utiliser par surcroît ses rencontres pour écrire un article pour la revue, c'était déjà bien, mais quoi faire de plus ? Claire Marchal se creusait la tête quand, soudain, une idée émergea du brouillard dans lequel son esprit pataugeait depuis de longues minutes. C'était pourtant simple : il suffisait d'aider Anna à trouver des sujets, des personnes « spéciales » ayant vécu des moments malheureux et ayant trouvé, contre toute attente, la force de s'en sortir. Elle sortit un petit carnet en cuir de son sac à main, l'ouvrit et utilisa son *Mont Blanc* noir et or pour y noter son idée. Ceci fait, elle rangea le tout dans son sac qui vint reprendre sa place dans l'armoire où elle rangeait ses affaires personnelles dans son bureau.

Quelqu'un frappa à la porte.

— Oui ? interrogea Claire

C'était son assistante personnelle, une grande perche posée sur des talons hauts. Elle entrouvrit la porte, y passa la tête, prit une inspiration censée lui donner du courage et déclara :

— Madame Marchal !

— Que voulez-vous, Sophie ?

— Euh ! Juste vous rappeler que la réunion a commencé et... que... enfin, que... nous n'attendons plus que vous, madame.

Claire avait complètement oublié sa réunion de rédaction. Le bouclage du mensuel aurait lieu à la fin de la semaine, il y avait encore une tonne de travail à faire. Comment avait-elle pu oublier sa réunion hebdomadaire, celle avec ses différents collaborateurs, les maquettistes, le directeur artistique ? Aujourd'hui, c'était l'ultime briefing concernant les illustrations : il fallait vérifier que tout était au point, qu'il ne manquait aucune des photos déjà retenues.

Claire ferma le dossier « Anna Wells » dans un coin de son esprit. Elle reprit l'attitude conquérante de la parfaite rédactrice en chef. Il fallait se retrousser les manches. Anna attendrait bien encore un peu...

— On y va ! déclara-t-elle, ajustant son chemisier et fermant la veste de son tailleur chic.

19

Anna s'était réveillée de bonne heure. Après une douche fraîche qui avait chassé les brumes matinales qui embrouillaient ses pensées, elle s'était lovée à nouveau dans son vieux jogging limé et informe. D'un gris douteux, le vêtement devait bien avoir déjà servi du temps de l'adolescence de sa propriétaire. Les années ne l'avaient pas épargné et il y avait même un trou habilement rapiécé sous le genou gauche.

Anna avait besoin d'un café. Elle chaussa une paire de tennis de couleur blanche et se dirigea à grandes enjambées vers la porte de sa chambre.

Dans la salle du rez-de-chaussée, une serveuse l'invita à s'asseoir et prit sa commande : un grand café noir et un croissant au beurre, un classique français. En attendant d'être servie, Anna tira son iPhone de sa poche et parcourut ses messages. Elle fut surprise de découvrir que Jacques Vaillant l'avait contactée. Elle ouvrit aussitôt son SMS :

« Bonjour Anna. Je pense que vous lirez mon texto plus tard dans la matinée – il est près de 3h du matin, saperlipopette ! – mais je n'ai pas pu m'empêcher de faire quelques recherches sur le Net concernant votre histoire familiale. J'ai même, plus tôt dans la soirée, contacté un de mes vieux amis qui a travaillé pour le gouvernement à une époque. Il m'a promis qu'il verrait ce qu'il pourrait faire, mais ne

m'a pas trop laissé d'espoir, étant donné l'époque lointaine à laquelle toute cette histoire remonte. De mon côté, j'ai creusé pas mal l'Internet, mais je n'ai pas eu grand-chose à me mettre sous la dent moi non plus. Bref, je ne vais pas vous ennuyer plus longtemps, nous en reparlerons quand vous arriverez (à 14h, n'oubliez pas!). Au cas où vous seriez en train de prendre votre petit déjeuner dans votre chambre, je vous souhaite un bon appétit ! Jacques Vaillant ».

Anna posa d'abord son téléphone sur la nappe blanche, puis changea d'avis et le rangea dans la large poche du jogging élimé. Jacques n'avait pas perdu de temps. Elle se demandait si elle avait eu raison de lui raconter tout cela, lorsque la serveuse arriva, un plateau à la main.

— Votre commande, mademoiselle ! annonça-t-elle. Désirez-vous autre chose ?

— Non ça ira, merci !

La serveuse rebroussa chemin.

Anna souffla sur son café fumant. Elle avala la première gorgée avec délice. Elle prit conscience que cela aussi, c'était un petit plaisir simple qui lui faisait du bien. Elle s'était refusé ça aussi, depuis près d'une année. Elle reposa sa tasse et mordit à pleines dents dans le croissant, projetant une multitude de miettes sur son jogging flambant vieux.

Tout en se délectant de son petit-déjeuner – *un café fort et un croissant chaud, quel plaisir au réveil tout de même !* - elle observa le port de Honfleur qui s'ébrouait doucement. C'était jour de marché ce matin-là : poissons et fruits de mer mis en vente directement sur la jetée. Les étals se montaient sur les pavés, les femmes des pêcheurs se chargeant de vendre la pêche du jour apportée par leurs hommes burinés. Elle se fixa sur l'un d'eux qui découpait, à l'aide d'un long couteau effilé, les parties les moins nobles des carrelets abîmés, et par conséquent invendables, faisant le bonheur des mouettes rieuses décrivant dans le ciel d'azur des arabesques syncopées.

Avec Stéphane, autrefois, ils aimaient regarder le vol des goélands à flanc de falaise, du côté d'Étretat. Des souvenirs merveilleux, beaux et... douloureux maintenant. Anna ferma les yeux et se remémora avec précision le spectacle magnifique et sauvage des côtes normandes déchiquetées, dotées d'une flore et d'une faune riches et variées, mais surtout d'un point de vue imprenable sur cette côte d'albâtre. Anna avait tant aimé cette plateforme avec son panorama d'une splendeur brute sur l'arche, la falaise d'Aval, l'aiguille creuse, et au fond : la Manneporte. Ce que Stéphane pouvait se moquer d'elle quand il fallait grimper, encore et encore, pour arriver jusqu'au sommet pour, enfin, atteindre cette fichue plateforme ! C'était une montée difficile, mais la beauté du spectacle sur l'aiguille en valait la peine. Après une accélération la laissant sur place, il s'immobilisait à flanc de paroi, écartait en grand les bras tandis qu'elle arrivait tout essoufflée, s'écroulant en éructant sa fatigue, retenue par sa poigne musclée ; alors, il l'embrassait amoureusement et riait aux éclats, affirmant que ses jambes étaient trop petites pour pouvoir courir correctement.

— Encore un peu de café, mademoiselle ? demanda la serveuse qu'Anna n'avait pas entendu venir.

Elle cligna des yeux plusieurs fois, pour chasser ses souvenirs beaux et tristes à la fois.

— Oui, volontiers !

L'odeur du café frais s'immisça dans ses narines et elle s'étonna de s'entendre dire :

— Pourrais-je avoir aussi un autre croissant, s'il vous plaît ?

La serveuse acquiesça.

— Bien sûr ! Je reviens tout de suite.

Tout en humant son arabica, Anna prit conscience que, pour la première fois, elle avait pu revoir un fragment de son passé avec Stéphane sans… se mettre à pleurer. Elle constata également que son corps aussi réagissait autrement. Dans un passé proche, le moindre souvenir où Stéphane apparaissait lui aurait aussitôt coupé l'appétit, alors que là, au contraire, elle mourait de faim. Peut-être que Jacques avait raison finalement. Il fallait laisser le temps faire son œuvre, accepter que la normalité puisse revenir à nouveau dans sa vie.

— Voilà, mademoiselle. Je vous souhaite bon appétit ! dit la serveuse.

— Oh ! Merci beaucoup, répondit Anna.

Elle croqua dans son croissant au beurre avec délice, repoussa sa tasse pour ne pas la remplir de miettes. Quand elle eut fini d'engouffrer sa viennoiserie et de boire son café, elle décida de répondre à Jacques… qui devait dormir maintenant, mais tant pis.

Elle sortit son téléphone de la poche de son jogging fétiche et ses pouces se mirent à bouger en touchant l'écran de façon frénétique :

« Bonjour Jacques. Merci pour votre message. Ne vous inquiétez pas, je serai là comme prévu à 14h. Il ne fallait pas vous embêter avec mes histoires de famille. C'est gentil à vous, mais il est inutile d'aller plus loin dans vos recherches. J'ai choisi de suivre vos précieux conseils et… je veux croire que feu Jonathan Wells était un type bien. Point. Pour ce qui est de notre rendez-vous d'aujourd'hui, je brûle d'impatience d'en savoir davantage sur VOTRE histoire personnelle. Après tout, je suis venue pour ça, non ? Anna. »

Elle appuya sur la touche d'envoi. La serveuse, qui l'observait du coin de l'œil derrière son comptoir, put lire un sourire de satisfaction sur le visage de sa cliente.

*

Quand elle arriva devant chez Jacques, Anna passa sans aucune hésitation la barrière grande ouverte et stationna sa 108 au même endroit que la veille. Jacques Vaillant apparut sur le seuil de sa belle demeure normande.

— Pile à l'heure, mademoiselle Wells ! s'écria-t-il tout sourire.

— C'est une de mes qualités ! répondit Anna en s'extirpant de sa voiture.

Il ouvrit grand ses bras et Anna s'abandonna joyeusement à une accolade pleine de chaleur humaine. Puis, il la tint par les épaules tout en demandant :

— La petite Parisienne a-t-elle déjeuné finalement ?

Anna opina de la tête.

— C'est bien vrai ça ?

Anna ne put empêcher ses joues de rosir, comme prise en flagrant délit d'un quelconque méfait.

— J'ai pris un solide petit déjeuner, si vous voulez tout savoir, avoua-t-elle, gênée.

Jacques jubila, comme s'il venait de remporter une partie de pétanque contre ses collègues de la place du village.

— J'en étais sûr !

Il installa Anna sur la terrasse puis fit volte-face et disparut dans la cuisine.

Anna n'avait pas déjeuné parce que... elle avait pris tardivement un solide petit déjeuner : deux croissants au beurre, c'était quand même quelque chose ! Et puis, même si elle ne connaissait Jacques Vaillant que depuis la veille, il y avait comme une connexion entre eux, quelque chose d'indéfinissable, mais elle aurait parié qu'il avait préparé quelque chose sans tenir compte, le moins du monde, de ce qu'elle lui avait dit la dernière fois. Aussi, elle ne fut pas surprise de le voir ressortir les bras chargés de nourriture pour un régiment.

— Je nous ai concocté une petite planche spéciale :

charcuterie et fromage ! Et puis, j'ai du pain frais et un beurre normand dont vous me direz des nouvelles, Anna !

Cet homme était vraiment... lumineux. Un peu fou certes, mais une aura semblait irradier de sa personne, quelque chose qui vous attrapait, comme une sorte de cocon douillet, dès lors que vous vous trouviez en sa compagnie. Anna se dit qu'il y avait des gens qui détenaient cette faculté, celle de vous mettre immédiatement à l'aise alors qu'un instant auparavant vous ne les aviez jamais vus. Jacques était une personne comme ça. Sa mère, Catherine Wells, l'aurait qualifié de « belle âme ». Anna n'était pas certaine de l'existence réelle de l'âme humaine, mais qu'importe, elle aurait été d'accord avec sa mère concernant Jacques.

Le vieux normand, après avoir posé sa planche sur la table de la terrasse, tourna les talons et revint avec le pain et le beurre, puis il fila à nouveau à l'intérieur.

— Mais... Jacques ! Où allez-vous encore ?

Il cria de l'intérieur de la bâtisse :

— Il faut bien boire quelque chose avec ça !

Chargé d'une bouteille de rouge, de deux verres à pied et d'un tire-bouchon, il sortit de l'embrasure de la porte, un air goguenard sur le visage.

— Ma chère Anna, vous ne devinerez jamais ce que j'ai là ! affirma-t-il.

— Du vin... rouge ! risqua Anna ayant aperçu la bouteille.

Jacques fit la moue.

— Très juste, demoiselle, vous êtes une fine observatrice, mais... vous ne savez pas tout ! Ceci est un vin normand, un cépage du Calvados ! C'est un « *Arpents du Soleil* ». Sachez, ma chère enfant, qu'il est issu du cépage « pinot noir », eh oui ! De plus, apprenez que le sol des Arpents du soleil, très proche de celui des meilleurs crus de la

Côte-d'Or, lui est propice. Il y atteint une qualité inespérée. Jugez par vous-même ! affirma fièrement Jacques, tout en servant le fruit de la vigne normande.

Anna goûta et fut forcée de reconnaître qu'effectivement, c'était un vin plus que correct. Comme quoi... il ne faut jamais adopter sans réserve les idées reçues.

Jacques ouvrit deux énormes pare-soleil, Anna lui en fut reconnaissante parce qu'il faisait beau et très chaud ce jour-là. Un léger vent rendait la température, qui flirtait avec les 30 degrés, agréable. De plus, la brise transportait les effluves parfumés de la roseraie, dont Anna, de sa position, admirait la beauté.

Ils déjeunèrent d'un bon appétit. Jacques prenait soin de son invitée comme si Anna était sa propre petite-fille. Il y a certaines rencontres, dans la vie, dont on n'explique pas la singularité. Anna se sentait tellement proche de Jacques, comme si elle le connaissait depuis toujours. Il allait lui couper une troisième tartine, mais elle le stoppa dans son élan.

— Non, non, Jacques ! Je n'en peux plus !

— Vraiment ? Vous n'avez presque rien mangé !

Anna se mit à rire.

— Qu'ai-je dit de si drôle ? demanda-t-il.

Anna s'essuya les yeux et répondit :

— Une semaine avec vous et je serai obèse !

Jacques termina de couper sa tranche de pain, la beurra et déposa dessus un bon morceau de jambon sec.

— De vrais moineaux ces Parisiennes ! Vous voulez toutes ressembler à ces mannequins que l'on voit partout sur les murs avec ces fichus panneaux publicitaires. Moi, je pense que vous êtes bien maigre, ma chère Anna !

— C'est vrai. J'ai perdu du poids cette année. Mais... ce

n'était pas volontaire.

Jacques se mordit les lèvres.

— Pardon. Je ne voulais pas vous entraîner sur ce sujet douloureux. Je veux dire…

— Ne vous inquiétez pas, Jacques. Il n'y a pas de problème, je vous assure.

Jacques posa sa tartine dans son assiette et se leva d'un bond.

— Café ?

— Oui, volontiers !

— C'est parti !

Anna profita de l'absence de son hôte pour savourer cet instant champêtre, un contraste percutant avec Paris. Ici, pas d'agitation, mais un calme apaisant, pas de bruits agressifs et permanents, mais le souffle du vent dans les feuillages. Le soleil brillait toujours autant, mais de la terrasse où elle se situait, protégée par le pare-soleil, rafraîchie par la brise légère, Anna pouvait contempler le jardin tout en se laissant bercer par le chant gracieux des oiseaux qui garnissaient les hautes branches. Elle ferma les yeux et apprécia l'instant présent. Cela lui faisait du bien. Stéphane aurait certainement aimé Jacques. Stop ! Il ne fallait pas qu'elle se laisse bousculer par des regrets. Stéphane n'était plus là, il ne connaîtrait jamais Jacques. Il l'aurait sans doute apprécié, c'est vrai, mais ces deux-là n'auront jamais l'occasion de se croiser, donc… inutile de continuer dans cette voie. Elle laissa cette pensée glisser et s'en aller. Humer l'air parfumé du parc floral entretenu par Jacques l'aida à revenir au moment présent.

Un parfum de café corsé effleura ses narines. Jacques, comme s'il avait perçu son trouble soudain, prit un ton jovial :

— Voilà, voilà ! Le café de mademoiselle Wells ! annonça-t-il, tout en posant la tasse sur la table.

— Merci.

Jacques prit place en face d'elle, et voyant qu'elle n'était pas sereine, tenta une ultime pirouette.

— Mon café est si mauvais que ça ?

Anna sortit de sa torpeur :

— Oh pardon, Jacques ! Non, bien sûr que non ! J'étais dans mes pensées et… j'ai réalisé que Stéphane n'aura pas eu la chance de vous rencontrer.

Jacques fit mine de ne pas comprendre.

— Stéphane ?

Anna baissa la tête.

— Vous savez très bien de quoi je parle !

Bien sûr qu'il savait. Son intuition ne l'avait que rarement trompé. Il réalisa que jouer franc jeu était une option acceptable, à partir de maintenant, puisque c'était Anna qui avait abordé le sujet.

— Pardonnez-moi, Anna. Vous avez raison. Vous m'aviez dit pendant notre promenade sur la plage hier que vous veniez de perdre une personne proche. J'hésitais simplement entre votre père ou votre compagnon. Je ne voulais pas vous brusquer, voilà tout. Je vous demande pardon.

Anna releva la tête et ses yeux humides, d'un bleu profond, firent chavirer le cœur du vieux normand. Depuis la toute première minute où elle était apparue dans sa vie, il avait senti que cette jeune fille allait compter pour lui. Il n'aurait pas su dire pourquoi, mais c'était une certitude. Bien entendu, le fait d'avoir perdu sa fille unique devait assurément peser dans la balance et il était parfaitement conscient qu'Anna lui rappelait Louise, en plus âgée, mais cela n'allait pas plus loin. Anna c'était… Anna.

— Ça fait pourtant déjà un an ! Je n'ai jamais parlé de ça

à personne d'autre que ma mère, vous savez ! Euh... il y a aussi le psychologue, mais là, on ne m'a pas laissé le choix, tout du moins au début. Un peu comme un avocat commis d'office, il était gentil ce psy, mais je n'avais pas envie de lui parler, encore moins de m'ouvrir à lui... ou à qui que ce soit d'ailleurs.

— Cela remonte à une année. Comment est-ce arrivé ? demanda Jacques.

Anna avala une gorgée de café, comme pour dénouer sa gorge qui s'était resserrée.

— Nous étions sur la promenade des Anglais, le 14 juillet 2016 et...

Anna fondit en larmes. Jacques prit ses mains dans les siennes.

— Anna, si c'est trop difficile, je vous en prie, restons-en là.

— Non ! Je veux continuer, je vous assure, affirma-t-elle entre deux sanglots. (Elle respira fort avant de poursuivre) Stéphane est une des quatre-vingt-sept personnes tuées ce soir-là. Il a été renversé par le camion. Cela s'est produit après le feu d'artifice. Nous étions heureux, insouciants et puis... c'est arrivé... tellement vite que je n'ai pas réalisé ce qui se passait. Stéphane m'a poussée dans un ultime réflexe... il a pensé à moi plutôt qu'à lui. J'ai quand même été percutée par le camion, mais pas de plein fouet comme lui. Et puis, c'est le trou noir. Je ne me souviens plus de rien. Je suis restée presque un mois dans le coma. (Elle souleva sa frange.) Vous voyez, j'ai une jolie cicatrice sur la tempe. Les médecins m'ont opérée. J'ai été sauvée. Stéphane est mort.

Respirer à fond. Arrêter de pleurer.

C'était la première fois qu'elle évoquait l'attentat. Ni sa mère ni le psychologue n'avaient réussi pareil tour de force.

Face à un vieil homme qu'elle connaissait à peine, Anna parvenait à livrer ses blessures les plus profondes. Comment cela s'était-il produit ? C'était vraiment une énigme.

Jacques ne brisa pas l'instant silencieux. C'était Anna qui décidait du rythme de la conversation. Le vieux normand rechargea les tasses en café.

— Pardonnez-moi, Jacques !

Il posa la cafetière sur un pose-plat avant de répondre.

— En voilà une idée ! Vous pardonner de quoi, Anna ?

Un homme à part ce Jacques. Le genre d'homme qui redonne confiance en l'humanité. Un cas isolé ? Il y en a d'autres comme lui ? Il faudrait sans doute pas mal bourlinguer pour trouver des hommes et des femmes de la même trempe.

— Eh bien… je suis venue ici pour que vous me racontiez votre histoire. Pour savoir comment vous êtes parvenu à vous construire une armure pour…

— Je n'ai pas construit d'armure, Anna ! Surtout pas !

— Quoi ?

— Vous avez parlé d'armure. Ce n'est surtout pas ce qu'il faut faire pour guérir de nos blessures, Anna.

Anna fut prise au dépourvu. Qu'entendait-il par là ? Comment guérir si l'on ne se protège pas ? Comment se protéger des blessures de la vie sans se forger une armure ?

— Je ne comprends pas ! dit-elle.

Jacques eut une idée. Il était de ces personnes qui aiment discuter en marchant. Avec Monique, ils avaient l'habitude de se promener dans la forêt jouxtant la mer, lorsque la météo était clémente.

— Je vais vous expliquer ce que j'entends par là dans un moment, ma chère Anna. Mais auparavant, permettez-moi de vous demander une chose.

— Bien sûr !

— Connaissez-vous la forêt de Breuil ?

Anna hésita un instant, mais non, elle n'avait jamais entendu parler.

— Euh… non !

— C'est un joli bois, un parc historique, près d'Honfleur, avec vue sur la mer. C'est un lieu peu connu des touristes, parce que discret. Cette forêt est perchée à cent mètres au-dessus de la mer. Derrière de magnifiques haies qui l'entourent, ce bois surplombe trois communes : Pennedepie, Vasouy et, plus loin, Honfleur.

— Vous voulez qu'on y aille, c'est ça ?

— Tout à fait. J'aime me promener en forêt. C'était un de nos rituels favoris avec Monique. Nous adorions converser tout en nous promenant le long du chemin de ronde. C'est un magnifique sentier bordé de Rhododendrons. Une merveille ! Et puis, au bout d'un moment, on débouche sur une allée de hêtres centenaires magnifiques !

Quel amoureux de la nature ! Les fleurs, les plantes, les arbres n'ont pas de secret pour Jacques !

— Très bien. Allons-y !

20

Alors que le courage s'apprêtait à l'abandonner, Carl Pesoa, profitant de l'absence de la patronne, était descendu dans la salle des archives de l'agence de voyages où il travaillait, laissant ses collègues Ludivine et Antonio se charger des clients présents dans l'agence.

Il ne pouvait plus attendre. Cela le tiraillait, l'empêchait de se concentrer, de travailler, de respirer même ! Il s'enferma de l'intérieur dans la salle des archives, s'installa sur un gros carton plein de paperasses qui faisait un excellent siège, sortit son portable de sa poche et chercha le nom magique : *Catherine Wells*.

Il inspira à fond et appuya sur la touche verte.

Appel en cours… Encore heureux que le réseau passât jusqu'au sous-sol.

— Allo ? dit une voix féminine inconnue.

Bon sang, ce n'est pas ma belle inconnue. Ce n'est pas sa voix !

C'était en effet une voix plus… mure que celle à laquelle Carl s'attendait. Il avait cherché sur Internet et avait fini par découvrir qu'une seule personne portait le nom de Catherine Wells dans tout Paris. C'était la propriétaire d'une parfumerie, rue de Passy.

— Allo ? Qui est à l'appareil ? demanda Catherine Wells.

Carl tendait tant bien que mal de reprendre un peu de contenance face à l'inattendu.

— Euh… bonjour ! Désolé de vous déranger. Je me présente, je m'appelle Carl. Carl Pessoa.

Il hésita à entrer dans les détails. Il ne fallait pas impliquer madame Da Costa.

— Bonjour monsieur. Que puis-je pour vous ?

— Euh… voilà… en fait, je voulais savoir si vous étiez bien la propriétaire de la place de parking B31 située boulevard Emile Augier.

Les traits de Catherine Wells trahirent un effet de surprise. Elle s'attendait à un client, puisqu'il téléphonait à la boutique. Des questions sur les horaires d'ouverture. Une demande spécifique concernant un parfum, mais rien qui puisse concerner de près ou de loin sa place de parking située boulevard Emile Augier. Il fallait en savoir plus.

— J'avoue être surprise par votre question, monsieur… comment déjà ?

— Pessoa. Carl Pessoa.

— Monsieur Pessoa. Pourquoi cette question ?

Carl ne pouvait plus faire machine arrière. Il allait devoir tout raconter.

— Bien sûr, je comprends votre étonnement. Moi-même, je suis quelque peu surpris de ne pas avoir à l'autre bout du fil… la… euh… la jeune fille que j'ai croisée plusieurs fois ces dernières semaines.

— La jeune fille ?

— Oui. La propriétaire de la Peugeot 108, stationnée

sur l'emplacement B31, face à ma propre place de parking.

Catherine commençait à comprendre. Anna avait dû accrocher une voiture stationnée près de la sienne et le propriétaire mécontent venait demander des comptes.

— D'accord, je crois que j'ai saisi. Vous voulez sans doute parler de ma fille.

Carl ouvrit de grands yeux.

— Euh… Votre fille ?

— Oui ! Ma fille, Anna. C'est elle qui utilise cet emplacement. Je me doute qu'elle a dû abîmer votre véhicule et que vous cherchez à la joindre pour l'assurance ?

Carl ne s'attendait pas du tout à ça.

— Attendez, vous êtes la mère de la jeune fille qui gare sa Peugeot sur la place B31, c'est bien ça ? demanda-t-il, pas très sûr d'avoir bien compris la situation.

Catherine, qui était restée debout près de la base de son téléphone professionnel, s'éloigna pour entrer dans l'arrière-salle, aménagée en bureau. Elle s'installa dans le fauteuil à roulettes, plus à l'aise, à l'abri des oreilles indiscrètes, pour poursuivre cette conversation surréaliste.

— Je vous prie de m'excuser, j'ai dû m'éloigner de ma vendeuse et des clients.

— Oh ! Je suis désolé de vous importuner de la sorte, madame Wells.

— Je vous en prie. Revenons à nos moutons. Voulez-vous bien m'expliquer ce qui s'est passé pour en avoir après ma fille ? Je disais donc : a-t-elle abîmé votre véhicule ?

— Non. Absolument pas.

— Non ? Dans ce cas, pouvez-vous me dire ce que vous lui voulez ?

Carl décida de jouer cartes sur table. Après tout, qu'y

avait-il de mal à vouloir récupérer son mouchoir brodé ? Bon, c'est vrai, la jeune femme qui avait gardé son étoffe lui plaisait. Cela ne faisait, pour autant, pas de lui un cinglé. Même si les réactions de la jeune femme - *Anna avait-elle dit ?* - pouvaient laisser penser le contraire. Il commençait à se rendre compte que la situation n'était pas si limpide pour un observateur extérieur, alors pour sa propre mère !

— Oui. Bien entendu. En fait, j'ai croisé la route de votre fille…

— Anna.

— Pardon ?

— Ma fille s'appelle Anna.

— Euh… oui. Je disais donc que j'ai croisé la route de votre… d'Anna… à plusieurs reprises ces dernières semaines. La première fois, c'était dans un bar du sixième *La Fabrica ,* c'est un bar à tapas, je ne sais pas si vous connaissez ?

Catherine se balançait d'avant en arrière assise sur son siège de bureau, faisant grincer les roulettes usées.

— Non, je ne connais pas.

— Ah ! Tant pis. Bref, c'est là que j'ai aperçu votre fille… enfin… Anna… pour la première fois. J'ai immédiatement été attiré par… par… euh… je ne sais trop quoi ! Toujours est-il que, au bout d'un certain temps, je me suis aperçu qu'elle… pleurait.

Catherine cessa de faire grincer son siège. Elle resserra sa prise sur son combiné téléphonique.

— Anna pleurait ?

— Oui madame. C'est ce qui m'a semblé et j'en ai été profondément perturbé. Je ne savais pas trop quoi faire. Mettez-vous à ma place : c'était une jeune femme seule, que je ne connaissais absolument pas. Je n'allais tout de même pas me lever et aller la consoler comme ça. Après tout c'était la première fois que je la voyais. Même si ce n'est pas l'impression que j'ai eue de prime abord. Toujours est-il que je ne savais pas comment réagir. Si ce n'est que je DEVAIS faire quelque chose parce qu'elle semblait sur le point de s'étouffer, toussant et pleurant sans arrêt. C'est alors que j'ai eu une idée : j'avais un mouchoir sur moi, c'était une merveilleuse aubaine. Je n'ai pas réfléchi et je me suis levé pour lui proposer de l'utiliser et voir de plus près si elle allait bien.

Carl s'interrompit un instant, posa ses coudes sur ses genoux dans la position du *Penseur de Rodin*, le téléphone portable collé à l'oreille en plus.

— Comment Anna a-t-elle réagi ? demanda Catherine Wells, de plus en plus captivée par le récit du jeune voisin de parking.

— Eh bien ! Pour être honnête, je pense que je lui ai fait peur. Elle paraissait effrayée !

Catherine ne fut pas le moins du monde étonnée par cette information. Depuis la mort de Stéphane, Anna se méfiait de tous les hommes, sans distinction. Madame Wells avait été plusieurs fois le témoin impuissant des crises de panique de sa fille. Impossible à raisonner. Pas la peine de discuter. Dans la fuite : il y avait le salut d'Anna ! Mais peut-être que cette fois…

— Monsieur Pessoa ? Je peux vous demander quelque chose ?

— Bien entendu ! Que voulez-vous ?

Catherine avait une idée derrière la tête. La machine se mettait en action.

— J'aimerais beaucoup poursuivre cette conversation de vive voix. Pouvez-vous vous rapprocher de ma boutique ?

— Euh… Eh bien...

— Je suis au 79 rue de Passy, dans le seizième. Vous

pouvez être là quand ?

Elle ne lui laissait pas le choix, s'il voulait en savoir davantage sur… Anna. Il n'y avait pas à hésiter. Il fallait agir.

— Très bien, j'arrive le plus vite possible !

— Parfait ! Nous irons déjeuner. C'est moi qui invite, déclara Catherine Wells.

— Très bien. Je pars immédiatement. Je vous rappelle en arrivant.

— Je vous attends.

21

Anna trouvait que le Scénic de Jacques ressemblait vraiment à une voiture de vieux. Cependant, il fallait bien reconnaître que c'était un véhicule extrêmement confortable. Et puis Jacques était... vieux ! Elle avait l'impression d'être assise dans une camionnette ou un SUV, du fait de la position surélevée caractéristique et similaire de ces types de véhicules. Au moins, elle voyait bien la route et la mer en contrebas.

— C'est beau, n'est-ce pas ?

Elle se tourna vers son chauffeur.

— La mer ?

— Oui. Vous avez l'air de l'admirer comme si c'était la première fois, s'amusa le vieux normand.

Anna se tourna à nouveau vers son côté et admira la Manche. Les scintillements dus au soleil radieux la ravissaient. Quel spectacle magnifique ! Cela lui rappela le feu d'artifice. Un instant d'une beauté sans pareille qui s'était transformé en douleur profonde et indélébile. Son cœur se serra, encore, comme à chaque fois qu'elle entreprenait un retour vers le passé.

— Anna, ça va ? s'inquiéta Jacques.

Allez Anna… Arrête de te faire du mal et reviens ici et maintenant !

— Oui, ça va, répondit-elle en tentant d'y mettre le plus de conviction possible.

Cela aurait pu convaincre bon nombre de personnes… mais pas Jacques.

— Vous pensiez à Stéphane ?

Bon sang, comment fait-il pour lire en moi comme ça ?

— Oui.

— Un rapport avec l'océan ?

— Non. Juste le reflet scintillant du soleil sur l'eau. Cela a fait resurgir les images du feu d'artifice le soir de… enfin… ce soir-là. Vous comprenez ?

Jacques gardait les yeux rivés sur la route. Il y avait plusieurs passages piétons à la sortie de Honfleur, des enfants qui traversaient parfois sans trop faire attention. Il se devait d'être vigilant. Il dépassa les courts de tennis et poursuivit son chemin sur la nationale qui bordait la plage.

— Bien sûr que je comprends, répondit-il.

Le parking apparut sur la gauche de la route, face à la plage.

— Nous y sommes ! déclara-t-il tout en mettant son clignotant.

Pas évident de trouver une place de stationnement sur un si petit parking pendant les vacances d'été.

— C'est blindé ! constata Anna tout en abaissant son pare-soleil pour s'abriter de l'astre suprême qui dardait ses rayons sur les carrosseries métallisées.

Jacques resta serein.

— Pas de panique. Regardez, là ! dit-il en pointant du

doigt un monsieur aux cheveux blancs tenant en laisse un énorme labrador encore humide du bain de mer qu'il venait de prendre.

Le promeneur sortit une clé électronique de sa poche et appuya dessus. Anna entendit le son caractéristique du déverrouillage centralisé. Les clignotants d'un Volkswagen Tiguan s'illuminèrent à dix mètres de leur position. Jacques regarda Anna.

— Vous voyez, inutile de s'en faire ! Il faut parfois être patient. Là, nous avons de la chance !

Le vieux monsieur fit monter son chien à l'arrière du SUV et referma le coffre. Il s'installa à l'avant, démarra et laissa sa place à Jacques et Anna.

En sortant du Scénic, Anna reconnut la plage en contrebas.

— Jacques !

Le normand, après avoir fermé sa Renault, s'approcha de la jeune Parisienne.

— Qu'y a-t-il pour votre service ?

Anna pointa de l'index la plage couverte de parasols multicolores et d'enfants bruyants qui couraient dans tous les sens.

— Nous étions là hier, n'est-ce pas ?

— Oui. Sauf qu'aujourd'hui, nous allons monter vers le bois plutôt que descendre vers la plage. Vous allez voir, la forêt de Breuil vaut vraiment le détour ! Il faut grimper sur le plateau, là-haut. Ensuite, on dépassera les remparts formés par les haies et on pourra gagner le sentier.

Jacques disait vrai. Elle fut séduite par cette étendue de verdure contrastant avec le sable et la mer. Quand ils pénétrèrent dans le bois, Anna fut saisie par la fraîcheur apportée par les allées de hêtres et toute la végétation environnante.

— J'aurais dû vous dire de prendre un chandail ! La température chute brusquement à l'intérieur du bois !

— Non, c'est très bien comme ça, Jacques, je vous assure. Au contraire, il fait chaud aujourd'hui et cette fraîcheur est inespérée.

Ils s'enfoncèrent un peu plus à l'intérieur. Un rayon lumineux traversait les branches hautes des arbres et irradiait le sentier d'une luminosité presque irréelle. Une petite brise agitait les hautes cimes. Un peu plus bas, installées sur les branches épaisses, des mésanges bleues poussaient de petits cris aigus. Anna parvint à distinguer un couple juché sur un rameau de hêtre.

— Ce sont des mésanges, Anna !

Il est télépathe, c'est sûr !

— Il y a aussi des pics et des sittelles dans ce bois. Leur chant est magnifique, surtout au printemps, poursuivit Jacques.

— Vous êtes incollable sur la faune et la flore, Jacques ! Je suis impressionnée, vraiment !

Jacques haussa les épaules.

— Quand on s'intéresse à quelque chose, autant creuser un peu pour en savoir plus. Ce n'est pas compliqué, cela fonctionne avec l'intérêt : plus vous en avez pour quelque chose et plus vous vous cultivez sans effort ! En résumé, c'est l'intérêt qui engendre l'accumulation des connaissances.

— C'est vrai !

— Et oui ! Demandez-moi quelque chose qui concerne ma voiture… et je serai bien incapable de vous répondre. Je me fiche complètement de tout ce qui touche de près ou de loin l'automobile ! Pour moi, c'est un moyen de locomotion qui m'emmène d'un point A à un point B. Du coup, je n'y connais strictement rien… parce que cela ne m'intéresse pas. Il y a des personnes passionnées par l'automobile qui sont intarissables sur ce sujet. Elles savent tout sur les moteurs, c'est presque incroyable. J'ai un de mes voisins qui collectionne de vieilles voitures. Le type a une grange dans laquelle il entrepose plein de vieilles Américaines, mais aussi d'anciennes voitures de sport italiennes et allemandes. Pour moi, ce n'est que du métal et cela ne représente rien. Pour lui, c'est une partie de sa vie. Tout dépend de tant de choses ! Des souvenirs d'enfance par exemple. Cette passion lui vient peut-être de son père. Et cela change tout ! Autant vous dire qu'il n'y a pas à juger les passions des autres, parce qu'il y a toujours quelque chose de caché derrière cela. Lui ne comprend pas ma passion pour les roses, c'est bon pour les femmes ! Moi, je ne comprends pas qu'on puisse se passionner pour des caisses de métal sur roues. Le fait est qu'il n'y a rien à comprendre… et qu'il ne faut surtout pas juger.

Anna approuva.

— Je suppose que c'est valable pour tout un tas d'autres choses, non ?

— Absolument ! Cela concerne tout, absolument tout ! De la façon de se nourrir, au sport, aux études, chacun entrevoit tout cela en fonction de ses bagages, si vous voyez ce que je veux dire ? C'est aussi la même chose en ce qui concerne la religion, la spiritualité. On est souvent formaté par sa famille, mais aussi son pays ! Eh oui, Anna, nos choix religieux ont beaucoup à voir avec la géographie !

— La géographie ?

— Mais oui. Le lieu où vous venez au monde va probablement conditionner votre choix religieux. Bien qu'en vérité, il n'y a pas vraiment de choix possible en la matière. Si vous avez vu le jour dans un pays ou au sein d'une famille de telle ou telle religion, vous adopterez ladite religion qui va avec ! C'est ainsi que se passent les choses dans, je dirais…

quatre-vingt-dix-neuf pour cent des cas.

— Mais on peut toujours décider et rejeter ce choix culturel, familial, pas vrai ? Donc je peux aller vers une autre alternative que cette… comment dire… programmation qui m'était, selon votre logique, destinée ? J'ai raison ?

— En théorie, oui, vous avez raison. Sauf que… dans la vie réelle, il est très rare de ne pas aller dans le sens du courant. C'est ainsi. Vous êtes née en France, le pays des droits de l'homme, le berceau de la Révolution, le pays de la libre expression et de la démocratie. De ce fait, vous avez peut-être fait un choix spirituel tout autre que celui de votre région, de vos parents ?

— Oui, je suis athée.

— Vraiment ?

— Oui, pourquoi ?

— C'est quelque chose qui m'a toujours intrigué.

— Le fait d'être athée ?

— Non. Le fait d'avoir la certitude.

— Je ne comprends pas ! avoua Anna.

— Le religieux a la certitude que Dieu existe et que, de plus, c'est le sien le seul, le vrai, l'unique. De l'autre côté, vous avez les athées qui ont la conviction que Dieu n'existe pas, que tout ça n'est que pure invention de l'homme. Dans les deux cas, cela ne cadre pas avec ma vision des choses, si je puis dire.

— Je ne suis pas sûre de bien comprendre, continua Anna.

Jacques leva la tête vers la toile céleste qui, par endroit, perçait les feuillages sur les rangées d'arbres qui longeaient le sentier.

— Eh bien ! Cette certitude est pour moi

intellectuellement indéfendable, dans un sens comme dans l'autre d'ailleurs ! (Il fit une pause.) Monique avait la foi. Elle avait été élevée dans la religion catholique, comme je vous l'ai déjà dit auparavant. Moi aussi, cela dit ! Pour autant, elle avait SA vision des choses, si vous voulez elle avait adapté le dogme inculqué par sa famille, son groupe, sa région, son pays, vous voyez ce que je veux dire ?

— J'essaie de vous suivre, continuez s'il vous plaît !

— Jeune, elle avait accepté, ou on l'avait formatée si vous préférez, à adopter la croyance ambiante. Elle ne se posait pas encore de questions. Et puis, la vie vous amène des expériences qui font que… vous vous interrogez : La vie, la mort, Dieu, et nous dans tout ça ? Vous voyez ?

Anna fit oui de la tête.

— Bref, après notre accident… vous vous souvenez, je vous en ai parlé hier ?

– Oui, je me souviens parfaitement. D'ailleurs, vous deviez m'en dire plus à ce sujet.

— Oui, c'est exact. J'y reviendrai tout à l'heure. Donc, après cela, son accident… Monique est revenue avec une foi encore plus forte. Au début, cela m'a fait peur. Je ne voulais surtout pas qu'elle devienne une grenouille de bénitier, comme on dit chez nous. Ce fut tout le contraire qui se produisit. Quelle ne fut pas ma surprise de la voir remettre en cause certains principes soutenus par l'Église !

— Ah oui ?

— Tout à fait. Je vous dirai ce qui a provoqué ce revirement dans un instant. Avant, j'aimerais vous expliquer mon point de vue sur la foi.

— Je suis curieuse de savoir, oui. Vous êtes croyant ou athée en définitive, Jacques ?

— Eh bien, cela va sûrement vous surprendre, ma chère Anna. Je ne suis ni l'un ni l'autre ! déclara-t-il.

Les traits d'Anna trahirent son amusement. Jacques le perçut aussitôt.

— Pourquoi ça vous amuse tant ?

— Parce que vous êtes bien un… Normand ! pouffa-t-elle.

Jacques se mit à rire.

— Vous marquez un point, très chère. Mais ce n'est pas, enfin je crois, la raison pour laquelle je refuse de me prononcer sur la question.

— Ah ?

— Oui. Je suis ce que l'on appelle un agnostique.

— C'est comme être athée, non ?

Jacques s'arrêta, l'air offusqué.

— Mais pas du tout, malheureuse ! Cela n'a strictement rien à voir ! Bien au contraire. Un athée affirme que Dieu n'existe pas. Un religieux, quelle que soit la religion à laquelle il appartient, est convaincu que Dieu existe. Un agnostique, dans ce qui selon moi s'apparente à une totale honnêteté intellectuelle, dit : qu'il ne sait tout simplement pas.

— Mouais. Une vraie réponse de normand. C'est bien ce que je disais : p'têt ben qu'oui, p'têt ben qu'non ! Le classique made in Normandie, railla Anna.

Jacques fit mine d'être vexé. En réalité, il était très amusé et il prenait un immense plaisir à la conversation. Le débat avec Anna le remplissait de bien-être. L'échange d'idées. Les conversations animées et vivantes. Depuis la mort de Monique, cela lui manquait terriblement. Là, avec la jeune journaliste parisienne, Jacques se sentait revivre. Il aurait voulu rester impassible, mais ses traits le trahirent à son tour. Un immense sourire illumina son visage.

— Hé ! Si vous souriez comme ça, c'est que j'ai marqué un point, pas vrai ?

— Vous prétendez être certaine, Anna, que Dieu n'existe pas. Si je vous demande de me le prouver ?

Anna hésita.

— C'est impossible.

— Précisément ! Et si vous vous mettiez à la place d'une croyante et que je vous pose la même question.

— Une croyante ?

— Oui. Mettons que vous êtes une catholique pratiquante. Que me répondriez-vous ?

Anna hésita une nouvelle fois.

— Les miracles… peut-être?

— Quels miracles ?

— Ceux accomplis par Jésus !

— Sans vouloir vous offenser, Anna, ce sont des événements rapportés dans les Évangiles. En aucun cas, ce ne sont des preuves.

Anna fit une moue qui révélait sa contrariété.

— Et ceux de Lourdes ? Les malades qui guérissent ?

— Ces miracles sont reconnus par l'Église. En aucun cas, ils ne sont reconnus par la science. On constate, dans de rares cas, qu'un malade à priori incurable recouvre la santé. C'est effectivement très étrange. Pour autant, aucune preuve de l'existence et de l'intervention de Dieu dans tout ça !

— Non ?

— Non. Cela prouve que le corps humain possède des ressources insoupçonnées et qu'il arrive parfois que, contre toute attente, des guérisons incroyables se produisent.

— Miraculeuses !

— Si vous voulez. Toutefois, le miracle peut provenir

de l'esprit humain dont les mystères sont encore à découvrir.

— Vous affirmez que c'est le malade qui se guérit lui-même, c'est bien ça ?

— Je n'affirme rien du tout. Je dis simplement que c'est une possibilité tout à fait acceptable.

Anna n'était pas convaincue. Effectivement, Jacques touchait un point sensible. Cependant, il se trompait sur un point.

— Jacques, n'est-ce pas justement l'absence de preuve qui définit la foi religieuse ?

— En effet. C'est une bonne interprétation, du moins un des éléments qui permet de définir ce qu'est la foi.

— Dans ce cas, pourquoi serait-ce différent dans l'autre sens ? Je veux dire, pourquoi vouloir prouver que Dieu n'existe pas ? Et pourquoi vouloir prouver qu'il existe ?

Jacques s'immobilisa devant un magnifique arbuste de rhododendrons centenaires.

— Regardez Anna ! Voici, pour moi, le miracle qui pourrait me faire basculer vers la foi ! Tout ce qu'on peut lire dans les livres sacrés issus des différentes religions existantes sur notre planète ne vaut pas le miracle de la nature ! Admirez ces rhododendrons ! Voyez cet arbuste de près de six mètres de haut, n'est-ce pas magnifique ?

— Oui, c'est très beau, admit Anna.

— Savez-vous qu'en Himalaya ces plantes peuvent atteindre quinze mètres de haut ?

Anna leva la tête pour apercevoir le sommet de l'arbuste.

— Non. Je ne savais pas.

— Eh oui, la nature est un émerveillement constant pour celui qui s'évertue à ne pas oublier de l'admirer. Et puis vous voyez Anna, même les plantes aspirent à monter vers le ciel.

Jacques caressa une des fleurs à proximité. Anna ne parvenait pas à se satisfaire de la position neutre de Jacques. Elle trouvait que c'était un moyen habile de ne pas se mouiller.

— Je trouve tout de même que c'est un peu facile !

— Quoi donc ?

— Vous et votre façon de ne pas trancher. Votre réponse à la normande, quoi ! Si je voulais vous bousculer un peu, j'irais même jusqu'à dire que c'est un peu… lâche.

Jacques ouvrit de grands yeux ronds.

— Eh bien ! Dites donc, comme vous y allez ! Continuons sur le sentier, voulez-vous ?

Ils marchèrent pendant une bonne centaine de mètres. Jacques semblait réfléchir.

— Un jour, j'ai lu un article ou plutôt un entretien d'un écrivain français que vous connaissez peut-être : Bernard Werber.

Anna agita la tête de haut en bas, répondit par l'affirmative.

— C'est lui qui a écrit *Les fourmis*, oui, je le connais.

— Oui, c'est lui ! Le journaliste amena l'entretien sur le sujet de la religion et Werber annonça qu'il était agnostique.

— Ah ? Eh bien, avec vous, ça fait au moins deux ! se moqua Anna.

— Oui, c'est toujours ça ! Bref, je me souviens très bien que Werber avait précisé au journaliste qu'agnostique signifiait *« qui ne sait pas »*. Il affirmait que c'est cette ignorance active qui lui permettait d'avancer… et d'avancer sans direction précise, et même de façon maladroite, au risque de tomber qui plus est !

— Tomber ? Comment ça ?

— Eh bien, c'est-à-dire que l'agnostique accepte le fait de ne pas savoir, au risque de se tromper. C'est aussi cela : *ne pas avoir de certitudes* !

— Vous voulez dire que, moi qui suis athée, j'ai peut-être raison ?

— Peut-être, oui… à moins que non !

— Waouh !

— C'est un débat passionnant, pas vrai ? J'ai aussi retenu un passage magnifique, selon moi, où l'écrivain donne son point de vue final sur la question de Dieu. Il dit qu'il ne faut surtout pas commettre l'erreur de croire en Dieu…

— Il y va fort tout de même ! s'étonna Anna.

— … Tout comme ne pas commettre l'erreur de NE PAS croire en Dieu.

Elle resta bouche bée. Elle ne s'y attendait pas à celle-là.

— Quoi ? Qu'est-ce que Werber a voulu dire ?

— Que, dans ce domaine, la certitude est une impasse ! Qu'elle nous empêche de voir tous les signes qui pourraient nous diriger dans une autre direction. J'ai reproché cela à Monique un nombre incalculable de fois. Je me revois lui dire : « Tu es aveuglée par ce que tu crois ! » Vous savez, Anna, je vous ai dit qu'elle avait eu un arrêt cardiaque et que les médecins étaient parvenus à la réanimer.

Anna ralentit ostensiblement son pas.

— Oui. J'attendais que vous vouliez bien poursuivre votre histoire. Cela m'a beaucoup intriguée.

— Je suis désolé. Je ne pouvais pas pousser trop loin mon histoire avec vous sans, auparavant, vous connaître, disons, un peu mieux !

— Je comprends, ne vous en faites pas.

— Ce que je vais vous raconter… je ne l'ai jamais dit à personne. C'était un secret entre Monique et moi. Elle, cela ne l'aurait évidemment pas embêtée d'en parler à tout-va ! J'ai réussi à l'en dissuader. Nous sommes dans un petit village ici, on l'aurait vite prise pour une folle.

Jacques repassa la scène dans sa tête. Il s'en souvenait comme si c'était hier. Quand il eut enfin le droit de voir sa femme, dans la chambre d'hôpital, il eut le choc de sa vie.

— Elle était intubée et clouée au lit. Moi, on m'avait transporté dans un fauteuil roulant jusqu'à sa chambre. Quand je suis entré, elle s'est tournée vers moi avec un sourire à décrocher la lune. Je suis resté muet d'étonnement. L'infirmière m'a poussé jusqu'à son lit. Là, elle a pris ma main dans la sienne et m'a dit : « Je savais que tu étais vivant, Jacques ! ». Je lui ai demandé qui lui avait transmis cette information, mais elle ne m'a pas répondu. Elle s'est adressée à l'infirmière en lui demandant si elle pouvait nous laisser seuls. L'infirmière s'est éclipsée et Monique a serré ma main avec une force surprenante.

Jacques aperçut un gros tronc d'arbre couché sur le bord du sentier. Il le désigna de la pointe de l'index :

— Anna, si ça ne vous fait rien, posons-nous un moment sur ce banc naturel et providentiel.

La jeune Parisienne, constatant que le tronc se trouvait dans une zone ombragée, fut ravie de la proposition du vieux normand. Une fois assis, Jacques poursuivit :

— Dès que nous nous sommes retrouvés seuls dans la chambre, elle m'a dit : « Jacques, j'ai vécu une expérience extraordinaire ! Je suis allée voir de l'autre côté et… et… j'ai vu Louise. »

Anna écarquilla les yeux, mais ne broncha pas. Jacques continua son récit :

— Je me suis dit que c'était l'effet des sédatifs, des médicaments, sans compter le choc de l'accident. Bref, c'était du délire, mais je n'allais pas la contrarier dans un moment pareil. Je lui ai répondu que l'on en reparlerait plus tard quand elle irait mieux.

— Et vous en avez reparlé par la suite ?

— Oui. C'était bien après, plusieurs semaines après sa sortie de l'hôpital. Moi, je suis rentré à la maison avant elle. Ma fracture à la jambe ne nécessitait pas un suivi hospitalier. Paul, mon beau-frère, m'a très vite raccompagné chez moi. Monique, elle, devait rester en observation pendant quelque temps. C'est la règle quand un patient a subi un arrêt cardiaque. D'autant qu'elle avait eu un choc à la tête et que les médecins devaient surveiller ça aussi. Je suis resté seul pendant plusieurs semaines. Avec ma jambe, je ne pouvais pas me déplacer tous les jours pour lui rendre visite. Mon beau-frère venait me chercher le samedi et nous allions la voir ensemble. Je dois dire que cela m'arrangeait bien, en présence de son frère, elle n'abordait pas le sujet.

— Et le téléphone ? Vous ne l'appeliez pas ? demanda Anna, surprise.

— Si, bien sûr ! Cependant, nous avions convenu, d'un commun accord, que l'on parlerait de son expérience de vive voix.

— Ah bon ?

— Sauf qu'évidemment, Monique n'a pas respecté ce pacte. Le soir même où j'étais revenu à Gonneville, je l'appelais pour lui dire que j'étais bien arrivé. Ni une, ni deux, elle a tout de suite abordé le sujet. Il fallait qu'elle me parle de son expérience, c'était d'une extrême importance. Moi, qui avais déjà du mal à retrouver un peu de calme. Avec l'accident, je n'étais vraiment pas bien dans mes souliers. Je culpabilisais parce que j'avais insisté pour rentrer ce soir-là alors que Paul, mon beau-frère, nous avait proposé de rester dormir chez lui. Bref, j'ai bien tenté de repousser l'échéance, mais ce fut peine perdue. Monique était dans un état d'excitation… calme.

— Comment ça ?

— Oui, je sais bien que c'est paradoxal. Comment dire ? Elle n'était pas dans un état de surexcitation ou quelque chose comme ça, non. Ce qui était le plus frappant, c'était cette énergie qui émanait d'elle. Elle rayonnait. Comment expliquer qu'on peut sentir qu'une personne rayonne à travers le téléphone ? Je ne peux pas l'expliquer. C'est pourtant ce que je ressentais à cet instant.

Anna osa la question qui lui brûlait les lèvres depuis plusieurs minutes.

— Monique a vécu une NDE, n'est-ce pas ?

— Ah ! C'est vrai, vous m'aviez dit que vous connaissez ce type d'expériences !

— Oui. Pour mon magazine, il y a déjà eu plusieurs articles sur ce sujet. Je n'y ai jamais participé directement, mais, avec les collègues, on en a déjà parlé. Les avis étaient partagés sur la question.

Jacques haussa les épaules.

— Cela ne m'étonne pas ! Quand je vais vous raconter tout ce que Monique m'a révélé, vous n'allez pas en croire vos oreilles !

Il se leva brusquement.

— De parler comme ça tout en marchant… Pfff… J'ai la gorge sèche ! J'ai soif ! Pas vous ?

— Euh…

— … Allez, on retourne à Honfleur. Je vous offre un verre !

22

Ludivine Berthelot tempêtait   derrière son bureau. Antonio, son collègue, n'avait pas osé l'approcher depuis l'ouverture de l'agence. De toute évidence, quelque chose la contrariait. Même la patronne avait eu droit à sa mauvaise humeur. Madame Guerrier avait bien tenté une approche en douceur pour savoir ce qui n'allait pas, mais elle s'était fait envoyer promener. La directrice de l'agence s'était alors rabattue vers Antonio, mais lui non plus ne savait pas quelle mouche avait piqué Ludivine ce matin-là.

— Elle est peut-être indisposée ? supposa le jeune stagiaire.

Cela n'eut pas l'air de convaincre la patronne qui décida de crever l'abcès et pria son employée de bien vouloir la suivre dans son bureau. Ce qu'elle fit, mais de mauvaise grâce.

Madame Guerrier pointa la première des chaises *Ikea* qui trônaient devant son bureau. Elle fit le tour et s'installa dans SON magnifique siège de bureau *ITO Design*, conçu à partir de l'étude de l'ergonomie du corps humain et... du sien plus particulièrement. Du sur mesure qui lui avait coûté un bras. Du gâchis de l'avis de ses trois employés étant donné le peu de temps que passait la patronne dans son bureau.

— Qu'est-ce qui vous arrive, Ludivine ? attaqua Véronique Guerrier.

Ludivine fulminait toujours. Premièrement, elle n'avait pas envie de discuter aujourd'hui, même pas avec Antonio, alors avec la boss... Deuxièmement, elle sentait qu'elle aurait du mal à se contenir, il y a des jours comme ça. Un instant où le masque risque de tomber, les filtres de voler en éclats.

— Je ne vois pas ce que vous voulez dire, madame ! répliqua Ludivine.

Véronique Guerrier, voyant l'évident manque de bonne volonté de son employée, haussa le ton :

— Vous plaisantez ? Même Antonio, qui, vous le savez, vous adore... vous évite depuis ce matin ! Vous êtes une vraie porte de prison aujourd'hui ! Vous nous parlez sur un ton extrêmement désagréable, et vous me dites que... vous ne voyez pas ce que je veux dire ?

Ludivine continua dans la même direction.

— Pardonnez-moi, madame, mais il s'agit d'une affaire privée et je n'ai aucune envie d'en discuter avec quiconque !

La patronne poussa sur ses jambes pour faire avancer son siège d'une trentaine de centimètres vers l'avant.

— Mouais ! Sauf que, ici, vous êtes sur votre lieu de travail ! Et que votre *vie privée* vient empiéter sur votre vie professionnelle, la nôtre, et celle de nos clients ! grogna Véronique. Sa vie privée, on la laisse devant la porte de l'agence en entrant, et on la récupère en partant à la fin de la journée.

Ludivine ne se laissa pas désarçonner par cette remarque piquante.

— Je ne crois pas avoir été désagréable avec le moindre client, aujourd'hui !

— Admettons ! Cependant, votre manque d'entrain et

d'envie se ressent à des kilomètres. Votre dernier client a quitté l'agence sans acheter le moindre séjour ! Cela ne vous arrive quasiment jamais ! Est-ce que je me trompe ?

Si vous saviez ce que j'en ai à faire de vos clients, pensa Ludivine.

— Je ne suis pas responsable des décisions des clients, madame. Je pense avoir fait mon travail correctement. Ce n'est pas de ma faute si, au dernier moment, le client a préféré réfléchir avant d'acheter ce voyage en Grèce. Du reste, il n'a jamais affirmé qu'il ne validerait pas la commande. Il a juste dit qu'il avait encore besoin d'un temps de réflexion, étant donné le budget conséquent pour ses petits moyens.

La patronne n'en croyait pas ses oreilles.

— Ludivine ! Vous croyez vraiment que vous allez vous en sortir avec de telles pirouettes.

Cacahuète, pensa Ludivine. Jamais contente celle-là !

Professionnellement, Ludivine pouvait s'enorgueillir d'avoir un très haut rendement, bien plus qu'Antonio, voire même que Carl. D'ailleurs, où était-il celui-là ? Encore en train de courir après sa belle au bois dormant... Il lui avait envoyé un texto aussi grotesque que maladroit : « J'ai un problème personnel à régler. Peux-tu me couvrir auprès de la boss ? Dis-lui que je suis sur une visite d'un camping ou d'une résidence de vacances, OK ? Merci. Je te revaudrai ça. Carl. »

Qu'était-elle censée faire ? Sourire ? Faire comme si de rien n'était ? Qu'avait-il dit la dernière fois déjà : « Nous n'avons jamais été ensemble ! Nous avons juste couché ensemble. Cela n'a rien à voir, Ludivine !». Quel enfoiré, celui-là ! pensa Ludivine. Encore un qui s'imaginait qu'on pouvait la manipuler sans vergogne. Mais pas sans conséquence ! Il allait se rendre compte qu'elle n'était pas la ravissante idiote à laquelle il croyait avoir affaire.

Alors en guise de réponse, elle avait envoyé un simple : « *non.* »

Il avait dû l'avoir mauvaise, c'était certain. Son portable avait aussitôt bipé : « *Qu'est-ce qu'il te prend, Ludivine ? STP, je te revaudrai ça, OK ?* »

Elle avait l'avantage tout à coup. Elle répondit : « *En échange, tu m'invites à dîner !* ».

Depuis plus d'une heure, elle attendait sa réponse. Mais toujours rien.

— Ludivine, vous m'entendez ? demanda madame Guerrier, n'obtenant pas de réaction de la part de sa subalterne.

— Oui.

— Et c'est tout ?

Ludivine se figea, crispée, mais déterminée.

— Pourquoi Carl n'est-il pas là, aujourd'hui ?

— Eh bien… parce qu'il est sur une visite d'une nouvelle résidence de vacances, c'est vous-même qui m'en avez parlé ce matin ! rétorqua Véronique.

— Je vous ai menti ! avoua Ludivine.

— Quoi ?

— Oui. C'est Carl qui m'a demandé de le couvrir. Tenez ! Regardez le SMS qu'il m'a envoyé ce matin, jubila Ludivine, des flammes dans les yeux.

Véronique Guerrier consulta le téléphone portable de Ludivine Berthelot.

— Ludivine ?

— Oui !

— Pourquoi me dire cela maintenant, plutôt que ce matin ? J'avoue ne pas comprendre.

Ludivine récupéra son smartphone et le rangea dans sa poche.

— Parce que vous me demandiez quelle était la raison de ma mauvaise humeur. Voilà, maintenant vous savez pourquoi. Et puis, vous venez de dire que notre vie privée ne devait pas interférer avec notre vie professionnelle, n'est-ce pas ?

Pan ! Dans les dents.

Ludivine jubilait intérieurement. Prendre la boss à son propre jeu était un plaisir délectable. Avec Antonio, Ludivine avait pour habitude de surnommer sa patronne *La Guerrière*. C'était amusant et pas méchant. En plus, ça collait vraiment avec son véritable nom. Véronique Guerrier était une patronne modèle. Une femme forte qui faisait l'admiration de Ludivine qui, au début de sa carrière, avait trop souvent souffert du machisme de ses collègues masculins. Allez savoir pourquoi bon nombre d'entre eux n'avaient toujours eu qu'une idée en tête : coucher avec elle. Si encore, il n'y avait eu que ça ! Mais non, c'était encore pire avec les anciens patrons des différentes agences pour lesquelles elle avait travaillé au cours de ces dix dernières années. Là, on était carrément dans du véritable harcèlement, à l'époque le *#BalanceTonPorc* lui aurait été bien utile, ce lieu d'expression sur Internet où la parole des femmes s'est libérée, conséquence du scandale Weinstein aux États-Unis. Là, elle aurait pu exprimer son dégoût envers ces vieux salopards lui faisant miroiter une possibilité rapide d'avancement en échange d'un passage sous le bureau.

Ludivine n'était pas farouche, mais elle avait des principes : ne jamais coucher si on n'en a pas envie. Cela lui avait valu des années sans promotion. Presque dix ans à ronger son frein et à se voir coiffer au poteau par des collègues masculins bien moins compétents qu'elle ne l'était, elle. Puis un jour, elle s'était fait démarcher par Véronique Guerrier qui ouvrait une agence de voyages parisienne, après celle qu'elle possédait déjà en province. En moins de temps qu'il n'en avait fallu pour le dire, Ludivine avait envoyé bouler toute la clique masculine pour passer chez la concurrence. Elle avait fait connaissance avec sa nouvelle patronne, puis ses nouveaux collègues fraîchement engagés, tout comme elle. Elle s'était tout de suite parfaitement entendue avec Carl, un homme doux, gentil… et terriblement séduisant. Plus récemment était arrivé un jeune stagiaire, Antonio. Un très jeune homme, au comportement très proche du sien. Un collègue qui raffolait des ragots. Une aubaine pour Ludivine qui avait trouvé là son alter ego.

En définitive, son arrivée dans l'agence de voyages de Véronique Guerrier constituait un renouveau appréciable, d'un point de vue professionnel bien sûr, mais aussi personnel. Carl Pessoa était différent des autres hommes qu'elle avait l'habitude de fréquenter. D'abord, il semblait ne pas s'intéresser à elle, est-ce pour cela qu'elle avait décidé de jeter son dévolu sur lui ? Elle n'aurait su le dire. Elle s'était très vite renseignée sur lui : Carl était seul. Aucune femme à l'horizon. Elle prit donc soin d'entamer alors une campagne de séduction massive qui devait finir par le faire craquer. Au bout de plusieurs semaines éprouvantes, parce qu'infructueuses, Ludivine décida d'accélérer le processus : elle invita Carl à boire un verre, un soir, après le travail. Le beau brun, surpris, balbutia quelques réserves qui n'eurent aucun effet sur la détermination de Ludivine qui décida qu'il avait répondu par l'affirmative. Pendant toute cette journée, elle multiplia les provocations : regard de braise et battements de cils langoureux dès qu'il se tournait vers elle, démarche sensuelle et provocante quand elle passait devant son bureau, boutons de son corsage défaits dévoilant un décolleté généreux, maquillage type « séduction intensive ». Bref, toute la panoplie au service de son entreprise : faire craquer Carl.

Comme Carl n'avait pas eu de liaison depuis plusieurs mois, que Ludivine était une très jolie femme : blonde, grande, fine, souriante, et qu'en plus, lors de cette journée, elle devint très avenante… il oublia un de ses principes fondamentaux : jamais avec une collègue.

Comme convenu, ils allèrent boire un verre en sortant de l'agence. Ce fut un moment délicieux et très agréable, ponctué d'éclats de rire, de quelques anecdotes personnelles, puis plus intimes. Aidé par les verres d'alcool et l'ambiance chaleureuse, Carl se détendit progressivement. Là, Ludivine, agissant à contre-courant de ses habitudes, demanda à Carl de la raccompagner à son domicile, ce qu'il fit de bonne grâce. Arrivés à destination, elle lui proposa de monter pour un dernier verre. Celui-ci terminé, la soirée s'enflamma lorsque Ludivine décida que le jeu avait assez duré et qu'elle ôta sa petite robe d'été. Carl ne résista pas à l'assaut fiévreux de sa collègue. Ludivine l'entraîna dans un brûlant corps-à-corps rageur et animal. Après plusieurs « rounds » furieux, les deux amants finirent par s'endormir peu avant l'aube.

Le lendemain, Ludivine était tombée amoureuse. Elle pensait sincèrement avoir tiré le gros lot avec Carl : un très bel homme, gentil, prévenant, doublé d'un amant extraordinaire. Il ne manquait plus que le paquet cadeau et c'était Noël ! Tout était au beau fixe, les deux collègues entretinrent une relation pendant près de deux mois… jusqu'au jour où elle lui révéla la nature de ses sentiments. Elle l'aimait. Le changement fut, pour Ludivine, aussi inattendu que brutal. Lui ne l'aimait pas. Enfin, pas de la même façon. Elle rêvait d'une véritable relation amoureuse, ce qu'il ne pouvait lui donner. On dit toujours que l'amour ne se commande pas. Quelle connerie ! Pour Ludivine, puisqu'elle était tombée amoureuse de Carl, la réciprocité devait aller de soi. Comment cela pouvait-il ne pas être le cas ? Elle avait bien tenté d'obtenir une réponse, mais n'avait récolté que le silence de Carl qui avait dès lors mis une distance entre eux.

Les semaines qui suivirent furent pénibles pour Ludivine. Heureusement, elle avait Antonio près d'elle : il l'écoutait avec patience et bienveillance. Elle, profitant des sorties de Carl à l'extérieur en recherche de nouvelles destinations et partenariats, ne cessait de chercher du réconfort auprès du jeune stagiaire. Les ragots sur les célébrités du « show-biz » n'avaient plus les faveurs des deux collègues, il n'était plus question que de Carl et de son attitude inacceptable.

Le temps guérit les blessures, paraît-il. C'est ce qui semblait se produire pour Ludivine qui, petit à petit, allait mieux. Entre Carl et elle, il n'était plus question que de simples relations professionnelles, leurs échanges au sein de l'agence retrouvaient, au fil des semaines qui s'égrainaient, une certaine normalité. Ludivine s'étonnait de ne pas ressentir de haine pour son lâcheur. Antonio lui avait expliqué que cela était probablement dû au fait que Carl n'était sorti avec aucune autre femme depuis la fin de leur relation. Peut-être le jeune stagiaire avait-il raison ? Sauf que là, les choses étaient sur le point de changer. Carl avait des vues sur une autre femme. Bien sûr Ludivine n'avait rien vu ni entendu et… Carl n'avait pas pipé mot, pourtant, elle en était persuadée, c'était certain, il en fréquentait une autre. Cela la mettait dans tous ses états. Le SMS de Carl avait achevé de mettre le feu aux poudres.

— Vous allez bien, Ludivine ? demanda Véronique Guerrier, tirant à nouveau son employée de sa rêverie éveillée.

Ludivine chassa les images de son esprit. Elle visualisait Carl avec une jolie brune… aux yeux verts ? Ou bien avait-elle les cheveux roux ? Il ne manquerait plus qu'elle soit blonde… comme elle ? Non, elle ne supporterait pas cet ultime affront.

— Ludivine ? insista la directrice de l'agence de voyages.

Elle cligna des yeux avant de répondre à sa patronne :

— Oui ! Pardon ! J'étais dans mes pensées, s'excusa-t-elle.

— Vous pouvez le dire, en effet ! Bien… écoutez, Ludivine, je vous suggère de vous ressaisir et de vous concentrer sur votre travail. Tant que Carl fait bien le sien, et jusqu'à présent je ne peux que me féliciter de ses résultats, je n'ai pas à sanctionner ses absences du bureau. Après tout, c'est lui qui fait le plus de visites à l'extérieur pour ajouter des lieux de vacances et de nouvelles destinations sur notre catalogue, exact ? Sans compter qu'il a décroché trois très grosses affaires ce mois-ci, je n'entrerai pas dans des considérations qui ne feraient qu'apporter des tensions entre nous tous ! J'ignore pourquoi vous m'avez raconté cela, et je ne veux pas le savoir. Je vais faire comme si vous ne m'aviez rien dit. Par ailleurs, je souhaite que vous retourniez dans l'arène, prête à combattre et à faire votre maximum. Allez, au boulot ! Vos trois semaines de vacances d'été ne sont que dans dix jours ! D'ici là, je compte sur vous pour vous rabibocher avec vos collègues. Ai-je été assez claire ? demanda Véronique Guerrier.

Et si j'envoyais Mémé dans les orties ? pensa Ludivine avant de se raviser. Elle n'allait pas s'accrocher avec La Guerrière. Une chose à la fois. Pourtant, depuis quelque temps, c'était elle, Ludivine, qui se sentait devenir une guerrière. Elle n'avait rien contre sa directrice, mais à l'horizon de ses trente ans, elle avait décidé de… changer. Une évolution fracassante, mais nécessaire. La ravissante idiote tirait sa révérence. Place à la nouvelle Ludivine ! Moins conciliante et plus farouche. Enfin, bientôt… mais pas encore.

— Oui. C'est très clair. Je peux retourner travailler, madame ?

Véronique tendit la main vers la porte.

— Bien entendu !

Ludivine quitta le bureau de sa patronne avec un air nouveau. Elle ne tremblait pas, ne craignait rien, restait centrée sur ce qui la préoccupait depuis la réception de son texto : Carl.

Sous le regard inquisiteur d'Antonio qui était persuadé qu'elle en avait pris pour son grade face à la boss, Ludivine revint s'installer face à son ordinateur. Elle fit un geste de la main, comme si elle écartait une mouche bourdonnante et pénible, en direction d'Antonio qui détourna le regard et décida de bouder.

Elle consulta son smartphone : rien ! Aucune réponse de Carl. Celui-là, il ne perdait rien pour attendre. Si jamais il… (son téléphone bipa) :

«Je t'invite à… boire un verre, si tu veux ? Demain ? Carl».

Non, mais quel mufle ! Boire un verre… Pourquoi pas un simple café à la machine à expresso de l'agence !

Elle respira profondément pour chasser sa colère. Elle avait tout à coup une envie de vengeance. Elle observa son collègue Antonio qui continuait de bouder. Son look efféminé lui donna une idée : et si elle inscrivait Carl Pessoa avec son adresse mail et son mot de passe à elle, pour qu'il ne puisse pas se désinscrire, sur un site de rencontre… gay ? Ce serait facile. Elle pourrait ajouter le numéro de portable privé de Carl dans les paramètres de confidentialité. En plus, elle avait gardé quelques photos très sexy de son ancien amant, ça ferait bien l'affaire dans la page de présentation.

Antonio, qui était plus curieux que boudeur, risqua un coup d'œil en direction de sa collègue et fut surpris de la voir tapoter frénétiquement sur son clavier en fixant intensément son écran, un sourire carnassier accroché aux lèvres, qui déformait effroyablement son visage.

23

Carl Pessoa marchait d'un pas rapide sur la chaussée, évitant de bousculer les passantes endimanchées du seizième arrondissement parisien qui consultaient leur téléphone portable en oubliant de regarder droit devant elles.

Lui-même n'y voyait pas très clair concernant le comportement de Ludivine qui venait de refuser de couvrir son absence à l'agence. Il relut le SMS pour être sûr de ne pas faire d'erreur. Les réactions de sa collègue de travail étaient de plus en plus imprévisibles et il peinait à comprendre ses motivations. Elle exigeait qu'il l'invite à dîner en échange ! Il stoppa sa marche en avant.

Il transpirait. Était-ce la chaleur moite de ce mois de juillet estival ou plutôt le stress qu'il ressentait à l'idée de se trouver face à face avec la mère de celle qui ne quittait plus ses pensées ? Sans doute un peu des deux. En tout cas, il ne l'avait pas vu venir. Ainsi, Catherine Wells n'était pas cette jeune femme dont il était tombé amoureux sans même la connaître. Non. Il s'agissait de sa mère. C'était aussi inattendu qu'imprévisible. D'ordinaire, on rencontre les parents de la personne aimée après un certain temps. On se fréquente, on passe du temps ensemble. Et puis, un beau jour… on franchit le pas et on est présenté aux parents de son amoureuse. Enfin, dans un monde normal. Lui, cela faisait quelques semaines qu'il avait quitté la normalité. Il allait d'abord rencontrer la mère de celle pour laquelle il vibrait secrètement. De plus, LA personne en question n'était même pas au courant des sentiments qu'il éprouvait pour elle.

Alors qu'il s'approchait du 79 rue de Passy, l'adresse de la boutique de Catherine Wells, il réduisit inconsciemment son allure. Le pas hésitant et de plus en plus court, il avait l'esprit en ébullition. Comment avait-il pu se fourrer dans une telle situation ? Cela dépassait vraiment tout ce qu'il avait pu imaginer.

Merci madame Da Costa ! On peut dire que vous m'avez mis dans de beaux draps. La propriétaire de la place de parking B31 n'est pas MA mystérieuse inconnue… mais sa mère !

Parvenu à quelques encablures de la parfumerie, il s'arrêta face à une vitrine pour s'observer avant la rencontre. Il ne voulait pas faire mauvaise impression. Il sortit un mouchoir en papier – puisque c'était Anna qui détenait son mouchoir brodé – et s'épongea le front. Rassuré, il poursuivit son chemin jusqu'à un banc public où il s'immobilisa avant de s'asseoir. Il s'empara de son portable et composa le numéro de Catherine Wells, sa gorge était sèche comme du papier buvard.

Deux sonneries puis un clic indiquant que son interlocutrice avait décroché.

— Allo ?

Carl déglutit avant de répondre :

— Euh… Madame Wells ?

— Oui !

— C'est Carl… Carl Pessoa. Je vous appelle pour vous dire que je suis arrivé et…

— Où êtes-vous ? demanda Catherine Wells.

— Eh bien ! Je suis… juste en face de votre boutique.

Catherine Wells regarda sa montre avant de répondre :

— Parfait ! J'arrive d'ici cinq minutes… indiqua-t-elle avant de raccrocher.

Carl avait l'impression d'être un adolescent invité chez les parents de sa petite copine. Il fallait qu'il se calme et retrouve une certaine prestance. Pas question de passer pour un type peu sûr de lui. Après tout, il n'avait rien demandé d'autre que… est-ce qu'il lui avait déjà parlé du mouchoir brodé ? Il ne s'en souvenait plus. Il respira profondément à plusieurs reprises pour retrouver un peu de calme. Il sentait des perles de sueur couler dans son dos. Il s'épongea une nouvelle fois le front avant que la mère d'Anna ne sorte de sa boutique.

Disposant de cinq minutes avant que Catherine Wells ne le rejoigne, Carl en profita pour répondre à Ludivine. Pas question de l'emmener dîner, cela équivaudrait à renouer avec elle, c'était hors de propos. Il avait mis fin à leur relation qui ne menait nulle part, ce n'était pas pour lui laisser planer le moindre doute. Il tapota sur son écran : « Je t'invite à… boire un verre, si tu veux ? Demain ? Carl. » À contrecœur, il appuya sur la touche d'envoi.

*

À peine cinq minutes s'étaient écoulées quand Carl aperçut Catherine Wells franchir le seuil de la boutique de parfums. Elle pointa son regard immédiatement dans sa direction, il lui fit un petit signe discret. Elle traversa la rue et se planta droit devant lui en lui tendant la main.

— Bonjour, vous devez être Carl ? Je suis Catherine Wells, enchantée de faire votre…

Alors qu'ils échangeaient une poignée de main franche et cordiale, elle se figea soudain, incapable de finir sa phrase face au jeune homme qui s'empressa de couvrir le blanc.

— Bonjour madame, je suis Carl Pessoa et je vous remercie beaucoup d'avoir bien voulu me…

— On se connaît ?

Carl fronça les sourcils, ne pouvant masquer sa stupéfaction.

— Non. Je ne crois pas.

Catherine scruta son visage.

— Je suis certaine que je vous ai déjà vu quelque part !

Carl Pessoa détailla à son tour Catherine Wells. Non, il ne l'avait jamais vue auparavant. C'était une jolie femme, proche de la cinquantaine et d'allure élégante. Il était plutôt physionomiste et, s'il l'avait déjà rencontrée, il ne l'aurait pas oubliée.

— Je travaille pas très loin d'ici, dans ce quartier. Il est possible que vous m'ayez aperçu dans la rue.

— Non. Pas dans la rue. J'en suis sûre !

Carl ne savait pas trop comment réagir. Que dire et quoi faire dans une telle situation ? Il était plutôt embarrassé.

— Je déjeune souvent dans le coin. Peut-être m'avez-vous vu dans une des brasseries qui pullulent dans ce quartier ?

Catherine tentait de se remémorer où elle avait bien pu le voir avant ce jour, mais ne trouvait pas.

— Peut-être bien… mais cela ne me dit rien ! répondit-elle, contrariée de ne pas se souvenir. Elle avait pourtant la mémoire des visages et était persuadée d'avoir déjà vu ce jeune homme avant aujourd'hui.

— Alors ? Que fait-on ? demanda poliment Carl.

Catherine cligna des yeux pour chasser le trouble qui l'envahissait.

— Oui. Excusez-moi, c'est que je suis tellement certaine de vous avoir déjà vu que... bref, pardon ! Allons à l'Aéro, c'est un Café-Bar-Restaurant où je vais souvent, il est juste là, indiqua-t-elle en tendant l'index vers une terrasse visible à une centaine de mètres de la parfumerie, située rue de l'Annonciation. Carl constata qu'il disposait d'un grand terre-plein sur la petite place de Passy.

Arrivés à destination, un serveur leur proposa une table dans un coin ombragé. Ils s'assirent l'un en face de l'autre tandis que le garçon de café s'adressa à Carl :

— C'est pour déjeuner ?

Carl interrogea Catherine du regard qui, voyant son embarras, lui demanda :

— Vous avez déjà déjeuné, Carl ?

Il hésita à répondre. La question était de savoir si ELLE avait déjà déjeuné.

— Eh bien... Euh... En fait, non.

— Parfait ! s'exclama Catherine. Moi non plus. On va manger un petit quelque chose !

Le serveur tendit un menu à chacun de ses deux nouveaux clients.

— Je vous laisse choisir et je reviens dans un instant, dit-il.

Catherine consulta le menu tout en continuant à observer Carl du coin de l'œil, pendant que lui-même choisissait son plat.

La terrasse occupait presque tout l'espace du trottoir, suffisamment large pour ne pas voir les passants déambulant le long de la rue, mais aussi les voitures dont le va-et-vient permanent ne cessait que lors des quelques instants où le feu, juste à l'angle du terre-plein central, passait au rouge. Les tables rondes métalliques et les chaises en rotin rendaient l'endroit charmant, dommage que l'affluence, à l'heure du déjeuner, obligeait à une certaine promiscuité. Heureusement quelques bacs à fleurs savamment disposés atténuaient quelque peu l'impression de confinement, tout en préservant un semblant d'intimité aux clients.

Quelques minutes plus tard, le serveur revint avec son petit carnet, prêt à prendre la commande.

— Je vais prendre une quiche végétarienne avec une salade verte ! dit Catherine.

— Bien, madame. Et pour monsieur ?

Carl sortit la tête du menu :

— Une salade « Club » pour moi ! Merci.

— Que désirez-vous boire avec ceci ? demanda le serveur.

— Je ne sais pas ! Que voulez-vous boire, madame Wells ? demanda Carl.

— Carl, je vous en prie, appelez-moi Catherine. Se tournant vers le serveur, elle continua : je voudrai un verre de rosé frais, s'il vous plaît.

— Très bien. Et vous monsieur ? questionna le serveur.

— Une bière. Une *Affligem.*

— 25 ? 40 ? 50 ?

— 25 centilitres, ça ira très bien ! affirma Carl.

Le serveur les remercia en récupérant ses menus. Quand il fut assez éloigné, Catherine, voyant la gêne qu'éprouvait son jeune voisin de parking, tenta de détendre un peu l'atmosphère.

— J'ai une de ces faims ! Pas vous ?

— Euh… si, un peu.

Le serveur revint prestement avec les boissons.

— Le verre de Côte de Provence pour madame, voilà ! (Il déposa le verre à pied devant Catherine.) Et l'Affligem pour monsieur !

— Merci ! dit Carl.

Quand ils furent à nouveau seuls, Catherine but une gorgée de vin et attaqua :

— Alors, dites-moi, Carl, vous me disiez au téléphone que vous aviez tenté de... consoler ma fille qui pleurait alors que vous dîniez dans le même restaurant qu'elle, c'est bien ça ?

Carl humidifia sa gorge avec une gorgée de bière avant de répondre.

— Exactement.

— Et elle a eu peur de vous ?

— Non, du moins pas vraiment. Elle s'est essuyé les yeux avec le mouchoir que je lui avais proposé, et quand je lui ai demandé ce qui n'allait pas... elle s'est enfuie précipitamment.

Catherine resta silencieuse. Elle paraissait réfléchir intensément.

— J'ai hésité à la suivre. J'aurais pu sans difficulté. D'autant qu'elle s'est arrêtée pour régler son addition au comptoir. Je ne sais pas pourquoi, mais je suis resté prostré, me contentant de la regarder. Elle semblait tellement paniquée par... par moi, peut-être ? Je n'ai pas osé l'effrayer davantage.

Catherine resta muette. Elle tentait de déterminer ce qui avait conduit Carl à prendre contact avec elle.

— Mais quel rapport avec le parking ? demanda-t-elle.

— J'allais y venir. **Je travaille dans l'agence de voyages au coin de la rue où se situe votre parking...**

enfin celui de votre fille… ou des deux ?

— L'appartement et le parking sont à mon nom, mais c'est ma fille qui en a l'usage, rectifia Catherine Wells.

— Je vois.

Catherine se creusait les méninges pour tenter de se rappeler où elle avait déjà vu ce jeune homme, en pure perte. Cela finirait bien par lui revenir, du moins l'espérait-elle.

Carl poursuivit :

— Donc, comme je disais, il se trouve que je travaille dans l'agence de voyages située au bout de la rue où habite votre fille… Anna.

— J'avais compris, grommela Catherine, de plus en plus contrariée par le fait de ne pas identifier le visage de Carl que, pourtant, elle était sûre de connaître.

— Oui, pardon. Donc, le stationnement est une vraie plaie dans ce quartier. J'ai donc pris l'habitude de garer ma voiture dans un parking public, près de l'avenue Paul Doumer. Inutile de vous dire que cela coûte une fortune. Bref, lorsqu'un jour j'ai vu une petite annonce dans la rue, votre adresse par conséquent, j'ai tout de suite téléphoné et… le prix au mois n'avait rien à voir avec le parking public. Je n'ai pas hésité une seconde, et c'est ainsi que j'occupe depuis ce jour la place B27… qui se situe exactement en face de la place B31, elle-même occupée par la voiture de votre fille… euh… d'Anna.

L'arrivée du serveur fut providentielle pour Carl, qui, à mesure qu'il avançait dans le développement de son récit, se rendait compte de la voie sans issue vers laquelle il s'engageait. Le coup du mouchoir brodé pouvait encore passer avec madame Da Costa, dont la naïveté touchante n'avait d'égale que sa sympathie naturelle. En revanche, avec Catherine Wells, c'était perdu d'avance. Et puis, sa nervosité lui indiquait qu'il n'était pas sur le bon chemin. Il transpirait, avait le souffle court, devait faire des efforts considérables pour expliquer à madame Wells la situation. Bref, il s'était trompé de route. Il fallait se reprendre avant d'arriver au point de non-retour.

Le serveur déposa les plats et, comme s'il avait perçu que l'instant était important pour ses deux clients qui avaient interrompu leur conversation au moment de son arrivée, leur souhaita bon appétit puis s'éclipsa aussitôt.

Carl Pessoa était quelqu'un d'honnête. Ce qu'il était en train de faire lui posait un problème de conscience. Cette attitude ne lui ressemblait pas. Il ne pouvait s'empêcher de culpabiliser. De plus, Catherine Wells ne semblait pas être femme à avaler des couleuvres facilement. Cependant, était-il judicieux de dire à une mère que vous êtes tombé amoureux de sa fille dès le premier regard et que vous cherchez désespérément à la retrouver parce qu'elle a eu peur de vous et qu'elle s'est enfuie sans que même vous connaissiez son prénom ?

« Soyez vous-même, les autres sont déjà pris ! » disait Oscar Wilde. Cette citation résonnait dans la tête de Carl comme un mantra. Sauf que… Carl se demandait souvent qui il était vraiment. En cet instant, il n'en savait rien.

— Vous ne mangez pas ? demanda Catherine, tout en piquant dans sa quiche végétarienne.

Carl revint ici et maintenant, jeta un œil sur sa salade, procéda à un assaisonnement en règle avant de répondre :

— Si, bien sûr !

Catherine but une gorgée de rosé et demanda :

— Vous savez, Carl, de prime abord j'ai cru qu'Anna avait abîmé votre voiture et que vous souhaitiez la retrouver pour régler vos comptes.

Carl haussa les sourcils.

— Vraiment ?

— Oui, je vous assure.

— Eh bien, non, ce n'est pas du tout ça !

Il attrapa son verre d'Affligem et but à son tour, comme pour se donner du courage.

— Madame Wells, je suis très gêné parce que j'avais… enfin… j'avais préparé toute une histoire pour… euh… comment dire ? Ce n'est pas facile. Excusez-moi !

Carl soupira longuement. Comment peut-on expliquer quelque chose que l'on ne comprend pas soi-même ?

Catherine réprima une envie soudaine de prendre la main de Carl pour le calmer. C'était stupide. Pas de familiarité avec un inconnu. Pourquoi avait-elle ce sentiment de proximité avec ce jeune homme ? C'était vraiment un mystère.

— Que se passe-t-il, monsieur Pessoa ? demanda-t-elle.

Le jeune homme s'efforça de conserver son calme. Il ne pouvait plus faire machine arrière. Il décida d'opter pour la sincérité et advienne que pourra !

— Madame Wells…

— Appelez-moi Catherine, s'il vous plait !

— D'accord. Catherine… C'est délicat parce que je ne m'attendais pas à tomber sur vous quand j'ai téléphoné ! Je pensais avoir à faire à Anna. Vous comprenez ?

— Oui. Vous avez dû être déçu, évidemment.

— Ce n'est pas ce que je voulais dire. Pardon !

— Mais non, voyons, ne vous excusez pas. Je comprends parfaitement, je vous assure.

Comment se sortir de cette panade ?

— Comme je vous l'ai déjà dit, j'ai rencontré ces dernières semaines votre fille, Anna, à plusieurs reprises et totalement par hasard. La première fois à la Brasserie La Fabrica, puis dans le parking environ une semaine plus tard. En fait, je suis allé la voir parce qu'elle était assise en face de ma table et qu'elle pleurait…

— C'est d'ailleurs pour cela que j'ai voulu vous rencontrer, coupa Catherine Wells.

— Ah oui ? s'étonna le jeune homme.

— Oui.

— Je ne comprends pas ! dit-il.

— C'est normal. Aussi, je vais vous expliquer pourquoi j'ai voulu vous voir. Pour tout vous dire, ma fille a vécu une période très difficile dernièrement. Depuis très peu de temps - en fait c'est tout récent -, elle semble aller légèrement mieux. Du moins, c'est sans doute ce qu'elle tente de me faire croire. Le fait que vous l'ayez vue pleurer un soir, seule, dans une brasserie, m'indique que son état est toujours extrêmement fragile. Je l'ai laissée partir hier, en province. Mais j'ai peur d'avoir fait une erreur.

— Elle est partie ? s'inquiéta Carl.

— En effet. Elle s'est rendue en Normandie pour rencontrer quelqu'un. C'est pour son travail. Enfin… plus ou moins.

— Pour son travail ?

— Oui. Elle est journaliste.

— Oh ! C'est un beau métier, déclara-t-il.

— C'est vrai. Mais je vous ai coupé dans votre élan. Pardonnez-moi !

Carl avala quelques bouchées de sa salade Club, plus pour se donner une certaine prestance que par véritable faim. Il s'essuya la bouche avec sa serviette en papier avant de continuer :

— En définitive, madame Wells, comme je vous le disais, j'étais persuadé de contacter votre fille, et non vous, pour lui demander de…

Carl était tiraillé entre deux possibilités : soit il continuait son histoire bancale de récupération du mouchoir brodé par sa grand-mère, soit il disait toute la vérité au risque de passer pour un… type qui court après une jeune femme qu'il ne connaît même pas.

La vérité est toujours la meilleure option ! Où avait-il lu ça déjà ?

— Pour lui demander quoi ? demanda Catherine, visiblement agacée.

Carl hésita. Il se sentait comme la fois où il avait participé à une activité « saut à l'élastique » avec des amis. L'instant où vous avez déjà les chevilles attachées et que tout le monde attend que vous basculiez du pont vers le vide ! En bas : la rivière, sous le regard des copains qui vous encouragent à sauter. Surmonter sa peur et faire confiance à la résistance de l'élastique…

— Euh… Pour lui demander de bien vouloir me rendre mon mouchoir brodé, répondit-il mécaniquement.

Catherine Wells observa Carl avec des yeux ronds. Comment pouvait-il en être autrement ? Il avait failli. Il n'avait pas pu jouer franc-jeu. Il avait été si proche de tout lui dire. Lui avouer qu'il était tombé amoureux de sa fille dès qu'il l'avait aperçue, elle, et ses yeux humides et rougis ce soir-là, à la brasserie. Cela ne lui était jamais arrivé auparavant. Impossible à analyser. Impossible à maîtriser. Lui qui n'y croyait pas, était, depuis cette rencontre, bien obligé de reconnaître l'existence du « coup de foudre ».

— Votre mouchoir brodé ? reprit Catherine en avançant le menton vers Carl.

— Je comprends que cela puisse paraître saugrenu.

Vous devez savoir qu'il s'agit d'un cadeau de ma grand-mère et que j'y tiens. Mais pas seulement à cause de cela. En fait, ce mouchoir est une sorte de fétiche, un porte-bonheur si vous préférez ?

— Un porte-bonheur ?

— Oui. Ce serait trop long à vous expliquer, mais c'est un objet qui m'accompagne tout le temps. Il est lié à une histoire entre ma grand-mère et moi. Je l'avais lors du passage de mes diplômes, lors de l'examen de mon permis de conduire, lors de mon entretien d'embauche à l'agence.

— Là où vous travaillez ?

— Oui. Tout cela pour vous dire que ce petit morceau de tissu représente beaucoup plus pour moi et… Votre fille est partie précipitamment ce soir-là, l'emportant avec elle. J'en avais fait mon deuil, persuadé que j'avais peu de chance de la revoir un jour et de le récupérer, et puis…

Carl termina son verre.

— Et puis vous êtes tombé sur Anna, par hasard, dans le parking ! dit Catherine.

— C'est ça !

— Je vois.

Carl ne pouvait plus faire machine arrière. Il poursuivit. Après tout, c'était une demi-vérité… ou un demi-mensonge.

— Je me suis approché d'elle pour voir si elle me reconnaissait et j'allais lui demander si elle avait gardé mon mouchoir, mais… une nouvelle fois, elle a pris la fuite !

Carl s'écoutait parler et il n'était vraiment pas très fier de son choix. L'alternative consistait à dire toute la vérité, simplement. Pourquoi n'y était-il pas parvenu ? Mais madame Wells était la mère d'Anna, pas un ami à qui on raconte les derniers évènements de sa vie : le fait que, contre toute attente, on vient de s'enflammer pour une fille que l'on n'a jamais vue avant et dont on ne sait rien.

Catherine Wells s'efforçait de comprendre les motivations de Carl. Tout bien considéré, cela faisait tout de même beaucoup de bruit pour… pas grand-chose ! Un mouchoir brodé, il ne fallait tout de même pas exagérer. Quoique… elle aussi gardait certains souvenirs de son passé : des objets apparemment anodins, mais qui étaient autant de souvenirs d'un passé heureux. Dans un placard, elle avait gardé le rasoir électrique de son mari. Elle ne savait pas pourquoi, mais elle n'avait pu se résoudre à le jeter. Même chose pour ses raquettes de tennis, ses bracelets, ses montres. Pourquoi avait-elle gardé tout cela ? Difficile à expliquer, jeter tous ces objets familiers aurait été comme le voir, lui, partir une seconde fois. Elle n'avait pu s'y résoudre. Il ne fallait pas juger. Tous les efforts de Carl pour récupérer un simple mouchoir, fut-il brodé, paraissaient disproportionnés. Peut-être avait-il eu une relation très forte avec sa grand-mère, ou alors ce petit morceau de tissu possédait-il une histoire singulière ?

Cependant, Catherine était persuadée que Carl poursuivait un autre objectif que le simple fait de récupérer un bout de tissu. Peut-être en avait-il après Anna ?

Elle chassa cette pensée superflue de son esprit et déclara :

— Je peux peut-être vous aider à récupérer votre… bien. J'appellerai Anna et lui demanderai ce qu'elle a fait de… votre mouchoir. D'accord ?

Le serveur vint s'enquérir de la suite du déjeuner.

— Madame, Monsieur, désirez-vous un dessert ?

— Juste un café, merci ! répondit Catherine.

— La même chose ! dit Carl. Et l'addition s'il vous plait.

Le garçon de café débarrassa la table et s'éclipsa.

Le repas terminé, Carl raccompagna Catherine jusqu'à

sa boutique. Ils marchèrent côte à côte, en silence. Le jeune homme brûlait d'envie de tout dire, après tout quel mal y avait-il à tomber amoureux ? Un monde étrange, assurément, que celui où l'on ne peut même pas dire les choses telles qu'elles sont.

— Je vous appelle dès que j'ai des nouvelles ! déclara Catherine.

Carl tenta une ultime manœuvre :

— Vous pouvez donner mon numéro à Anna. Elle peut m'appeler quand elle le voudra.

Ah ! Voilà qui est intéressant ! pensa Catherine.

— Je verrai ce que je peux faire. Comme je vous l'ai dit tout à l'heure, ma fille est encore très fragile. Elle a vécu des moments très pénibles dernièrement.

Carl imagina ce qui avait pu se produire dans la vie de la jeune fille : une rupture douloureuse ? Peut-être avait-elle été trompée ou quittée ? La réaction inattendue d'Anna lorsqu'il s'était retrouvé face à elle pouvait aussi être la conséquence de maltraitance… voire même d'abus ?

Pourvu que ce ne soit pas le cas, se dit Carl mentalement.

— Je comprends. Faites ce que vous pouvez et dites à Anna que je suis désolé de lui avoir fait peur, telle n'était pas mon intention.

Il lui tendit la main pour la saluer avant de partir.

— Madame Wells, je vous remercie.

— Je vous en prie. Je vous tiens au courant.

— Très bien. Bonne fin de journée.

Il tourna les talons et s'éloigna d'une bonne centaine de mètres avant de se retourner et de faire un signe de la main.

C'est à cet instant précis que Catherine se rappela.

Comme un éclair d'orage qui perce la nuit, l'image nette du jeune homme lui revint en mémoire. Toute une scène défila dans sa tête. Oui… c'était bien lui !

Elle se prit la tête à deux mains. C'était aussi inattendu qu'inconcevable. Pourtant, elle en aurait mis sa tête à couper… c'était lui !

24

Frédéric Magnard, présentateur vedette de la chaîne de télévision France 2, n'avait pas eu la possibilité de vérifier ses e-mails depuis près de deux jours. C'était en partie de sa faute : il répugnait toujours à déléguer certaines tâches qui, pourtant, ne lui incombaient pas. Il n'avait pas dormi depuis plus de 24 heures et le manque de sommeil commençait sérieusement à se faire sentir. Des cernes sous les yeux ainsi que quelques bâillements inopportuns trahissaient sa fatigue. Perfectionniste à outrance, il avait supervisé le montage final de sa dernière émission, réduisant le chef monteur à la fonction de simple assistant.

En partance pour Nice, où il allait profiter de quelques jours de repos dans sa famille, il décida de combler l'attente interminable dans la salle d'embarquement de l'aéroport par la consultation de ses e-mails, ce qu'il n'avait pas fait depuis trop longtemps. Il passa rapidement tout ce qui n'était ni urgent ni important. Son filtre antispam ayant déjà fait une partie du travail de mise à la corbeille. Il glissa rapidement son doigt sur l'écran et consulta plusieurs mails de proches parents ou de collaborateurs. Au bout d'une dizaine de minutes, il avait fait le tour.

Disposant encore d'un bon quart d'heure, il consulta sa page *Facebook* et découvrit qu'il avait plusieurs messages affiliés via *Messenger*. Il passa rapidement sur plusieurs d'entre eux totalement inintéressants puis s'arrêta sur celui d'un expéditeur inconnu : *Anna Wells* ? Intrigué, il ouvrit le message :

« *Bonjour, monsieur Magnard, je suis journaliste pour un magazine de psychologie, je m'appelle Anna Wells et j'ai déjà pris RENDEZ-VOUS avec vous auprès de votre chargé de production. Il m'a mis en attente d'une réponse d'ici 4 à 5 semaines. Au cas où vous liriez ce message, voici mon adresse mail : awells@hotmail.fr. Il s'agit d'un entretien que j'aimerais avoir avec vous à propos du bonheur et de sa recherche permanente. Je sais que cette quête vous tient à cœur, vous avez prouvé à maintes reprises dans vos différentes émissions que cette démarche est aussi la vôtre. Dans l'espoir de vous lire via Messenger, je vous remercie. Anna Wells. PsychoMag.* »

Il relut deux fois le message pour être sûr d'avoir bien intégré la requête de cette jeune femme qui devait assurément être une journaliste. D'ordinaire son premier réflexe aurait été de ne pas donner suite. Il restait sur ses gardes avec les journalistes, la presse people ne l'avait pas épargné ces derniers mois. Il n'avait pas apprécié de voir sa vie privée s'étaler dans les tabloïds, mais c'était les risques du métier, le prix à payer, une sorte de rançon du succès et de la notoriété.

Il examina le message une nouvelle fois. Il s'agissait d'un magazine de psychologie, le plus connu en plus ! Et puis, cette personne souhaitait s'entretenir avec lui sur SON sujet de prédilection : la recherche du bonheur ! Tout un programme. Si d'aventure cette journaliste n'était pas pressée et n'était pas tenue à un agenda serré… cela pouvait être intéressant.

Il allait écrire une réponse lorsqu'une voix annonça dans le haut-parleur que les passagers de son vol Paris-Nice étaient attendus à la porte d'embarquement pour un décollage imminent. Tant pis, il s'occuperait de répondre au message de cette… Anna Wells, mais plus tard.

Frédéric Magnard rangea son iPhone dans la poche de

sa veste, attrapa son sac en bandoulière, se leva d'un bond et partit en direction de la porte d'embarquement indiquée par le haut-parleur. Quelques jours de repos allaient lui faire le plus grand bien…

25

Anna et Jacques avaient abandonné le Scénic à l'entrée de la ville. En ce début d'après-midi, Honfleur était agitée par les nuées de touristes qui allaient et venaient en tous sens. Anna pensa que, vu du ciel, cela devait ressembler à une fourmilière en effervescence.

— Regardez-moi ça, Anna ! fit Jacques Vaillant en montrant un attroupement impressionnant dépassant du trottoir et débordant sur la route.

C'était à cause du marchand de glaces. Le soleil tapait fort, faisant les affaires du glacier dont le rendement ne faiblissait pas depuis plusieurs jours.

— Vous en voulez une ? demanda Jacques.

— Non, merci. Vous avez vu la queue ! On en a pour une demi-heure en plein soleil !

Jacques acquiesça, déçu.

— Venez ! Moi, j'ai envie d'une bonne bière fraîche ! Je connais un bar au bout du quai où nous pourrons nous installer face aux bateaux.

Ils déambulèrent le long du quai Sainte-Catherine, longeant une multitude de bars, de cafés, de restaurants. Au bout de l'appontement, Jacques s'immobilisa devant le dernier établissement.

— Voici le *Vintage* !

Anna lut le nom du café-restaurant sur la devanture.

— Oui, je vois ça !

— J'ai mes petites habitudes, s'excusa-t-il. Cela vous convient-il ?

— Mais oui, cela m'a l'air très bien.

Ils s'installèrent en terrasse. La vue du bassin était quelque peu bouchée par une construction imposante, mais elle propageait une ombre bienfaitrice sur le vieux normand et la journaliste parisienne.

— Vous regardez cette vieille bâtisse ? demanda Jacques.

— Oui. Elle est magnifique !

— Elle vient d'être rénovée. Il s'agit de la *Lieutenance*. Vous l'aviez déjà vue ?

Anna se souvint qu'elle était passée sous l'arche de cette bâtisse lors de son arrivée, la veille, avant de se rendre à son hôtel.

— Oui. C'est vraiment magnifique.

— N'est-ce pas ! Il y a encore quelques années, c'était un chantier ! La rénovation a pris du temps, mais maintenant c'est de nouveau un régal pour les yeux. Vous savez d'où vient son nom ?

— La *Lieutenance* ?

— Oui.

— J'avoue que je n'en sais rien.

— Eh bien ce nom vient du fait que ce monument servait à partir du XVIIème siècle de logis au Lieutenant du Roi. Et je peux même affirmer que cette construction est le seul vestige important des fortifications de la ville datant du Moyen-Age !

Le garçon arriva pour prendre la commande de ses nouveaux clients.

— Pour moi, ce sera une bière ! Une pression bien fraîche s'il vous plait, commanda Jacques. Et vous Anna, que désirez-vous ?

— Juste un café, s'il vous plaît !

Le serveur rentra dans le bar. Jacques huma l'air ambiant avec un plaisir non dissimulé.

— Vous n'imaginez pas à quel point cela me manquait !

Anna parut étonnée.

— Quoi donc ?

— Mais, tout ça ! Sortir... Boire un verre en ville, aller déjeuner au restaurant, me promener dans Honfleur. Toutes ces choses que nous avions l'habitude de faire avec Monique. Ces petites routines avaient disparu de ma vie... en même temps que ma femme.

Anna prit le temps de réfléchir avant de répondre. On pouvait entendre alentour les gens qui discutaient tout en prenant un verre ou en marchant le long du quai. L'endroit était vraiment agréable et paisible.

— Jacques, dites-moi si vous voulez qu'on rentre.

— Rentrer ? Grand Dieu, non ! Pourquoi me demandez-vous cela ?

Anna se sentit quelque peu gênée.

— Parce que je ne veux pas être la brise qui souffle sur les braises de vos souvenirs douloureux, répondit-elle.

Jacques fronça imperceptiblement les sourcils.

— Oh ! Comme c'est joliment dit. Je vous rassure,

Anna, il n'y a aucun problème. Au contraire, cela me fait un bien fou de réapprendre à vivre. Monique est morte en avril dernier et il est grand temps que cesse mon deuil, si je puis m'exprimer ainsi.

Anna n'était pas totalement convaincue par les propos de son nouvel ami.

— C'est que… je ne veux pas raviver votre peine et…

— Stop ! N'allez pas plus loin, chère enfant, vous faites fausse route. D'une part, il est parfaitement inutile de vouloir *enfouir* son chagrin, cela n'a pas de sens et est totalement voué à l'échec. Quand nous rencontrons un coup dur, un drame, la perte d'un être cher, la perte d'un amour qui a préféré aller voir ailleurs si l'herbe était plus verte… Bref, vous me comprenez, n'est-ce pas ?

Anna fit signe que oui.

Jacques continua.

— Il faut que vous compreniez bien ma chère Anna, qu'il est vain de ne pas éprouver le chagrin, la peine. Tout comme il serait tout aussi stupide de ne pas vouloir ressentir la joie ou le bonheur.

Anna buvait les paroles du vieil homme qui détenait plus de sagesse qu'il n'en avait l'air. Le serveur arriva avec la bière et le café.

— Merci ! dit Jacques.

— Merci ! copia Anna.

De nouveau seuls, Jacques avala une énorme rasade de bière fraîche.

— Ah ! Ce que c'est bon !

Anna sourit, amusée par le côté « bon vivant » que dégageait Jacques. Elle souffla sur son café brûlant.

— Je ne sais pas comment vous faites, Jacques.

— Que voulez-vous dire ? demanda-t-il tout en posant son verre.

— Eh bien… vous êtes bien sûr que l'on peut aborder les sujets douloureux ?

Jacques prit un air étonné.

— Mais… n'êtes-vous pas venue pour ça, mademoiselle Wells ?

— Si.

— Alors, vous voyez ! Si j'ai accepté votre demande d'entretien, c'est que j'avais aussi quelque chose à y gagner.

— Ah oui ?

— Bien sûr ! Ce que je donne à quelqu'un, je me le donne à moi-même ! C'est ainsi que vont les choses. Votre e-mail est arrivé à point nommé. J'ai passé trois mois à souffrir comme un beau diable après la… perte de ma chère femme. Mais vous savez, je ne le regrette pas. C'était un passage nécessaire.

— Nécessaire ?

— Mais oui. Une sorte de transition, si vous voulez. Dans le cadre de notre association, vous savez : *La main tendue* ! Monique était la première à dire aux familles en deuil qu'elles ne devaient pas rejeter leur tristesse, leur désarroi. Elle leur demandait juste une chose.

— Quoi donc ? demanda Anna.

— Ne pas garder leur peine pour eux-mêmes. Dans son approche du deuil et de sa suite logique qu'elle nommait : « *la marche en avant* », elle sommait toujours les familles de se parler, de communiquer, de pleurer, mais surtout… ne pas garder au fond de soi son chagrin. C'était une forme de thérapie, même s'il est vrai qu'on ne guérit jamais de la perte de nos proches, on ne fait que poursuivre notre route, mais cela reste une blessure… même si elle finit par cicatriser.

Anna passa sa main machinalement sur sa tempe, soulevant sa mèche de cheveux qui cachait SA cicatrice.

Jacques but une nouvelle gorgée de bière belge et continua :

— Vous savez, Anna, c'était Monique qui faisait tourner notre association. Moi, je n'étais là que pour la soutenir, l'aider, régler des problèmes d'ordre technique avec notre site.

— Ah oui, je suis allée voir un peu à quoi il ressemblait avant de quitter Paris.

— Vous n'avez pas dû bien l'étudier dans ce cas ! dit Jacques.

— Pourquoi cela ? demanda Anna.

— Parce que, dans la présentation, j'indique avec tristesse la mort de ma femme.

Anna fit grise mine.

— Vous avez raison. J'ai surtout regardé les témoignages des gens que vous avez aidés. Je reconnais que je n'ai pas fait attention à votre page d'accueil. Pour ma défense, je vous ai trouvé sur le Net grâce à certains commentaires élogieux de la part des personnes qui ont eu la chance d'être aidées par vous et Monique…

— Par Monique et moi ! corrigea Jacques.

— Oui.

— Je ne vous dis pas ça pour vous ennuyer, Anna. D'ailleurs, seriez-vous venue me voir si vous aviez su que Monique nous avait quittés ?

— Je… je ne sais pas trop.

— Le seul fait d'hésiter me conforte dans l'idée qu'il se pourrait que non ! Et je n'aurais pas eu l'opportunité et la chance de vous rencontrer, chère demoiselle !

La foule de touristes passait devant eux. Un défilé permanent de couples, familles, grands-parents avec enfants et petits-enfants. Jacques but une autre gorgée de bière.

— Regardez-les, Anna ! Ils ne savent pas la chance qu'ils ont.

Anna leva les yeux en direction des touristes qui avançaient en flot continu.

— Que voulez-vous dire ?

— Eh bien ! Regardez-nous et regardez-les !

Anna observa avec plus de concentration les gens qui passaient devant elle. Bien entendu, elle se focalisa sur les jeunes couples. Il y avait tant d'amoureux, main dans la main, qui déambulaient le long du quai Sainte-Catherine. Un jeune homme avec toute la panoplie du parfait touriste embrassa tendrement sa compagne dans le cou. Elle sembla ne pas réagir. Anna pensa que Jacques avait raison, encore une fois. Cette jeune fille ne se rendait pas compte de ce qu'elle possédait : un homme vivant et aimant. Que n'aurait-elle pas donné pour être à sa place ? Elle imagina Stéphane en train de l'embrasser, à son tour, tendrement dans le cou. Elle ressentit le contact de ses lèvres sur sa peau. Il avait une barbe de trois jours et le contact de ses lèvres sur son cou fragile lui aurait irrité la peau. Elle aurait râlé, juste pour la forme. Le temps d'un éclair, elle y crut. Stéphane était là et lui prenait la taille en lui montrant le beau voilier amarré au quai. Un jour, il s'en offrirait un, lui aussi. Anna ressentit une joie intense…

— Anna ?

Tout s'effaça. Elle était de nouveau là, assise, les yeux dans le vague. La joie fugace laissant place à la mélancolie.

Les yeux brillants, elle fixa Jacques Vaillant.

— Excusez-moi !

— Vous pensiez à… lui, n'est-ce pas ?

— Oui.

— Pardon ! dit-il.

Anna prit sa tasse à deux mains et la porta à sa bouche. Cela l'aiderait peut-être à revenir à l'instant présent. Pourquoi se faire du mal ainsi ? Toute une année s'était écoulée depuis le drame. Elle persistait à imaginer ce que pourrait être sa vie, aujourd'hui, s'il était encore là.

— Anna, ça va aller ?

Elle répondit par l'affirmative, mais ses yeux humides trahissaient son mal-être.

— Je me rends compte que je devais aborder un sujet ô combien important… et que je suis passé à tout autre chose ! Surtout, Anna, n'hésitez pas à me ramener sur la bonne route, si vous voyez ce que je veux dire ! C'est un de mes gros défauts : je saute souvent du coq à l'âne, d'ailleurs, puisque j'évoque des animaux, Monique disait que cela la rendait chèvre !

Jacques se mit à rire. Cela eut pour effet de rendre l'ambiance plus légère. Anna se sentit mieux. Ce vieux bonhomme avait un don certain pour détendre l'atmosphère. Il continua :

— Vous vous souvenez que vous m'avez demandé comment j'avais construit mon *armure*. On devait en parler en allant se promener dans la forêt de Breuil et… finalement je n'ai pas répondu.

Quelle plaie, vraiment c'est tout moi, ça ! Surtout, Anna, n'hésitez pas, je le répète, à me rattraper quand je m'éloigne de trop.

— Promis, dit-elle.

— Donc, revenons à nos moutons… *Armure* : C'est le mot que vous avez employé, n'est-ce pas ? Vous me demandiez comment j'avais fait pour guérir de mes blessures après le décès de ma fille, puis une nouvelle fois après celui de ma femme, oui.

Anna confirma.

— Oui, je me souviens. Vous m'avez même dit qu'il ne fallait surtout pas se construire une armure, affirma-t-elle.

— Exact. Et savez-vous pourquoi ?

— Très franchement, non. Je me demande comment on peut guérir si l'on ne se protège pas. Du coup, comment se protéger des blessures de la vie sans se forger une armure ? J'ai du mal à vous suivre, je l'avoue.

Jacques héla le serveur qui venait de sortir du bar.

— Pouvez-vous me remettre ça, s'il vous plaît ? Anna, vous voulez autre chose ?

— Euh… oui, un *Perrier* s'il vous plaît ! Avec une rondelle de citron, si possible ?

— C'est parti, dit le serveur en tournant les talons après avoir débarrassé la table.

Jacques ferma les yeux un moment. Quand il les rouvrit, un éclat spécial dardait de son regard céruléen.

— Je ne vais pas prétendre détenir les réponses à tout, Anna. Ce serait faire preuve d'un manque évident d'humilité. Je peux simplement vous donner MES recettes, ce qui a fonctionné pour moi ! J'aime à penser que, du coup, cela peut aussi marcher pour d'autres, à commencer par vous, Anna.

Le garçon de café revint avec son plateau rechargé. Il déposa les boissons en faisant tinter les glaçons dans le verre destiné à Anna. Il faisait si chaud que la fraîcheur des verres au contact des mains était une bénédiction.

— Je crois que votre expérience peut être extrêmement bénéfique pour d'autres, Jacques. Si j'avais pensé le contraire, je n'aurais jamais entrepris de venir à votre rencontre pour aborder le sujet. J'avoue que l'article que je vais fournir n'est pas ma seule motivation. Vous le savez, maintenant. C'est d'abord à titre personnel que j'ai eu l'idée et l'envie de rencontrer des personnes… euh… comme vous, je veux dire.

— Des personnes qui semblent s'être remises de leurs malheurs, vous voulez dire ?

— Oui. Enfin… je crois.

Jacques semblait dubitatif. Il avait une certaine expérience du deuil et de la façon de le surmonter, mais c'était surtout grâce à Monique. C'était elle qui tenait les rênes de l'association *La main tendue*, lui n'était là que pour l'assister. Pour la première fois, quelqu'un lui demandait de l'aide, à lui. Il ressentit une certaine angoisse. L'idée de ne pas être à la hauteur ? Il décida de dire les choses telles qu'elles étaient. Cela avait toujours été sa ligne de conduite. Pas question de s'en écarter.

— Et si vous n'obteniez pas de moi ce que vous souhaitez, Anna ? dit-il.

— Comment ça ?

— Partant du principe que chaque personne est… singulière, je ne voudrais surtout pas vous laisser penser que je détiens une sorte de… de formule magique !

Anna sonda Jacques du regard.

— Je n'ai jamais dit ça !

— Je sais. Je veux juste que les choses soient claires. Vous savez Anna, à *La main tendue*, c'est Monique qui remplissait ces fonctions : aider, guider, soulager. Pour ce qui me concerne, je ne suis pas certain d'avoir les qualités requises !

Jacques profita du ravitaillement en bière fraîche. Anna aussi apprécia son eau gazeuse alors que le soleil débordait des murs de la *Lieutenance* pour venir frapper sur leurs visages. Anna ouvrit son sac à main et chaussa ses lunettes noires.

— Jacques ! Je ne suis pas venue vous voir comme si

vous étiez un gourou détenant les secrets de la vie… ou quelque chose comme ça ! Je laisse cela à ma mère, c'est elle qui est en quête permanente de… de je ne sais trop quoi, en fait ! Non, croyez-moi, je suis juste très intéressée par votre vécu personnel. Ensuite, libre à moi de suivre votre chemin ou d'en choisir un autre… le mien.

Jacques Vaillant parut satisfait par cette précision. Il pensait que tout homme n'était responsable que de lui-même ici-bas. Même si ce n'était pas l'avis de beaucoup de monde, c'était en tout cas le sien. Il ne voulait pas guider Anna, juste lui donner son opinion sur les choses, sur la vie. En aucun cas ne lui donner la moindre directive.

— Ma vision des choses, des événements, de la façon de les appréhender, de les vivre, parfois de les surmonter, de les transcender… cela ne vaut que pour moi ! Comprenez bien, Anna, que les individus ont leurs propres « bagages », ils ont été formatés d'une certaine façon, si vous préférez. Du coup, un conseil peut être valable pour quelqu'un, mais pas du tout pour un autre ! Vous comprenez ?

Anna acquiesça.

— J'aime à penser qu'il n'y a pas qu'une seule route ou une seule voie pour arriver à destination. Le problème réside dans le fait que certains pensent avoir trouvé LE bon chemin, et, ensuite, veulent l'imposer à tous les autres. Que Dieu me garde d'une telle attitude !

Anna sourit.

— Dieu ? Je croyais que vous étiez agnostique ! se moqua-t-elle.

— Et alors ? Si vous m'avez bien écouté, vous savez que je ne rejette aucune possibilité, y compris celle que Dieu existe. Du coup, si c'est le cas, qu'il me garde de vouloir imposer ma vision des choses, de la vie, aux autres !

— Je vous taquine.

— Je sais bien.

Jacques eut de la peine à s'extirper de sa chaise haute qui semblait plutôt destinée aux jeunes gens. Parvenu à ses fins, il s'excusa auprès d'Anna :

— Il faut que j'aille… me refaire une beauté ! dit-il, tout sourire, avant de disparaître à l'intérieur du bar.

Anna profita de ce moment pour jeter un œil sur son portable. Il y avait un texto de sa mère :

« *Coucou ma chérie. J'espère que tu vas bien et que ton voyage répond à toutes tes attentes. J'ai rencontré quelqu'un aujourd'hui, pendant ma pause déjeuner, il faudra que je t'en parle. Je t'embrasse et pense fort à toi. Je t'aime. Maman.* »

De qui pouvait-elle bien parler ? Elle avait *rencontré quelqu'un*. Anna se méfiait de ce genre d'information. Venant de sa mère, rien n'était jamais anodin. Cela l'irrita quelque peu, elle n'aimait pas ce genre de mystère insidieux. Sa mère avait peut-être bien déjeuné avec le fameux William. Qu'est-ce que ces deux-là pouvaient bien encore comploter ensemble ? Sinon, de qui parlait-elle ? Agaçante au plus haut point cette façon d'agir ! Anna décida que cela n'était pas sa priorité et qu'elle verrait plus tard. Elle appellerait sa mère dans la soirée. Catherine Wells se plaisait à affirmer qu'elle n'avait de cesse de tout faire, toujours, pour le bien de sa fille… il y avait des moments où Anna émettait une certaine réserve à ce sujet.

Jacques sortit de la salle de bar pour rejoindre Anna dehors.

— Vous avez fini votre verre ? dit-il.

— Oui, mentit Anna, finissant son *Perrier*.

— J'ai réglé nos consommations. À moins de vouloir attraper une insolation, je vous propose que nous continuions cette conversation en marchant dans la ville. Vous êtes d'accord ?

— Oui, avec plaisir. J'espère qu'il y a des rues ombragées ? demanda-t-elle, ce qui amusa le vieux normand.

— Vous pourrez dire aux Parisiens qu'il fait très beau en Normandie.

Ils quittèrent le quai Sainte-Catherine. Anna ajusta ses lunettes de soleil tandis que Jacques souriait de bon cœur.

26

La réunion était enfin terminée. Claire Marchal avait fait bonne figure. Pas facile, quand on est patron et qu'on doit montrer l'exemple, de réprimer une envie de... ne pas travailler. C'était pourtant ce qu'elle avait éprouvé pendant toute la matinée. En plus, comme un fait exprès, il faisait beau ce matin-là. Par chance, il était midi passé et c'était l'heure de la pause déjeuner. Les bureaux de la rédaction du magazine *PsychoMag* se vidèrent peu à peu, les uns descendant au rez-de-chaussée pour aller au self, d'autres préférant profiter du beau temps pour sortir s'aérer.

Claire fit le second choix. Elle salua ses troupes et prit la poudre d'escampette.

*

Le bruit de la rue. Le chant incessant des véhicules. Les cris lointains des ouvriers perchés sur des échafaudages. L'odeur infecte des gaz d'échappement.

Claire marchait vite, son sac en papier garni d'un sandwich et d'une boisson achetés à la va-vite dans la boulangerie du coin de la rue. En sortant de son travail, elle avait senti l'appel de la nature. Par chance, la rue de Lisbonne où siégeaient les bureaux de la rédaction se trouvait près du parc Monceau. Elle aperçut les grilles et accéléra encore son allure.

Elle traversa le parc jusqu'au bassin. Là, elle s'installa sur un banc désert et à l'ombre. Elle ouvrit son sac et attrapa son sandwich. Elle mordit dans le pain frais avec envie, prenant conscience que cette pause était plus que nécessaire. Pourquoi ne parvenait-elle pas à se concentrer sur son travail depuis ce matin ?

Elle posa son sandwich méticuleusement sur le papier gras, surtout qu'il n'entre pas en contact avec le banc, c'était un nid à microbes ces trucs-là ! Elle ouvrit son sac à main et en extirpa un petit carnet en cuir qu'elle ouvrit, revenant sur la page qu'elle avait remplie juste avant la réunion du matin. Elle lut : « Anna Wells : lui trouver des sujets pour son article et sa quête personnelle, URGENT. ».

Elle fit travailler ses méninges. Elle n'arrivait pas à se remémorer… pourtant elle était certaine qu'elle tenait quelque chose… ou plutôt quelqu'un. Il y avait une femme, mais qui déjà ? L'année dernière, *PsychoMag* avait fait un papier là-dessus, cela concernait le burn-out. Claire se concentra, oubliant les bruits du parc.

C'était une personne qui avait souffert d'un burn-out. Elle bossait dans l'industrie pharmaceutique, oui, voilà, c'est ça ! Il n'y a qu'à chercher dans les archives. Je trouverai forcément ! Cette femme a fait un burn-out, elle a démissionné de son emploi. Zut, je ne sais plus dans quoi elle bossait ! Elle est partie à l'étranger et a complètement changé de vie !

Claire but une gorgée d'eau minérale pour faire passer les dernières bouchées de son sandwich. Elle n'avait aucun doute : elle finirait par trouver. Elle allait s'y mettre dès son retour au bureau. Rechercher cette personne. Trouver où elle réside à présent. Ensuite, elle n'aurait plus qu'à donner l'information à Anna qui aborderait l'entretien sous un nouveau jour. Le sujet principal ne serait plus le burn-out, mais la nouvelle vie de cette femme après ce déclic. Satisfaite, elle quitta son banc et sortit du parc Monceau.

27

— Vers le port ou plutôt le centre-ville ? demanda Jacques Vaillant.

Anna hésita. Elle avait envie de visiter les rues de la ville portuaire en compagnie d'un guide qui connaissait Honfleur comme sa poche. Elle souhaitait aussi se balader le long de la digue. Elle aimait la mer, le bruit des vagues et les cris des goélands décrivant des arabesques syncopées dans le ciel d'azur, à la recherche d'un poisson à attraper.

— Je ne sais vraiment pas, s'excusa-t-elle.

— Mouais… Rappelez-moi qui n'a eu de cesse de se moquer de moi, à plusieurs reprises, en me rappelant mes origines normandes censées expliquer mes hésitations. Le fameux *P'têt ben qu'oui ou p'têt ben qu'non* vous va bien aussi, jeune parisienne !

Juste retour de bâton, pensa Anna.

— Pour être franche : j'ai envie des deux ! avoua-t-elle.

— Eh bien, qu'à cela ne tienne, on fait les deux et puis c'est tout ! Il faut juste faire le choix… par quoi commence-t-on ?

Il faisait très chaud, plus de 35 degrés sur quasiment toute la moitié nord de la France. Une promenade le long de la jetée, avec le vent qu'il y avait aujourd'hui, fut le premier choix d'Anna. Elle pointa du doigt l'estuaire qui lui faisait face.

— Très bien, dit Jacques. Il n'y a plus qu'à...

Ils passèrent devant l'embarcadère où se massaient des dizaines de touristes en train de monter dans une grande barque pour découvrir Honfleur en bateau.

— C'est le Calypso ! dit Jacques. Je pense qu'il n'y a aucun rapport avec le commandant Cousteau. Vous avez droit à une visite commentée à bord de cette chaloupe. Cela vous tente ?

— Euh... non merci ! déclina Anna. Je préfère marcher un peu.

— Comme vous voulez. Sinon, de l'autre côté du quai, sur la jetée du Transit : il y a aussi une autre embarcation beaucoup plus conséquente. Là, c'est un vrai bateau : de la taille d'un gros chalutier. C'est pas mal ! Je connais bien le capitaine. La balade vaut le coup : on passe d'abord l'estuaire, puis on voit le pont de Normandie du dessous, on va vers le Havre, les plages et le phare, puis on finit par les petits villages côtiers environnants. C'est vraiment une chouette promenade en mer ! Si cela vous tente, n'hésitez pas... je vous invite !

Anna gratifia Jacques d'un aimable sourire.

— Merci Jacques, mais non. Vraiment, je préfère marcher et discuter.

— Comme vous voudrez, Anna.

Ils passèrent devant la façade de l'hôtel où résidait la jeune journaliste, continuèrent le long du quai.

— C'est le jardin des personnalités ! Allez, on y entre... et interdiction de refuser. Vous n'aurez pas le mal de mer, je vous le promets.

— Le jardin des personnalités ?

— Oui. Vous verrez, il y a des arbustes taillés en forme de coques de bateau. Je les appelle : « les chaloupes ». Il est très agréable de s'y promener pour rejoindre la plage.

— D'accord, mais quelles personnalités ?

Jacques joignit ses mains dans son dos et regarda la mer au loin.

— Eh bien… au début des années 2000, je ne sais plus très bien qui… le maire de l'époque, je crois… a eu l'idée de placer des bustes de pierre représentant certaines personnalités natives de la ville ou bien ayant vécu un temps ici. Vous pourrez découvrir des peintres, des écrivains, des navigateurs et même… des personnages historiques ! Dernièrement, des acteurs de cinéma sont venus rejoindre la troupe.

Ils entrèrent dans le parc et Anna fut ravie de voir toutes ces allées fleuries.

— Oh ! Il y a même un petit lac ! s'exclama-t-elle.

— Oui, mais il est artificiel, bien entendu ! Ils ont créé ce parc sur une ancienne vasière. C'était en 2004 ou 2005, si je me souviens bien ! Avec Monique, on venait très souvent ici. C'est beau, calme et bien entretenu. Bien entendu, en période estivale… c'est un peu plus agité. Regardez là : on peut même emprunter un petit pont qui surplombe le lac !

— C'est vraiment charmant ! dit Anna.

— N'est-ce pas ! Venez, allons nous asseoir un moment. Là ! Cela fera très bien l'affaire, déclara-t-il en montrant le banc de bois peint en bleu ciel à proximité du lac.

Quelques touristes et promeneurs passèrent derrière eux. Pour une belle journée ensoleillée de juillet, il n'y avait pas à se plaindre. L'endroit était relativement paisible.

— On aurait dû prendre du pain ! dit Jacques. Regardez tous ces canards !

Anna fit la moue. Depuis son enfance, elle adorait jeter du pain aux canards. Elle fouilla dans sa mémoire et retrouva des instants magiques où son père allait acheter du pain frais à la boulangerie, juste pour que la petite Anna puisse avoir le plaisir de lancer leur pitance aux colverts.

— Ah oui, c'est dommage ! J'aime beaucoup faire ça !

— Désolé, Anna. Si j'avais su...

— Tant pis. Ce sera pour une prochaine fois...

— Oui. J'y penserai, vous pouvez y compter ! Sinon, vous n'avez pas trop chaud, ça va ?

L'ombre s'était dissipée en même temps que le nuage qui couvrait le soleil.

— Quelques minutes au soleil... je pense que je survivrai, plaisanta Anna. Si vous êtes d'accord, j'aimerais bien que vous m'en disiez plus concernant... l'expérience... enfin... vous savez... alors que votre femme était inconsciente après votre accident.

Jacques fixa les palmipèdes qui s'approchaient d'eux à grande vitesse.

— On dirait qu'ils ne pensent qu'à manger, ceux-là ! dit-il. On n'a rien pour vous, mes amis !

Anna se tourna vers Jacques.

— Sauf si vous ne voulez pas ?

Jacques regarda Anna, à son tour.

— Mais, non. J'avais prévu de vous raconter la suite de l'histoire. Aucun problème. Vous savez Anna, cette expérience a engendré de longues discussions parfois très animées. Monique a longtemps hésité à la rendre publique.

— Comment ça ?

— Eh bien, dans la revue La main tendue. Il y a eu un moment où elle a souhaité la publier…

— Et ?

— Et… je l'ai dissuadée de le faire.

Jacques haussa les épaules. Il articula d'une voix mal timbrée :

— Je n'aurais pas dû…

Du lac, le regard d'Anna passa au visage du vieux normand qui n'avait jamais eu l'air aussi abattu. Elle tenta de le réconforter.

— Vous aviez une bonne raison de garder cette expérience pour vous seuls, j'imagine ? demanda-t-elle.

— Certes !

Un cumulus d'un blanc éclatant masqua provisoirement l'astre solaire.

— Vous regrettez votre décision d'alors ?

— Pour être honnête, oui, un peu. Même s'il est vain de vouloir changer le passé. Avec le recul, j'ai pris conscience que cela avait beaucoup affecté Monique. Elle, toujours pour aider, soulager, consoler, voulait partager son vécu avec les autres. Au moins, avec les lecteurs de notre revue. Je l'ai sermonnée : c'était un risque que je ne voulais pas prendre.

— Un risque ?

— Oui. Tant que nous aidions les familles en deuil, cela pouvait s'apparenter à de l'altruisme. D'ailleurs le titre La main tendue était idéal, il correspondait vraiment à ce que Monique souhaitait : aider, tendre la main. Si Monique racontait son expérience transcendantale…

Anna avait beau se creuser la tête, elle ne comprenait pas en quoi la révélation d'une expérience spirituelle pouvait entacher la réputation de Monique.

— Je ne vois pas de quel risque vous parlez, Jacques.

— Ah ! Eh bien, je vous parle du risque impliquant que Monique aurait été inévitablement prise pour une illuminée ! Une cinglée... qui, après une soi-disant expérience mystique, aurait créé une sorte de secte... avec des adeptes pour la suivre.

Anna fronça les sourcils en signe de désapprobation.

— Votre revue existait déjà avant l'accident ? demanda-t-elle.

— Oui, elle existait avant. Comme je l'ai déjà dit, Monique avait souhaité créer une association pour aider les personnes endeuillées. Le but était d'accompagner le processus de résilience. Une période parfois longue et un deuil obligatoire pour chacun... enfin, pour ceux qui ont perdu un proche, je veux dire. Vous comprenez ?

Oui, elle comprenait. Mieux que quiconque, même ! Elle qui venait de passer la presque totalité de l'année en cours à se morfondre, à alterner des périodes de dépression aiguë avec d'autres de quasi-immobilisme, ne quittant plus son appartement, sa chambre, son lit.

— Je comprends parfaitement, déclara-t-elle.

Jacques, les sens en éveil, comme à son habitude, mesurait parfaitement la portée de cette affirmation.

— J'ai souhaité lui éviter les ragots, les quolibets, la méchanceté des gens haineux. Vous savez, ces personnes qui prennent un malin plaisir à ne rien faire d'autre que... dire du mal des autres, colporter des rumeurs, se délecter de la peine et de la souffrance par... par je ne sais trop quoi, en fait ! Par jalousie ? Peut-être. Par ennui ? Probablement aussi. Bref, je n'avais pas envie de subir la pression négative des uns et des autres. Vous savez, je me demande aujourd'hui si...

— ... si vous n'auriez pas dû la laisser faire ?

Jacques baissa la tête.

— C'est ça. Peut-être que cela aurait changé les choses. Nous avons plus de 2000 abonnés à notre revue, vous savez ! En général, une seule personne par famille endeuillée s'abonne à *La main tendue*. Ce qui veut dire que Monique a aidé autant de familles ! Cela représente quelque chose, tout de même !

— J'aurais bien aimé la connaître ! regretta Anna.

Jacques se redressa.

— Oh, je suis sûr qu'elle vous aurait aimée ! Vous me rappelez tellement notre Louise, qu'il n'aurait pu en être autrement.

Anna risqua la question qui lui brûlait les lèvres depuis la veille.

— Bon, et cette expérience alors ? Si vous m'en disiez un peu plus au bout du compte !

— C'est vrai, je suis un incorrigible bavard. J'oublie que vous êtes journaliste et que vous n'avez que faire de mes histoires… personnelles.

C'était totalement faux. Bien au contraire, Anna se délectait des histoires. Les tranches de vie des autres avaient toujours quelque chose à transmettre, on pouvait par empathie se nourrir de l'expérience d'autrui et l'amalgamer à notre propre vécu. Anna faisait partie de ces êtres qui n'avaient pas forcément besoin de vivre les choses elle-même pour accumuler de l'expérience. C'est pour cela qu'elle lisait beaucoup. Les livres : essais, romans, biographie étaient comme de la nourriture pour son âme. Par empathie, elle vivait ce que décrivait l'auteur. Il en découlait une certaine forme d'expérience émanant du vécu des autres, et même parfois de personnages purement fictifs, comme dans les romans qu'elle lisait. Anna pensait que la faculté d'empathie, loin d'être une caractéristique universelle, était en somme un accélérateur d'évolution personnelle.

— J'aime vous écouter raconter vos histoires, Jacques !

— Vraiment ? Dans ce cas, je continue ?

— S'il vous plaît.

— Très bien. Alors, plongeons dans le vif du sujet, dit-il tout en s'éclaircissant la voix. Monique a perdu connaissance immédiatement au moment de l'impact, lors de notre accident. Sa tête, malgré le port de la ceinture de sécurité, a heurté le montant droit de la portière passager. D'après ce qu'elle m'en a dit… Vous avez déjà entendu parler des NDE, n'est-ce pas ? C'est bien ce que vous m'avez dit ?

— Oui. On a déjà abordé le sujet dans notre magazine. Sauf que l'auteur de l'article parlait de EMI pour Expérience de Mort Imminente plutôt que NDE pour Near Death Experience. Le terme a été francisé, même si cela ne change absolument rien à l'affaire ! Du coup, oui, j'ai quelques notions, un peu comme tout le monde aujourd'hui, j'ai entendu parler du tunnel, de la lumière, etc.

— Je vois. Sauf que là, Monique n'est pas passée par un tunnel, en tout cas pas au début, non. Elle s'est retrouvée… flottant au-dessus de la voiture ! Elle m'a dit qu'elle pouvait voir la voiture accidentée, d'en haut ; mais aussi son propre corps inanimé, ainsi que le mien.

— Oui, cela me dit quelque chose. C'est un classique de la NDE, si je me souviens bien de ce qu'avait dit mon collègue lors de la conception de son article.

Jacques parut surpris par cette affirmation.

— Ah bon ? Si vous le dîtes.

— Vous ne saviez pas ?

— Non.

— C'est étrange, tout de même, pour quelqu'un dont l'épouse a vécu ce type d'expérience, vous ne trouvez pas ? dit Anna.

Jacques ne pouvait nier l'évidence. Pour quelqu'un de directement concerné, et de près en plus... force était de reconnaître qu'il ne connaissait pas grand-chose.

— Je le reconnais. Mais, j'ai une bonne excuse !

— Je suis impatiente de la connaître.

— Tous ces trucs... ça me fout les jetons !

— Pardon ?

— Eh bien, ça me fiche la trouille, voyez-vous, avoua-t-il en parlant presque à voix basse.

Anna ne s'attendait pas à une telle confidence. Jacques Vaillant si sûr de lui, effrayé par une expérience spirituelle.

— Oui, ça m'a fichu la frousse parce qu'elle a donné une multitude de détails sur tout ce qu'elle a vu alors qu'elle était inconsciente, et que du coup ça rend son expérience...

— ... réelle ? continua Anna.

— Crédible, pour le moins, corrigea Jacques. Je ne vais pas m'attarder sur tous les détails qu'elle a pu livrer concernant les personnes arrivées sur les lieux pour nous porter secours, les pompiers, les médecins urgentistes, et tout le tralala. Elle a pu répéter des phrases entières dites par des personnes à plusieurs mètres du véhicule alors... alors qu'elle était coincée à l'intérieur, et inconsciente par-dessus le marché. Bref, des éléments qu'il était impossible de connaître par des voies, disons... ordinaires !

Anna écoutait le récit de Jacques avec la plus grande attention. Elle éprouvait une sensation étrange, un sentiment de déjà-vu, cela lui martelait l'esprit sans parvenir toutefois à mettre la main dessus. Un peu comme un rêve dont vous vous souvenez en vous éveillant et qui disparaît de votre conscience en quelques fractions de seconde. Elle n'avait aucun souvenir de SON accident ni de la période de quelques semaines où elle était plongée dans le coma. Pourtant, quand elle avait repris conscience, elle savait que Stéphane, son amour, n'était plus. Comment cela était-il possible ? Elle n'avait pourtant pas vécu d'expérience transcendante, elle, comme Monique. Sinon, elle s'en souviendrait, non ?

— C'est ce qui vous a convaincu ? demanda-t-elle.

— Partiellement.

— Partiellement ? Que voulez-vous dire ?

Jacques n'aimait pas évoquer cette histoire. C'est pour cela qu'il avait toujours empêché Monique de la rendre publique. Cela n'aurait conduit qu'à passer pour de vieux fous. En plus, avec la revue, on aurait tôt fait de dire qu'ils étaient des gourous à la tête d'une secte d'illuminés, attendant le jugement dernier et, dans le pire des cas, risquant de mener au suicide tous leurs adeptes ! C'était, selon lui, plus que suffisant pour ne pas divulguer l'expérience de Monique. Ni aux abonnés de la revue ni à personne d'autre. Dans ce cas, pourquoi était-il en train d'outrepasser la règle qu'il avait lui-même édictée ? Peut-être parce qu'Anna était différente. C'était peut-être une journaliste, mais il avait confiance en elle.

— Anna ?

— Oui !

— Je peux vous demander une faveur ?

— Bien entendu, répondit-elle.

— Je souhaite que vous gardiez pour vous tout ce que je vais vous dire à présent. Cela est strictement confidentiel et, j'avais interdit à Monique d'en parler, alors comprenez bien que je ne veux absolument pas que vous fassiez la moindre allusion à cette expérience. Même si ma femme est morte, sa mémoire reste vivante, ici, à Honfleur. Elle était populaire. Elle avait ses habitudes, elle connaissait bon nombre des commerçants, et même le maire avec qui elle avait beaucoup échangé au moment de la création de la revue *La main tendue*. Par conséquent, je ne tiens absolument pas à ce que vous écriviez une seule ligne de tout ça dans votre magazine *Psychoblague*, OK ?

— *PsyghoMag*, dit Anna.

— Mouais, si vous voulez ! Donc, on est bien d'accord ?

— Je vous le promets.

— C'est sûr, hein ?

— Je peux vous l'écrire si vous voulez ! proposa-t-elle.

— Non, ça ira comme ça, grommela-t-il.

Un petit vent léger vint agiter la surface du lac miniature, les canards étaient déjà partis à l'autre bout depuis un moment. Les nénuphars animés par la brise légère s'éloignèrent en glissant avec élégance.

— Je vous ai déjà dit que je n'avais pas pu la voir avant un moment, après l'accident, parce que j'étais moi-même dans l'incapacité de me mouvoir du fait de ma blessure à la jambe.

— Oui, c'est ce que vous m'avez dit, hier.

— Eh bien, alors qu'elle était en réanimation, toujours inconsciente, elle… elle a prétendu qu'elle était venue me voir, dans ma chambre !

Jacques se gratta la tête. En s'entendant parler, il percevait le côté totalement irrationnel de son récit. Cependant, il était bien forcé de conter les choses telles qu'elles s'étaient passées, telles que Monique les lui avait narrées, tout du moins.

— Mais comment ? Vous voulez dire… comme un fantôme ? demanda Anna.

— Précisément. Je lui ai posé, à l'époque, exactement la même question que vous ! Quasiment mot pour mot. Elle m'a répondu qu'après avoir flotté autour de la voiture, elle s'était ensuite retrouvée ici, à l'hôpital, près de son corps toujours inerte. Puis, à un moment, elle a voulu savoir comment je me portais. Elle s'est instantanément retrouvée dans ma chambre près de moi.

— Waouh !

— Je ne vous le fais pas dire.

— Et vous ?

— Quoi, moi ?

— Vous l'avez vue ? Vous étiez conscient, vous !

— Oui.

— Oui… vous l'avez vue ?

Jacques s'agita.

— Non !

— Ben, vous venez de dire que oui ! dit Anna.

— J'ai dit que, oui, j'étais conscient. Mais, non, je ne l'ai pas vue, précisa le vieux normand.

— Oh ! Désolée.

— Pas grave. Donc, elle m'a vu et a assisté à une scène entre moi et une infirmière, c'est cet élément-là qui a fait que j'ai su qu'elle disait vrai !

Jacques s'interrompit un instant, notant la stupéfaction sur le visage de la jeune Parisienne. Il ne releva pas l'étonnement d'Anna, préférant poursuivre le déroulement de son histoire.

— Comme je ne pouvais pas la voir, puisque cloîtré dans mon lit et ma chambre, et que je ne parvenais pas à obtenir de ses nouvelles avec précision, à un moment j'ai… « pété une durite » et je me suis emporté contre l'infirmière qui en a pris pour son grade, écopant pour tout le service qui n'était pas fichu de me dire si Monique allait bien ou non.

Quand, plus tard, Monique m'a raconté avoir été témoin de cette altercation, cela m'a pétrifié ! Comment avait-elle pu savoir ? J'ai demandé par la suite à l'infirmière qui m'a assuré ne pas avoir dit un mot à qui que ce soit concernant cet épisode houleux. Je lui ai même fait jurer, vous voyez un peu le tableau !

Anna essayait de visualiser la scène.

— J'ai du mal à vous imaginer en train de vous mettre en colère, avoua-t-elle.

— Ah bon ? Pourtant, à cette époque-là cela m'arrivait de temps en temps, croyez-moi ! J'ai peut-être évolué... un peu, désormais.

— C'est qu'à vous voir comme ça, vous avez l'air si calme, si posé, que j'ai vraiment du mal à vous imaginer sortir de vos gonds, dit-elle.

— Quand il s'agit de votre épouse, que vous venez d'avoir un accident grave et que personne ne vous donne la moindre indication sur son état de santé, je veux bien défier même le Dalaï-lama de pouvoir rester zen !

Anna pouffa.

— Jacques, euh... je crois que le Dalaï-lama est célibataire !

Jacques prit un air contrarié.

— Ah oui ? Vous êtes certaine ? J'ai cru avoir lu dans le journal, je ne sais plus trop quand, qu'il appréciait les jolies femmes.

— Il peut les apprécier, après tout pourquoi pas, mais il a fait vœu de célibat.

— Vraiment ?

— Oui. Le Dalaï-lama est aussi un moine.

Jacques ouvrit ses grands yeux clairs.

— Non ! Vraiment ?

— Bah oui.

— Mince alors !

— Pourquoi dites-vous ça ? demanda Anna.

— Eh bien parce qu'en tant que guide spirituel machin chose… si ce gars n'a jamais été marié ou en couple… que voulez-vous qu'il donne comme conseils ! Laissez-moi rire ! Un homme qui n'a jamais vécu avec une femme ne… connaît rien à la vie !

Ils se mirent à glousser presque en même temps. Anna émit un son étrange qui se voulait être un gros rire puissant et sonore. Cela ne lui était plus arrivé depuis si longtemps. Elle avait un rire singulier, le genre contagieux qui vous gagne et vous transporte en quelques secondes. Ce qui ne manqua pas d'arriver. Jacques tenta d'articuler une phrase, mais Anna ne perçut qu'un éclat de rire entrecoupé de mots inintelligibles, cela décupla encore un peu plus l'intensité de leur hilarité devenue totalement incontrôlable.

— Le… le… gars… je lui aurais… laissé Monique… rien qu'une semaine, il aurait compris la vie ! baragouina Jacques, ne parvenant pas à endiguer la vague joyeuse et continuant à s'esclaffer.

Anna n'en pouvait plus. Elle riait tellement qu'elle dût à plusieurs reprises chercher de l'air pour respirer tant elle semblait presque s'étouffer.

— Justement, c'est pour ça !

— Quoi donc ? demanda Jacques.

— Il a tout compris à la vie… C'est pour ça qu'il s'est fait moine !

Ils rirent encore. Quelques minutes passèrent avant qu'ils puissent reprendre enfin leurs esprits. Anna avait les larmes aux yeux. Jacques s'obligea à détourner le regard pour éviter de repartir de plus belle, ce qu'il avait encore à raconter méritait un peu plus de sérieux, à moins que non ?

— Je suis désolée, Jacques ! dit Anna.

— Mais non, c'est moi. Je vous l'ai déjà dit plusieurs fois : je suis incapable de rester sur un sujet très longtemps. Il faut toujours que je prenne des chemins alambiqués ! Impossible de garder le cap ! C'en est presque effrayant !

— N'exagérez pas !

— Si, si, je vous assure. Vous avez bien dû le remarquer depuis hier, non ? Je ne fais que partir dans tous les sens, hein ?

Anna s'essuya les yeux. Des larmes avaient coulé, oui, mais elles étaient de joie cette fois. Jacques respira à fond, comme si cela pouvait l'aider à reprendre son sérieux. Il distingua, à une centaine de mètres sur le lac, un couple de canards qui semblait se « prendre le bec » à grand renfort de *coin-coin* bruyants. L'un des deux s'envola tout à coup, laissant son comparse totalement ahuri. Puis il décolla à son tour, partant à la poursuite du premier.

— Regardez-moi ça, Anna ! Même chez les canards, les couples se prennent le chou ! Encore un qui n'est pas rentré à l'heure au bercail, avec un cheveu blond sur le col de sa veste.

Anna n'était pas d'accord.

— C'est plutôt parce que madame en a eu soudainement marre de voir monsieur vautré sur le canapé, un œil sur la télé et l'autre sur son portable, demandant à quelle heure serait prêt le dîner !

Jacques ne put réprimer un sourire sincère.

— Mouais, peut-être bien. Mais ce n'est pas toujours comme ça, vous savez. Dans notre couple, c'était moi qui m'occupais de la cuisine. Monique avait bien des talents, mais… pas celui-là. Bon, revenons à nos moutons ! Où en étais-je, déjà ?

Les traits du visage d'Anna se durcirent d'un seul coup. La parenthèse comique avait assez duré.

— Vous me disiez que Monique était venue vous voir « en esprit » dans votre chambre, rappela Anna.

— Oui. C'est ça. Sauf que c'est bien après sa sortie de l'hôpital, je ne sais plus si je vous avais précisé ce détail.

— C'est bien comme ça que je l'avais compris, précisa Anna.

— D'accord. Alors, bien après son retour et après plusieurs tentatives de ma part pour éviter le sujet, Monique parvint finalement à ses fins. Je DEVAIS écouter son histoire, il fallait qu'elle me raconte son expérience dans les moindres détails. C'était d'une extrême importance pour elle. Je finis donc par céder. On ne pouvait pas résister à Monique quand elle avait une idée en tête. En dépit de ma réticence, elle me narra une histoire incroyable. Non seulement, la sortie de son corps après l'accident ; mais aussi son arrivée, toujours à l'état de fantôme, à l'hôpital !

Anna buvait les paroles du vieux normand. Toujours ce sentiment étrange. Cela lui semblait familier, comme si elle avait elle-même vécu cette situation.

Jacques planta ses yeux dans ceux d'Anna pour être bien certain qu'elle mesurait la teneur de ses propos.

— Jusqu'à ce qu'elle en vienne à me raconter l'épisode de l'engueulade avec l'infirmière, je n'écoutais pas vraiment. Ensuite, ce n'était plus pareil. Je ne sais pas pourquoi, mais j'avais le sang qui se glaçait dans mes veines à l'écoute de son histoire. Jusque-là, tout ce que j'avais pu entendre sur une vie après la mort... tout ça n'était que de la pure théorie. Les trucs que les curés racontent à la messe, des suppositions sur fond de dogme, vous voyez ce que je veux dire ?

— Oui, répondit-elle.

— Sauf que là, ça ne cadrait plus avec la religion dans laquelle nous avions été élevés, Monique et moi. Et puis, vous savez Anna… je m'attendais à des histoires d'anges avec une harpe, ou je ne sais trop quoi. Bref, des éléments qui auraient pu se caser dans le moule de… l'Église. Étonnement ma Monique me livrait une tout autre histoire. Là, pas de paradis ! Pas d'enfer, non plus ! Encore heureux, non ?

Anna changea sa position, sur le banc, qui devenait inconfortable. Elle se décala le plus discrètement possible, mais Jacques s'en aperçut.

— Vous avez mal aux fesses ? l'interrogea-t-il. Parce que moi… oui ! J'ai sacrément mal même ! Ces bancs sont peut-être jolis, mais pas du tout confortables. On s'en va ? demanda-t-il.

Anna s'en voulait. À ce rythme-là, Jacques ne finirait jamais son histoire. Et puis, elle brûlait d'impatience de connaître la suite. Qu'était-il arrivé à Monique après cela ? D'un autre côté, Jacques avait vu juste. En effet, elle subissait depuis un trop long moment l'inconfort de ce bois dur comme la pierre.

— Oui ! Ce n'est pas très confortable pour qui veut rester plus d'une demi-heure, concéda-t-elle.

— Je vous l'accorde. Allez hop ! Poursuivons notre route, vous voulez bien ?

Il se leva le premier, Anna lui emboîta le pas et ils se dirigèrent vers la sortie du parc.

28

— Alors ? Content de ta visite ? Tu ramènes un nouveau partenariat à inclure dans notre catalogue ? vociféra Ludivine alors que Carl venait à peine de franchir la porte de l'agence.

Il chercha le regard de sa collaboratrice, mais elle lui tourna aussitôt le dos et partit d'un pas alerte vers son bureau, dans son « espace de travail personnel ». Décidément, il ne comprendrait jamais Ludivine. Carl réalisa qu'en dépit du fait qu'il soit sorti pendant quelque temps avec sa collègue, il ne la connaissait pas du tout. Il ne la comprenait pas. Pourquoi lui en vouloir à ce point ? Qu'est-ce qui pouvait bien se passer dans sa fichue caboche ?

Carl décida qu'il y avait un temps pour tout et qu'à présent, il avait d'autres chats à fouetter. Ludivine et ses sautes d'humeur attendraient. Il s'installa à son poste et se plongea dans le travail jusqu'à la fin de la journée.

*

Un peu avant la fermeture, Ludivine Berthelot salua Antonio et sortit de l'agence sans accorder le moindre regard à Carl.

— Qu'est-ce qu'elle a, aujourd'hui ? demanda Carl en se tournant vers Antonio.

Le stagiaire fit rouler son siège en arrière, posa sa tête sur ses mains faisant office d'oreiller, étendit ses jambes sur le bureau avant de donner son avis sur la question.

— Pour moi, il y a deux possibilités : soit elle est indisposée… Soit tu lui as fait une méchante saloperie et elle t'en veut à mort ! Cela dit, chacune des possibilités peut se cumuler, hein !

Carl fit rouler son siège, à son tour, et adopta la même position décontractée qu'Antonio.

— Je ne vois vraiment pas ce que je lui ai fait ?

— Même à l'insu de ton plein gré ? ironisa Antonio.

Carl se creusa les méninges sans succès. Cela faisait un bail qu'il n'était plus avec Ludivine. Donc rien qui pourrait avoir un rapport avec leur relation passée. Pour ce qui est du boulot, RAS également ! Tout allait bien. L'équipe fonctionnait à merveille. Les tensions propres au fonctionnement de l'agence s'étaient estompées depuis l'arrivée d'Antonio. Le stagiaire s'occupait à merveille des tâches ingrates et subalternes. Vraiment, Carl ne comprenait pas. Qu'avait-il pu dire de contrariant ? Ce n'était quand même pas le fait de lui avoir demandé de le couvrir pour ce matin ? Cela leur était déjà arrivé de se protéger mutuellement quand l'un ou l'autre avait une chose urgente à faire. Prétexter une visite d'un camping, d'une résidence, d'un hôtel. Toutes les boîtes qui fonctionnent ainsi ont, inévitablement, cette possibilité offerte aux employés d'exploiter cette faille. Le tout étant de ne pas en abuser. Ce qui était le cas pour ce qui le concerne. D'ailleurs, Ludivine aussi, pas plus tard que le mois dernier, avait demandé à Carl de lui inventer un déplacement bidon parce qu'elle avait quelque chose à régler et qu'elle avait besoin de sa matinée. Non vraiment, ce ne pouvait pas être pour cette raison ! Alors pourquoi ?

— Sérieusement, Tony, elle ne t'a rien dit qui pourrait

m'éclairer ? demanda Carl.

Antonio siffla entre ses dents, écartant les bras pour indiquer qu'il n'en savait pas plus que lui.

— Si tu veux savoir, depuis ce matin, elle n'était pas dans son état normal…

— Que veux-tu dire ?

— Ben… elle m'a à peine adressé la parole ! Tu sais bien que d'habitude, on doit lui demander de la fermer de temps en temps si on veut pouvoir avancer un peu le boulot ! Ben, là, rien !

— Rien ?

— Ouais ! Pas un mot, mon vieux ! Elle n'a pas arrêté de consulter son smartphone et de faire la gueule.

Carl détestait ce sentiment d'y être pour quelque chose sans savoir de quoi il retourne exactement.

— Et la patronne ? demanda-t-il.

— Elle est partie une demi-heure environ avant que tu te pointes, révéla le jeune stagiaire.

— Non, ce n'est pas ce que je te demande.

— Ah bon ! Quoi alors ?

— Eh bien, je ne sais pas moi… Ludivine lui a fait la tête, à elle aussi ? demanda Carl.

Antonio secoua la main et souffla sur ses doigts.

— Ouille, ouille, ouille ! Oui, on peut le dire, c'était chaud, mon vieux.

— Chaud ?

— Ouais ! D'ailleurs, la *Guerrière* s'est fâchée. Elle est venue voir Ludivine et lui a ordonné de la suivre dans son bureau.

— Ah oui ? Et ensuite ? demanda Carl tout en faisant avancer son siège à roulettes vers le bureau d'Antonio pour s'approcher de lui.

— Ben… c'est tout !

— Comment ça : « c'est tout » ?

— Bah oui quoi ! Qu'est-ce que tu veux que je te dise ?

Carl s'emporta :

— La suite ! Voilà ce que je veux que tu me dises !

Antonio fit pivoter son siège et revint devant son poste de travail.

— Y'a pas de suite. Elles se sont enfermées dans le bureau de la patronne. Point. Rideau. De toute façon, moi, les gonzesses ! Pffffou !

Carl eut du mal à rester calme. Il prit sur lui. Après tout, Antonio n'y était pour rien. La situation était ennuyeuse, mais pas désespérée. C'était la fin de la journée, il fallait fermer la boutique et rentrer chez soi. La perspective d'une douche fraîche quand il arriverait dans son appartement lui procura un instant de répit. Dans sa tête, il y avait pléthore de pensées qui se bousculaient sans cesse. Il sentit poindre un début de migraine. Heureusement, sa voiture était garée à deux pas de l'agence.

*

Toute la journée Ludivine Berthelot avait été de mauvaise humeur. Plus maintenant.

C'était Carl Pessoa qui l'avait mise dans cet état.

Elle avait hésité une partie de l'après-midi à mettre son plan diabolique à exécution. Après tout, le désir de vengeance est humain, non ? Il y eut un instant où elle n'était qu'à un clic de tout mettre en route. Et puis, sa colère était retombée, juste un peu, mais suffisamment pour ne pas commettre l'irréparable.

Quand Carl était revenu de son rendez-vous galant, car c'était forcément un tête-à-tête avec une femme, Ludivine en était sûre et certaine. Toujours est-il que, quand il était rentré à l'agence, il l'avait regardé avec un air ahuri, la tête d'un gros balourd qui ne comprend pas pourquoi on lui fait la gueule.

Quelle andouille ! avait pensé Ludivine en le voyant aussi perplexe.

Cette réaction inattendue de gamin désemparé qui s'est fait gronder sans savoir pourquoi fut en partie la raison qui la poussa à faire machine arrière. On ne peut pas vouloir du mal à un pauvre corniaud qui ne comprend rien à rien. Ce garçon ne cherchait pas à la blesser, non ; il était simplement stupide. Rien à voir avec les salauds qui avaient marqué de leurs empreintes dégueulasses le passé récent de la jeune femme.

Ludivine était presque certaine que ce pauvre Carl était resté bouche bée de la voir partir sans lui avoir adressé la parole de tout l'après-midi. D'autant qu'il devait sans doute s'attendre à ce qu'elle accepte son invitation à aller boire un verre après le travail. Et puis quoi encore ! Quoique... maintenant qu'elle arrivait près de son domicile, elle eut soudain une pensée saugrenue : *peut-être aurais-je dû accepter ?*

Ludivine n'eut pas le temps d'approfondir la question que son téléphone bipa. Elle ouvrit son sac pour l'examiner. C'était un texto... de Carl. Elle réprima une envie de l'effacer sans prendre la peine de le lire, mais cela n'aurait fait que l'énerver davantage. Elle arrêta sa marche en avant et lut le SMS :

« Ludivine, je ne sais pas pourquoi tu m'en veux autant. J'ai demandé à Tony, mais... il dit qu'il ne sait pas non plus ce qui se passe. Quoi que j'aie pu faire, c'était involontaire. Je suis tout à fait disposé à m'excuser, mais... le problème est que je ne sais pas à propos de quoi ? Ce n'est tout de même pas à cause de ma demande de ce matin ? Bref, tu ne veux pas qu'on s'explique ? Demain ? Je t'invite à déjeuner... D'accord ? J'attends ta réponse. Bye. Carl. »

Si elle avait encore le moindre doute, c'était la confirmation que ce garçon n'y entendait rien à rien. Comment peut-on être amoureuse d'un homme qui ne voit pas plus loin que le bout de son nez ? D'ailleurs, était-elle vraiment amoureuse ? Ou bien était-ce plutôt de l'orgueil mal placé ? Cela faisait un moment qu'ils n'étaient plus ensemble – d'ailleurs l'avaient-ils jamais été vraiment ? - et c'est précisément au moment où son ex semblait à nouveau s'intéresser à une autre femme que… qu'elle se découvrait un regain d'intérêt pour lui. Et puis *être amoureuse*, qu'est-ce que ça signifie ? En plus, lui avait toujours été honnête : il ne partageait pas les mêmes sentiments qu'elle. Il s'était même excusé à ce sujet. En y réfléchissant, pourquoi devait-il s'excuser de ne pas être amoureux d'elle ? L'amour ne se commande pas, non ?

Ludivine se félicita de ne pas avoir mis en action son désir de vengeance. Carl ne le méritait certainement pas. Elle prit conscience qu'il cristallisait sans doute toutes les frustrations et blessures de son propre passé. Elle avait bien fait de tout effacer avant de quitter la boutique. Le pauvre Carl… comment aurait-il vécu le fait de se retrouver sur un site gay ? Ouf ! Elle s'était ravisée au dernier moment et c'était vraiment une bonne chose. Carl n'était plus son amant, mais elle l'aurait aussi perdu en tant qu'ami après un coup pareil. Le pire avait été évité !

Elle tapota sur son écran digital tout en marchant. Quand elle faillit renverser une dame d'un âge avancé, elle décida de se poser sur un banc pour rédiger sa réponse.

« Carl, c'est tout de même hallucinant que tu ne comprennes jamais rien ! J'étais très en colère contre toi ce matin, c'est vrai. Et pourtant, sans que je ne puisse l'expliquer : ce soir, je ne le suis plus. Je crois que je me suis sentie « mise de côté » ces derniers jours. Mais, ce n'est pas quelque chose que je peux expliquer comme ça, par SMS. Bref, j'accepte ta proposition à déjeuner. Je tenterai de t'expliquer ce que tu es incapable de comprendre tout seul ! À demain… Ludivine. »

Elle envoya le texto, se leva et reprit sa marche vers son domicile.

29

Jacques Vaillant et Anna Wells avaient longé la plage avant de rejoindre le parking où était garée la voiture. L'après-midi touchait à sa fin et quelques nuages élevés cachaient le soleil faiblissant.

Ils avaient repris la route vers le domicile de Jacques, le normand était resté silencieux pendant le trajet. Anna avait respecté cet entracte qui avait tranché, l'espace d'un quart d'heure, le flot de paroles et d'informations qui n'avaient cessé de lui parvenir durant toute cette journée. Elle en profita pour faire le point. Trier ce qui pouvait constituer l'ossature de son article. Il fallait surtout ne pas commettre de bourde et garder pour elle certaines parties du récit de Jacques. Elle nota les points d'ancrage qui allaient former les grandes lignes de son texte.

Puis la sonnerie caractéristique de l'arrivée d'un SMS retentit dans l'habitacle. Anna s'excusa, reçut un sourire de Jacques comme seule réponse. Elle tenta de masquer sa surprise en voyant l'expéditeur : le fameux William, qu'est-ce qu'il lui voulait, celui-là ?

« Bonjour Anna. Je ne veux en aucun cas vous importuner. J'ai eu de vos nouvelles par votre mère. Je tenais juste à vous dire que ce que vous faites est une excellente idée. Vous voilà sur la bonne voie ! Connaissez-vous Boris Cyrulnik ? C'est un neuropsychiatre, mais aussi

un chercheur. Il a beaucoup travaillé sur le phénomène de la résilience ! On peut même dire que c'est grâce à lui que le terme même de « résilience » est entré dans le langage courant. Enfin bref, cet homme est fermement convaincu que chacun d'entre nous peut surmonter toutes ses blessures. Il a vécu une vie extrêmement difficile et douloureuse, et pourtant... il a su surmonter ses malheurs, progresser, s'accomplir et finalement... vivre heureux. Cependant, il dit aussi qu'il est difficile de bâtir sa propre résilience sans soutien. Il prétend qu'il est plus facile de progresser avec l'aide d'un « tuteur de résilience ». D'après ce que votre mère m'a raconté, j'aime à croire que vous avez trouvé le vôtre, en Normandie. Enfin, je peux maintenant vous dire que ma manière brusque de vous éconduire était nécessaire. J'ai perçu que vous deviez trouver l'amorce de votre résilience par vous-même. C'était une première étape essentielle. Je suis très heureux de voir que c'est chose faite. Je vous salue, vous et votre « tuteur ». Bien à vous, William. »

Anna ne l'avait pas vu venir, celui-là. Ainsi, ce vieux gourou prétendait avoir agi par altruisme. Elle avait du mal à y croire. Qu'importe, elle méditerait là-dessus plus tard. Cela dit, il y avait une chose sur laquelle William disait vrai : elle avait trouvé en Jacques Vaillant un « tuteur », une aide morale, oui, assurément.

De retour à Gonneville, Jacques avait préparé du café. Anna avait refusé la collation qui aurait dû accompagner son Arabica, au grand dam du vieux normand qui trouvait toujours qu'Anna avait besoin de se remplumer. Il lui servit son café serré, comme elle l'appréciait.

— Merci ! dit Anna.

— Pas de quoi ! répondit Jacques.

Il s'installa sur sa chaise et souffla sur son café fumant.

— Alors ? Vous tenez le coup ? Pas trop dur de suivre les histoires d'un ancêtre ? demanda-t-il.

Anna frotta ses yeux cernés. Elle paraissait fatiguée. Sans le savoir, Jacques avait bien fait les choses en l'emmenant se promener dans la nature. Le bois de Breuil, la plage, la mer, la vieille ville de Honfleur, le bar, les boissons fraîches, le soleil, la brise marine ; tout cela semblait s'imbriquer parfaitement pour amorcer la résurrection d'Anna Wells.

— J'avoue que j'ai un petit coup de barre, là !

— Ah ah ! Et oui, c'est l'air de la mer ! Vous voulez vous allonger pour faire une petite sieste ?

Elle aurait bien dit oui, mais elle répondit non.

— Comme vous voudrez ! Alors quoi ? Je continue ? demanda-t-il.

Elle sortit son carnet et son stylo.

— Oui, je suis tout ouïe ! répondit-elle.

Jacques avala une gorgée de café fort et, tout en actionnant la manivelle du store pour s'abriter du soleil qui s'imposait à nouveau dans le ciel, continua le déroulement de son récit précisément là où il l'avait stoppé dans le parc des personnalités, à Honfleur.

— Malgré ma réticence, Monique tenait absolument à me raconter ce qu'elle avait vécu pendant qu'elle paraissait être dans le coma. Comme je vous l'ai dit, il semblerait qu'elle eut alors la possibilité de… sortir de son corps. Elle m'a dit qu'elle flottait alors autour de notre voiture accidentée, qu'elle aurait vu l'arrivée des secours, notre transport jusqu'à l'hôpital jusqu'à… l'épisode de mon altercation avec cette pauvre infirmière. Jusque-là, vous suivez Anna ?

— Cela semble irréel, mais… oui, répondit-elle.

— Parfait. Parce que ce qui va suivre est autrement plus… incroyable ! Monique m'expliqua qu'il y eut ensuite un moment où elle se sentit comme… happée par une force inconnue. C'est à cet instant qu'elle fut aspirée dans le fameux tunnel. Celui qui est décrit dans tous les récits de ces fameuses expériences ! Sauf qu'elle ne distinguait pas de contours nets et définis. Une sorte de tunnel sans paroi.

Anna fit une grimace d'étonnement.

— Oui je sais, poursuivit-il. J'ai eu la même réaction que vous. Comment un tunnel peut-il ne pas avoir de contours nets et précis ? Elle n'a pas pu répondre à cette question. Elle m'expliqua ensuite qu'il y avait une lumière au bout de ce passage et qu'elle était irrésistiblement attirée par cette force lumineuse puissante, mais… douce à la fois. Là encore, ne me demandez pas d'explication, ce n'est pas moi qui ai vécu cette expérience, mais Monique ! précisa Jacques.

Anna prenait des notes, mais elle paraissait subjuguée par le récit de Jacques. Elle avait déjà entendu parler de NDE, mais les témoignages ne la touchaient pas directement. Là, c'était différent, il s'agissait de l'épouse de Jacques. Elle ne l'avait pas connue, certes, mais c'était tout comme, à force d'entendre Jacques lui parler d'elle.

— C'était une lumière brillante ? demanda Anna.

— Oui, c'est ce qu'elle m'a dit. Cependant, cela n'éblouissait pas, ne faisait pas mal aux yeux. Bien, qu'en la circonstance, Monique n'avait plus à proprement parler d'organes physiques.

— Elle n'avait plus de corps ?

— Si ! Elle m'a dit qu'elle avait observé ses… mains. Donc, je suppose qu'elle avait un corps. Le hic c'est qu'il était invisible pour nous autres ! Quand elle était dans ma chambre d'hôpital, je n'ai strictement rien vu ! Ni entendu, du reste ! déclara Jacques.

Jacques termina sa tasse de café.

— C'est tout de même un truc de dingue, faut avouer ! dit-il. Elle m'a vu et entendu en train de m'engueuler avec l'infirmière, puis elle a pu me le décrire ensuite dans les moindres détails. C'est à partir de là que j'ai commencé à la croire. Jusque-là, j'étais ouvert à tout un tas de choses, comme vous le savez maintenant !

— Parce que vous êtes agnostique ! affirma Anna.

— Précisément ! répondit Jacques. J'étais ouvert, disais-je, mais je n'avais aucun a priori. Bon, je mentirais en disant que je n'allais pas plus vers ceci plutôt que cela. On a tous nos attirances, n'est-ce pas ? En matière de religion, de spiritualité, il y a des dogmes auxquels j'étais résolument réfractaire, et d'autres qui me semblaient plus « acceptables ». Cependant, je n'ai jamais trouvé quelque chose qui puisse me faire basculer vers une quelconque croyance ou certitude ! Sauf que là, c'était Monique, ma femme, qui ne m'avait jamais demandé de la suivre dans ses croyances religieuses. Je ne sais plus si je vous ai dit qu'elle était croyante, allant à l'Église de façon sporadique, mais priant et déposant des cierges à l'occasion. Chaque fois que nous passions devant l'église Sainte-Catherine à Honfleur : hop ! Une bougie.

— Mais Jacques, beaucoup de monde agit de la sorte, même des non-croyants !

— Ah ?

— Oui. Moi-même, cela m'est déjà arrivé ! avoua-t-elle.

— Vous ? Une athée ! se moqua gentiment Jacques.

— Ben oui ! concéda-t-elle.

— Enfin, tout cela pour vous dire que je n'étais pas vraiment enclin à avaler des couleuvres… Euh… Vous connaissez cette expression de… vieux ?

Anna ne put réprimer un petit rire étouffé.

— Oui, je connais !

— Parfait. Donc, voilà ma Monique dans le tunnel avec la lumière au bout, elle qui s'y précipite comme une mouche sur un pot de miel et puis…

Il s'arrêta comme un acteur de théâtre.

— Et puis quoi ? l'interrogea-t-elle.

— Encore un peu de café ? demanda le normand.

— Non. Je veux que vous poursuiviez ! Qu'est-il arrivé ensuite ?

Jacques pointa son index vers le haut pour signifier qu'il fallait attendre un instant. Il se leva, empoigna son petit récipient vide par l'anse et entra dans la maison. Moins d'une minute après, il sortit avec sa tasse fumante.

— Moi, j'ai besoin de recharger mes batteries ! dit-il.

Anna soupira. Jacques posa sa tasse, s'installa sur sa chaise qu'il avança plus près de la table, puis se pencha vers Anna.

— Ce qui s'est passé ensuite, je ne sais pas trop quoi en penser ! admit-il.

— Qu'est-ce qui s'est passé ? Allez Jacques, dites-moi ! s'emporta presque la jeune Parisienne.

— Monique m'a raconté qu'elle s'est retrouvée dans un très beau jardin.

— Un jardin ? Vous voulez dire… comme le jardin d'Éden ?

Jacques hocha la tête en signe de désapprobation.

— Non. Juste un très beau jardin, avec une flore luxuriante et variée. Elle entendit aussi des oiseaux gazouiller dans les arbres. Le climat était doux, un léger vent soufflait et elle fut surprise de découvrir qu'il y avait un soleil qui brillait dans le ciel. En regardant tout autour d'elle et, par la même occasion, admirant tous les bosquets et les plantes qui jonchaient le sol, elle aperçut un petit ruisseau à une cinquantaine de mètres de sa position.

— Un ruisseau ? Avec de l'eau, vous voulez dire ? demanda Anna.

— Oui. Avec de l'eau. Il y avait un petit pont qui passait par-dessus, un peu comme celui que vous avez vu tout à l'heure dans le parc des personnalités, et de chaque côté, elle découvrit des pelouses fraîchement tondues. Vous imaginez mon étonnement, Anna, quand elle m'a dit ça !

Anna tentait de visualiser dans son esprit ce que lui décrivait Jacques. Comme elle continuait de prendre quelques notes, Jacques demanda :

— Anna, vos notes, c'est juste pour vous. On est bien d'accord, n'est-ce pas ? demanda-t-il.

— Mais oui, bien entendu ! C'est juste pour moi, je vous ai promis de ne pas divulguer cette histoire et je n'ai qu'une parole. Je veux juste bien me souvenir de tout ce que vous pourrez me dire concernant l'expérience de Monique, c'est tout !

Rassuré, Jacques s'empara de son expresso légèrement refroidi.

— Bien. Dans ce cas, accrochez-vous pour la suite à venir ! Il y avait dans ce grand jardin luxuriant de belles étendues de gazon verdoyant. Le pont dont je vous ai parlé à l'instant était un peu surélevé, passant au-dessus d'une petite colline. En contrebas, Monique découvrit qu'il y avait, assis à même le sol tapissé de gazon, des... gens !

— Des gens ?

— Oui ! Il y avait du monde. Des personnes qui discutaient tranquillement, d'autres qui marchaient et avaient l'air de se promener. Elle m'a même dit qu'il y avait une femme qui lisait un livre ! Vous voyez le tableau ?

— Peut-être que Monique était en train de rêver, tout simplement ? dit Anna.

— En effet, c'est aussi ce que j'ai tenté de lui faire admettre. Sans succès. Elle était convaincue d'avoir vraiment vécu cet instant, elle m'a affirmé que quand on est éveillé, on le sait. Là, c'était la même chose. Elle SAVAIT qu'elle vivait ce moment. Pour elle, c'était une certitude et... inutile de vouloir lui faire admettre quoi que ce soit d'autre.

— Je vois.

— C'est après que le plus troublant est arrivé.

— Continuez !

— Une jeune femme est alors apparue, traversant le pont en direction de Monique.

— Une jeune femme ! Qui ça ?

— J'y viens. Cette jeune femme devait avoir dans les vingt-cinq ans environ, les cheveux longs, l'allure alerte. Monique sut immédiatement qu'il s'agissait de… Louise.

Anna ouvrit de grands yeux ainsi qu'une large bouche, son stylo lui échappa et tomba sur la table métallique, à côté de son bloc-notes.

— Attendez… attendez… Jacques, vous m'avez dit que votre fille, Louise, était décédée à l'âge de… douze ans, non ?

— Exact.

Le vieux normand se gratta la tête.

— Encore un mystère, pas vrai ? concéda-t-il. J'ai dit pratiquement la même chose que vous. Là aussi, Monique n'a pas pu me l'expliquer, selon elle, il s'agissait de Louise. Pas le moindre doute.

Anna paraissait perplexe.

— Cela voudrait dire que l'on ne garde pas tout le temps le même aspect dans… l'au-delà ! Waouh ! C'est costaud tout de même, vous ne trouvez pas ?

Jacques acquiesça.

— Vous avez raison.

— Et ensuite ? demanda Anna.

— Ensuite, elles ont discuté. Pour faire bref, Louise a

indiqué à sa mère qu'elle allait bien, qu'elle était heureuse et… qu'elle continuait à vivre, ailleurs, mais d'une autre façon. Qu'il fallait qu'elle s'en aille parce que son heure n'était pas encore venue !

— Oh !

— C'est un point crucial. Son retour parmi les vivants, je veux dire !

— Et rien d'autre ? demanda Anna.

— Si. Plusieurs choses, mais rien que je ne veuille déflorer auprès de vous, Anna. J'espère que vous ne m'en tiendrez pas rigueur ?

Anna posa son stylo et son bloc-notes sur la table.

— Non. Je veux dire, vous m'en avez déjà dit beaucoup. Je vous suis déjà reconnaissante pour la confiance que vous m'avez accordée.

Jacques se leva et invita Anna à le suivre en direction de la roseraie. Il s'arrêta devant le parterre de fleurs. Anna regardait SA rose fraichement plantée à côté de l'autre, celle qui symbolisait Louise.

— Je peux vous demander quelque chose, Jacques ? demanda-t-elle.

— Oui. Quoi donc ?

— Eh bien, que pensez-vous de tout cela, vous, en fin de compte ?

Jacques, sans quitter des yeux la rose blanche, leva les mains au ciel.

— Que voulez-vous savoir exactement, Anna ?

— Est-ce que… vous y croyez ?

— Pour être franc… je me pose toujours la question. J'aimais Monique, et je l'aimerai à tout jamais ; de ce point de vue là, je serais tenté de répondre par l'affirmative. Sauf que… en vérité, je trouve toute cette histoire tellement… extraordinaire que… j'ai beaucoup de mal à y croire réellement. Je ne sais pas si vous imaginez toutes les conséquences absolument monumentales qu'une telle expérience pourrait impliquer… si c'était vrai.

Anna croisa ses mains derrière son dos.

— Oui. Ce serait absolument extraordinaire ! Mais, vous ne répondez pas vraiment à ma question, dit-elle.

— Je veux y croire ! Oui. Mais, je reste sceptique. Monique a vécu cette expérience. Pas moi. Cela fait toute la différence.

— Je comprends.

— Par contre, il y a un élément qui ne peut pas être mis en doute. Pas le moins du monde !

— Et lequel ?

— Le changement, déclara Jacques, faisant claquer son pouce contre son majeur. Comme ça ! En un claquement de doigts, Monique n'était plus la même. Il y avait celle d'avant l'accident et… celle après l'accident. Son expérience, qu'elle soit vraie ou seulement fantasmée, l'a profondément transformée. J'en suis le témoin vivant.

Anna passa la paume de sa main sur la rose *Pierre de Ronsard*, qu'elle avait offerte la veille au vieux normand.

— C'est fascinant ! dit-elle.

— Oui, vous pouvez le dire. Du jour au lendemain, la Monique dépressive avait disparu. Envolée la mère endeuillée qui passait ses journées cloîtrée dans sa chambre, parfois ne quittant pas même son lit. Vous savez, Anna, il y a eu des semaines où elle ne cessait de pleurer, des journées entières. À un moment, je me suis même demandé si elle n'allait pas finir par… faire une bêtise.

Anna visualisait parfaitement ces instants douloureux.

Pauvre Monique ! Et pauvre Jacques aussi d'ailleurs ! Le brave homme avait dû se sentir tellement mal. En plus de son propre chagrin, son propre deuil, il devait faire face à la profonde dépression de son épouse qui demeurait inconsolable. Même son amour intense et sincère n'était pas assez puissant pour parvenir à adoucir le chagrin de Monique.

— Sérieusement ?

— Je le pense oui, confirma-t-il. Cette invitation à dîner chez son frère, vous vous souvenez ? Je vous rappelle comme j'ai dû lutter pour qu'elle accepte d'y aller. Et voyez-vous, Anna, malgré toute la douleur que nous avons dû surmonter, les semaines de soins et de convalescence, surtout pour Monique, eh bien… je ne regrette pas l'accident. Non. Pas le moins du monde.

— Parce qu'elle en est sortie profondément transformée.

— Oui. Du coup, pour répondre à votre question initiale. Je ne sais pas si son expérience était un passage de l'autre côté ou une fantastique hallucination. En revanche, ce dont je suis sûr c'est que, après ça, moi, j'ai retrouvé MA Monique. Celle qui mordait la vie à pleines dents. Elle m'a expliqué que notre fille n'était pas morte, mais qu'elle continuait son chemin sur une… autre route que la nôtre, et qu'elle était tellement heureuse d'avoir eu l'opportunité de la voir, de lui parler. Enfin, vous voyez ce que je veux dire ?

— Je pense que oui, déclara Anna.

— De cela, je ne peux pas douter : cette expérience a modifié Monique en profondeur. J'ai pu la voir, à nouveau, pleine de vie, de joie, d'envies. Elle voulait voyager, voir du pays, enfin recommencer à… vivre ! Elle s'est investie à fond dans l'association, avec un élan nouveau, une force que je ne lui connaissais pas, avant. Qu'elle ait vraiment vécu tout ce qu'elle m'a décrit ou pas… En fin de compte, peu m'importait. Ce jour-là était celui où tout avait changé. Après ça, Monique éprouvait encore un manque, une certaine tristesse du fait de l'absence de notre enfant, mais un peu comme si Louise vivait loin, à l'étranger, vous comprenez ?

— Je crois que oui, dit Anna.

Jacques fit quelques pas autour des fleurs dont le parfum embaumait l'atmosphère.

— Quand elle est revenue à la maison, après l'hôpital, les rires avaient remplacé les pleurs, la lumière avait chassé l'obscurité. C'était comme un retour à la vie. J'avais tant pris sur moi pour m'occuper d'elle. Je n'avais pas même eu le temps de me focaliser sur mon propre chagrin. Je venais de perdre ma fille, j'avais eu peur d'y laisser aussi ma femme. Alors, vous comprenez, Anna, que je n'allais pas mettre en doute les certitudes de mon épouse parce que, même si elle avait rêvé toute cette histoire, cela n'en restait pas moins une véritable bénédiction.

Anna suivait Jacques dans la roseraie.

— Vous aviez raison, Jacques ! C'est une histoire extraordinaire.

— Oui. Quand vous êtes arrivée ici, vous aviez comme objectif d'écouter le récit de personnes étant parvenues à surmonter leur chagrin. Vous savez maintenant, comment cela s'est passé pour nous, dit-il.

Anna stoppa son pas léger et attrapa le bras du vieux normand pour arrêter sa marche en avant.

— Oui, mais… et vous, Jacques ?

Il parut étonné.

— Moi ?

— Oui, vous ! Par quel moyen êtes-vous parvenu à vous remettre de la mort de Louise ? Je veux dire, vous, vous n'avez pas eu cette expérience mystique… ou spirituelle… ou je ne sais quoi. Comment avez-vous pu surmonter votre peine ?

Le regard de Jacques s'illumina soudain, une intensité couleur azur transperça la jeune Parisienne jusqu'au fond de son âme. Il plissa les yeux et fixa Anna. Elle venait, sans le savoir, d'aborder le point essentiel de la philosophie selon Jacques Vaillant.

— Voilà toute la question, déclara-t-il en levant son index droit. Vous ne voyez toujours pas ? C'est là que se trouve le grand secret !

Le jeune journaliste hésita.

— Euh… par amour ?

— Non.

— …

— Ma chère Anna, vous avez vous-même utilisé ce « secret » et… pas plus tard qu'hier, continua Jacques.

— Moi ?

— Oui.

— …

— Vous ne voyez toujours pas ? Alors je vais vous révéler ce secret qui en réalité n'en est pas un puisque tout le monde le connaît, mais que chacun a choisi de l'oublier.

Anna cherchait, faisant un effort de concentration, mais rien ne venait.

— C'est par… CHOIX !

Hein ! Par choix ? pensa Anna. Elle fit un effort pour se rappeler les détails de la veille. Elle ne voyait pas à quoi Jacques faisait allusion. Quel choix avait-elle fait hier ? Quelle décision importante ? Elle avait beau se creuser la tête, elle ne voyait pas où Jacques voulait en venir.

— Alors ? demanda-t-il.

— Ben… non ! Je ne vois pas, s'excusa-t-elle.

Jacques ne put réprimer un soupir de déception.

— Allons, jeune fille, je suis sûr que vous pouvez trouver par vous-même. Concentrez-vous ! Qu'avez-vous décidé d'important tout récemment ?

Anna était perplexe. Qu'avait-elle fait comme choix crucial depuis son arrivée à Honfleur ? Hormis les différentes options qui s'étaient offertes à elle avec les variantes de plats ou de boissons lors des passages au restaurant ou dans les bars, elle n'avait…

Soudain, cela claqua comme un pétard dans sa tête. Elle sourit et s'exclama :

— Je sais ! C'est à propos de mon aïeul, Jonathan Wells !

Jacques se fendit d'un large sourire, à son tour.

— À la bonne heure ! Vous comprenez ? Tout est une question de choix !

Anna avait choisi de croire que son arrière-grand-père était un homme bien. Cela l'avait libérée d'un poids.

— C'est tout à fait vrai, confirma-t-elle.

— Eh oui ! C'est comme cela que les choses fonctionnent. Après, qu'il s'agisse d'un choix conscient et personnel ne dépend… que de nous. Certains font des choix qui vont les alourdir. Il suffit de faire toujours le choix le plus élevé ! Vous comprenez ? Pour votre aïeul enterré au cimetière de Colleville, nous n'avons plus aucun moyen d'en savoir davantage. Vous avez donc choisi ! Et je pense que vous avez fait le bon choix. Quel intérêt de voir votre ancêtre comme étant un sale type, un tortionnaire ou un violeur ? Aucun, puisque l'on ne peut pas connaître les faits. Vous comprenez ?

— Je crois que oui, balbutia Anna, encore bousculée par une révélation d'une telle simplicité. Et si on se trompe ?

— Eh bien, on se trompe ! Tant que vous ne pouvez rien confirmer ou infirmer, je pense qu'il est judicieux de faire le choix le plus élevé. Celui qui vous allégera. Et peu importe si c'est un leurre !

Elle admettait, en partie, l'affirmation de Jacques, mais... cela paraissait trop simpliste, trop facile ou trop évident. Elle n'eut pas le temps de poursuivre plus avant ses interrogations mentales, le vieux normand poursuivit sans attendre qu'elle intègre cette notion élémentaire.

— Mais, vous aviez en partie raison, Anna ! Mon amour pour Monique ajouté au fait de vouloir la voir heureuse, c'est aussi cela qui a provoqué la... comment dire... la bascule.

La jeune journaliste fut heureuse de constater qu'elle n'avait pas totalement échoué à son « interrogation ». *Bien, mais peut mieux faire !*

— J'ai fait le choix de continuer à vivre, d'être toujours à la recherche du bonheur, poursuivit-il. Je n'aurais pas la prétention d'affirmer que sans elle, mon choix aurait été le même. Il faut toujours trouver l'étincelle qui permettra de rallumer le feu.

— Le feu ?

— Oui, ou bien... le bonheur si vous préférez !

— Est-ce que cela veut dire que l'on ne doit jamais sombrer dans le chagrin ? demanda Anna.

Jacques invita Anna à le suivre en direction du potager. Elle s'avança jusqu'à de magnifiques pieds de tomates d'un rouge vif et brillant.

— Pour que mes tomates arrivent à maturité, il leur faut du soleil et... de la pluie. C'est sans doute la même chose pour nous, je pense. Rappelez-vous de notre conversation à propos de l'armure : vouloir éviter toute douleur et toute peine conduit à se construire une protection artificielle et à…

— … s'empêcher de vivre ! termina Anna.

— Oui ! En tout cas, c'est ce que je pense, moi. Donc, pour répondre à votre question, je dirais que la vie étant pourvue de joie ET de peine, nous ne pouvons vivre sans les éprouver tout au long de notre existence… sauf à se construire une armure qui ne va que nous éloigner de nous-même. Porter une armure constamment, et ne jamais la déposer, nous amène inévitablement à oublier qu'elle peut nous conduire à l'asphyxie ! Cela peut coûter cher, voyez-vous ! Le jour où l'armure se désagrège, le porteur se retrouve nu et aussi fragile que du verre. Pour moi, j'estime qu'agir de la sorte équivaut à refuser la vie.

— Mais, il faut bien se protéger du malheur ! protesta Anna.

— Jusqu'à un certain point, oui. Mais, on a parfaitement le « droit » d'être malheureux. Il faut juste rebondir aussitôt que possible. J'ai lu autrefois… Zut, j'ai oublié dans quel livre c'était. Cela me reviendra peut-être ? Cela disait à peu près ceci : « *Toutes les batailles de la vie nous enseignent quelque chose, même celles que nous perdons.* ».

Anna laissa échapper un long soupir.

— Si l'on observe autour de nous, il me paraît évident que les personnes apprennent plus vite dans la difficulté que dans la facilité, continua Jacques. Alors, tout dépend de ce que vous entendez, Anna, par : « se protéger du malheur ». Si c'est s'empêcher d'aimer, de nouer des liens… parce qu'un jour ou l'autre nous pouvons tout perdre… alors je vous répondrais : non ! Il faut choisir la vie et la vie c'est ressentir, rire, mais aussi pleurer ! Quand survient un malheur, qui ne peut qu'arriver à un moment ou à un autre au cours d'une vie, ce que l'on devrait faire c'est CHOISIR de s'extraire de son chagrin, ne pas s'enfermer dedans, garder le cap, continuer à VIVRE ! Même si cela peut s'avérer parfois extrêmement difficile, je ne saurais le nier.

Anna soupira à nouveau.

— Ce n'est pas facile… pour moi ! dit-elle.

— Je sais bien, jeune fille ! Je dis simplement que rester sur le chemin de l'apitoiement, de la vulnérabilité, incite à regarder du côté de…   la bouteille à moitié vide. Au contraire, choisir la résilience incite à en regarder l'autre moitié, la pleine. Après, on fait ce que l'on peut, n'est-ce pas ? Je suis bien conscient que chacun possède SA capacité à rebondir. On n'est pas forcément résilient à tout… et tout le temps ! On a aussi besoin parfois d'un coup de main, d'un soutien de la part d'autres personnes.

— Vous parlez d'aide psychologique, demanda Anna en passant sa main dans ses cheveux.

— Je parle d'aide tout court. De soutien surtout ! Cela peut prendre la forme d'un soutien professionnel : des psychologues, des *psymachinchose* ou tout ce que vous voudrez. Vous êtes mieux placée que moi pour répondre à ça, non ? Moi, je pense que cela peut être un membre de sa famille, un ami, un collègue, n'importe qui pourvu qu'il puisse jouer le rôle de « tuteur » qui vous évitera la chute ! Je suis persuadé que la résilience après un traumatisme ne peut se construire seul. Il faut bien s'entourer et se laisser le temps…

Se laisser le temps… répéta mentalement Anna.

— Pourtant vous avez perdu Monique… il y a seulement quelques mois, Jacques !

Ils s'assirent autour de la table de la terrasse.

— Oui, vous avez raison. Quatre mois très exactement. Mais j'avais déjà commencé depuis de nombreuses années à parfaire ma capacité personnelle de résilience. J'essaie de rester ouvert au fait que cela ira mieux dans un proche avenir, sans nier mon passé douloureux. Je n'ai pas de honte à dire que, malgré tout, je suis resté des jours à pleurer sur mon sort juste après le décès de Monique… oui.

— Oh !

— Mais oui. Voyez-vous, je ne prétends pas être un superhéros, loin de là. Je me suis laissé aller pendant un temps. Un temps nécessaire. Puis, j'ai fait le choix de…

— … rebondir ! clama-t-elle.

— Tout à fait ! Je me suis demandé comment j'allais faire, vous savez ! Jusque-là, je ne savais pas vraiment. Maintenant, je sais.

— Vous savez ce que vous allez faire ?

— Oui. Et c'est grâce à vous ! affirma-t-il.

— Grâce à moi ? Comment ça ? s'étonna-t-elle.

— Vous m'avez inspiré, tout simplement ! Le fait de vous raconter mon cheminement personnel, mon processus de résilience en somme, eh bien… cela m'a donné l'envie de continuer à m'occuper de l'association de Monique !

Anna se dressa sur sa chaise.

— Vous voulez dire que vous allez poursuivre La main tendue ?

— Eh bien… J'en ai maintenant l'intention, oui.

— Hier, vous m'avez dit que vous ne saviez pas si vous pourriez poursuivre l'œuvre de votre épouse. Que vous hésitiez à fermer purement et simplement l'association.

— C'est vrai. Mais j'ai pris conscience que de raconter à ceux qui souhaitent l'entendre, ceux qui en ont besoin, son propre cheminement, son processus de guérison… Eh bien, cela peut aider les autres à guérir aussi. C'est bon pour celui qui parle tout autant que pour celui qui écoute. Nos échanges depuis hier m'ont fait du bien et… je pense qu'à vous aussi ! Est-ce que je me trompe ? demanda Jacques.

— Non. Vous avez raison. Je ne peux nier que vous

entendre me… fait du bien !

Jacques planta son regard bleu ciel dans celui d'Anna.

— Cependant, je me dois de vous mettre en garde. Vous devez toujours garder votre libre arbitre, chère Anna. Vous ne devez jamais cesser de douter, toujours vous interroger et chercher. L'erreur serait de croire que vous possédez toutes les réponses. Comprenez-vous ?

Anna n'était pas très sûre d'assimiler correctement cette dernière affirmation.

— Je dois mettre en doute ce que vous m'avez dit jusqu'à présent, c'est ce que vous voulez dire ?

— Mais oui ! répondit le normand avec un air amusé. Voilà de retour mon côté agnostique, non ? Selon moi, personne ne guide personne, et je ne suis pas le seul à penser cela, vous imaginez bien. Certains mystiques ou philosophes, je ne sais plus trop, affirment que toutes les réponses sont déjà en nous. Par conséquent, les « tuteurs » ne font que faire rejaillir à la surface de ceux qui les écoutent... ce qu'ils possèdent déjà à l'intérieur d'eux-mêmes.

— Waouh ! lâcha Anna.

— Je ne vous le fais pas dire.

Le soleil était maintenant totalement masqué par les nuages qui s'étaient multipliés. La brise légère avait cédé sa place à un vent de plus en plus puissant qui formait, ici et là, quelques mini tourbillons de feuilles et de poussières diverses.

— On ferait mieux de rentrer ! dit Jacques. L'orage arrive, regardez !

En effet, une grosse masse noire couvrait maintenant la voûte céleste à l'horizon. Le temps normand était changeant en cet après-midi de juillet. La pluie et les éclairs n'allaient pas tarder à arriver.

Ils entrèrent dans la demeure normande juste avant que l'orage d'été ne s'abatte sur eux. Les cieux libérèrent une fureur d'une puissance telle qu'Anna baissa d'instinct la tête alors qu'elle se trouvait déjà à l'abri du vent, de la pluie et des éclairs. Le tonnerre claqua faisant vibrer jusqu'au chambranle de la porte que Jacques avait pourtant verrouillée.

— Vous avez peur Anna ? demanda Jacques.

Le cou rentré entre ses épaules, Anna ne pouvait dire le contraire.

— Un peu ! avoua-t-elle alors qu'un second coup de tonnerre fit vibrer non seulement les vitres, mais aussi le lustre de la cuisine sous laquelle Anna semblait paralysée.

— Oups, elle n'est pas tombée loin celle-là ! Je vais fermer les volets, ce sera plus prudent, déclara Jacques en se dirigeant vers les persiennes secouées par le vent.

— NON ! hurla Anna, les traits déformés par l'effroi.

C'était sorti tout seul. L'orage qui redoublait fit revivre à Anna un ersatz de la soirée dramatique du 14 juillet 2016, les éclairs et le tonnerre remplaçant le feu d'artifice. Elle courut se blottir dans les bras du vieux normand qui, d'abord surpris, tenta de la calmer en lui tapotant doucement la nuque.

— Du calme Anna ! Tout va bien. Il n'y a rien à craindre, je vous assure, essaya-t-il de la rassurer en mettant le plus de douceur possible dans la voix.

Anna pleura et ne put empêcher son corps de trembler de la tête aux pieds. En sécurité dans les bras du vieil homme, elle réussit à se calmer au bout de quelques minutes.

— Tout va bien, répéta Jacques alors que les derniers spasmes nerveux d'Anna diminuaient progressivement. Calmez-vous et asseyez-vous là, dit-il en tirant une des chaises de cuisine à proximité.

Anna s'exécuta tandis que Jacques profita de cet instant

de répit pour fermer les volets et les verrouiller solidement. Il y parvint sans trop de mal et referma les fenêtres. Le bruit s'atténua aussitôt. Anna s'était pris la tête dans les mains.

— Je suis désolée, gémit-elle alors que Jacques s'était mis à la recherche d'un mouchoir en papier.

Jacques s'approcha de la Parisienne et lui tendit un kleenex qu'il avait réussi à trouver dans un des tiroirs du vaisselier.

— Il n'y a pas à vous excuser ! dit-il. D'ailleurs, vous excuser de quoi hein ?

Anna se moucha avant de répondre.

— De me mettre dans cet état à cause d'un orage !

— Anna, ma chère enfant, vous savez bien que ce n'est pas à cause de l'orage.

Pourquoi tentait-elle de lui cacher ses sentiments ? Avec lui, c'était peine perdue.

— C'est que… ça me rappelle… le feu d'artifice ! lâcha-t-elle enfin.

— Ce qui est tout à fait normal, répondit Jacques. Je vais vous faire une tasse de thé, cela vous fera le plus grand bien.

— Je veux bien, susurra-t-elle.

— Il est tout à fait naturel d'éprouver et de libérer cela, Anna. Je suis très heureux que vous ne portiez pas d'armure ! déclara Jacques en remplissant la bouilloire d'eau.

— Oui, mais après tout ce que vous m'avez… transmis de votre propre expérience, je pensais avoir fait un pas en avant et… je me rends compte qu'en définitive, non !

Jacques déposa deux tasses à thé sur la table de bois qui trônait au centre de la cuisine. Il s'empara également d'une boite en métal et la plaça en face d'Anna.

— Choisissez votre thé ! dit-il en ouvrant le couvercle en bois, découvrant plusieurs sachets séparés par de fins interstices de contreplaqué. Il y avait du thé vert, du noir, de l'Earl Grey, mais aussi toutes sortes de thés aromatisés.

Anna opta pour le thé citron, agrémenté d'une pointe de miel que le vieux normand lui avait proposé pour adoucir la boisson. Jacques préféra un thé vert à la menthe. L'eau ayant fini de bouillir, il s'empara de la bouilloire et s'installa face à Anna.

— La connaissance n'est pas la sagesse, chère Anna !

— J'ai déjà entendu ça quelque part ! réagit-elle.

— Tant mieux ! Du coup, vous ne serez pas surprise d'apprendre que la sagesse consiste à mettre en application active les connaissances que l'on engrange au fil de son chemin de vie ! Savoir et agir... ce n'est pas exactement la même chose, vous en conviendrez ! Attention, c'est très chaud, dit-il tout en versant l'eau dans la tasse de son invitée.

— Merci, répondit-elle tout en soufflant sur son thé brûlant. J'ai l'impression de ne pas apprendre correctement mes leçons... comme quand j'étais enfant ! avoua-t-elle.

Jacques fit un sourire compatissant.

— Anna, chacun avance à son allure. Il n'y a pas d'obligation de quoi que ce soit. De plus, je ne suis pas sûr que la vie soit une succession de leçons ! Vous faites du mieux que vous pouvez, au rythme qui vous correspond le mieux. Je peux vous assurer qu'en fonction du choix que vous ferez... le temps sera votre meilleur allié. Petit à petit, je suis persuadé que vous réagirez moins... disons... violemment. Et que vous pleurerez de moins en moins souvent, de moins en moins longtemps. Arrivera un moment où vous pourrez évoquer votre passé douloureux avec un certain détachement. Vous aurez toujours de la peine, mais elle sera moins dévorante, car vous l'aurez transcendée. C'est du moins ce que je vous souhaite. Et puis, vous continuerez à vivre. Arrivera même un moment où vous retomberez amoureuse…

— NON ! clama Anna.

— Bien sûr que si ! corrigea Jacques.

Anna hésita, ses yeux étaient de nouveau humides.

— Vous croyez ?

— J'en suis sûr !

Il porta sa tasse de thé vert à ses lèvres sans la quitter du regard. Toute sa confiance en la vie irradiait de ses yeux azur. Elle l'imita en buvant une petite gorgée à son tour. Les yeux dans les yeux, les mots étaient soudain de trop.

Un rayon de soleil se faufila par l'embrasure de la porte et les ajours des persiennes. Jacques se leva et ouvrit les battants en grand. L'éclat d'or de l'astre solaire débarrassé des nuages envahit la pièce.

— Regardez Anna !

Elle se leva et s'approcha de lui.

— Vous voyez ?

— Quoi ? demanda-t-elle.

Il posa une main sur son épaule et pointa l'autre vers le ciel.

— Après la pluie… vient le beau temps.

30

Carl Pessoa avait compté les jours depuis sa rencontre avec Catherine Wells. Elle avait promis de le contacter, mais il n'avait toujours aucune nouvelle. Il fallait se faire une raison. Après tout, peut-être s'était-il trompé ? Il avait pourtant eu l'impression d'avoir plutôt bien réussi l'examen de passage avec madame Wells, en tout cas elle n'avait pas eu l'air d'éprouver un quelconque rejet le concernant, sauf pour son histoire de mouchoir. Le prétexte était nul, il en était conscient, mais il ne s'attendait pas à tomber sur quelqu'un d'autre que la jeune fille qui occupait toutes ses pensées. Il espérait… Anna. Il connaissait maintenant son prénom, c'était déjà ça. En désespoir de cause, il avait rompu le silence le premier en utilisant un SMS, toujours moins invasif qu'un appel. La sanction était tombée à peine quelques minutes après l'envoi : Catherine Wells avait bien prévenu sa fille, mais n'avait pas obtenu la réponse escomptée. Anna paraissait très occupée et n'avait pas pris le temps de la rappeler à ce sujet.

Carl réalisa alors qu'il avait tout bonnement manqué de chance, madame Da Costa, la concierge de l'immeuble qui abritait son parking, lui avait bien transmis le numéro de la propriétaire de la place B31, mais cette personne n'était pas Anna, mais sa mère. Et si la jeune femme avait répondu en personne, qu'aurait-il fait ? Il l'aurait invitée à boire un verre, peut-être ? Il aurait sans doute utilisé le prétexte du cadeau brodé de sa grand-mère… à moins que non. Assurément, il aurait improvisé, se laissant guider par ses sentiments et son instinct. N'avait-il pas fait une erreur en acceptant de rencontrer la mère d'Anna ? Il éprouvait quelque regret à présent. Pourquoi ne pas avoir tout bonnement attendu le retour de la belle inconnue et laisser faire le hasard ? Une nouvelle rencontre aurait inévitablement eu lieu à un moment ou à un autre puisqu'ils étaient… voisins de parking. Carl se consola en se disant qu'il lui restait au moins cet espoir-là ! Il était prêt à rester des heures dans l'habitacle de son véhicule, le soir après le boulot, attendant l'improbable arrivée d'Anna.

Au moins, l'ambiance à l'agence s'était améliorée. Carl avait honoré son invitation à dîner et Ludivine était revenue à de meilleurs sentiments envers lui. Les deux ex-amants s'étaient expliqués autour d'un bon repas. Ils avaient fait preuve de sincérité. Une explication franche saupoudrée d'un zeste d'empathie avait fini de balayer les tensions dont Carl avait été la source. Ludivine reconnut aussi qu'elle avait du mal à mettre un terme à leur relation passée. Elle admit surtout que Carl ne lui avait jamais rien laissé espérer d'autre qu'une relation purement… physique et que c'était elle qui avait cru pouvoir changer la teneur de leur union. De son côté, Carl exprima ses regrets sincères, il n'aurait jamais dû céder à une histoire entre collègues, on ne savait jamais jusqu'où cela pouvait aller. Ils échangèrent longuement, Ludivine interrogea Carl sur sa situation amoureuse et il eut la franchise d'avouer qu'il avait effectivement quelqu'un en tête, mais que rien de réel n'avait encore démarré. Ludivine le remercia pour sa franchise et promit qu'elle tirait un trait sur leur histoire passée. Carl n'eut d'autre choix que de se satisfaire de cette promesse. Ils se quittèrent apaisés, chacun rentrant chez soi les épaules un peu plus légères.

Même si la situation semblait s'être arrangée, Carl sut qu'il ne pourrait plus continuer à côtoyer Ludivine. Il avait fait une erreur et le prix à payer serait de partir et de quitter son travail. Oui, il démissionnerait le plus tôt possible. Il y avait déjà plusieurs mois qu'il envisageait de se mettre à son compte, c'était peut-être le moment de faire avancer les choses puisqu'il ne pouvait envisager de vivre chaque jour de sa vie professionnelle au contact d'une de ses ex. Pas maintenant qu'il était amoureux d'Anna... même si elle ne savait rien de lui et encore moins de ses sentiments à son égard. Dans la foulée, il décida que pour cela aussi il était temps de faire quelque chose.

Il envisagea plusieurs approches possibles, et après avoir pesé le pour et le contre, décida d'y aller sur la pointe des pieds. Il opta donc pour la patience. Il attendrait de voir à nouveau la Peugeot stationnée sur la place B31, juste en face de la sienne. Il pourrait aussi faire pencher le destin en sa faveur en déposant sa carte de visite sur le pare-brise, écrire quelques mots choisis et prier pour qu'elle ne s'effarouche pas encore une fois.

31

Anna serait bien restée quelques jours de plus en Normandie. Elle décida de rentrer directement à Paris, sans passer par Bayeux comme elle l'avait un temps envisagé. Quitter son nouvel ami normand lui fit de la peine. Il y a des gens comme ça dont le contact vous fait du bien. Jacques Vaillant était de ces personnes-là, celles qui soulagent et qui réparent. Les paroles du vieux normand résonnaient encore dans son esprit, mais ce n'était pas là l'essentiel des bienfaits qu'elle avait éprouvés. Dès le premier regard, elle avait senti une énergie unique, une sorte de bienveillance qui irradiait de tout son être.

Elle venait à peine de garer sa 108 dans le parking de son immeuble qu'elle ressentait déjà une certaine nostalgie après son séjour à Honfleur. Tirant sa valise à roulettes, elle passa devant la Volvo grise stationnée juste en face. La rencontre avec l'homme élégant lui revint alors à l'esprit. C'était le même garçon qu'elle avait déjà croisé dans un bar, un soir où elle avait osé une sortie nocturne, seule. Cela s'était soldé par un terrible échec. Elle s'était mise à tousser après avoir avalé de travers, les larmes aux yeux et cherchant tant bien que mal à reprendre sa respiration, seule devant son verre. Puis, un homme compatissant était venu s'enquérir de son état. Ce même homme dont la voiture était garée là en face de la sienne, celui-là même qui avait dû la prendre pour une folle à cause de ses réactions disproportionnées.

Tout en empruntant l'ascenseur, elle se dit qu'il y avait un avant et un après Honfleur. Comment en si peu de temps une personne pouvait-elle autant changer ? Peut-être que tout était déjà en elle et que Jacques Vaillant n'avait fait qu'entrouvrir les portes. C'était à elle de décider maintenant de les franchir ou non. Elle réalisa que ce choix était déjà fait, qu'il avait sans doute pris naissance avant même de partir à la rencontre du vieux sage normand. Tout ce qu'il convenait de faire à présent se résumait juste à suivre le courant et se laisser porter. Comme l'avait dit Jacques, le plus difficile et paradoxalement le plus simple aussi consistaient à effectuer un choix. Après, il fallait s'y tenir et ne pas dériver d'un pouce.

Après un passage par le hall du rez-de-chaussée et l'inspection de sa boîte aux lettres pleine de publicités indésirables, elle monta jusqu'au deuxième, entra dans son appartement, puis balança à la volée ses clés sur la console de l'entrée. Traînant sa *Samsonite* jusqu'à sa chambre, elle l'envoya d'un geste sec sur son lit et s'affala de tout son long juste à côté.

Elle resta ainsi quelques minutes, le regard perdu sur son plafond blanc. Les yeux fixés sur les moulures, elle laissa dériver ses pensées et constata que ça se bousculait dans son esprit.

L'iPhone sonna. Sa mère informa Anna qu'un jeune homme la cherchait pour récupérer un mouchoir qu'elle avait en sa possession. Il s'agissait d'une broderie qui lui venait de sa grand-mère et à laquelle il tenait beaucoup. Anna eut besoin d'un instant pour se souvenir des faits, ce faisant elle indiqua qu'elle venait juste de penser à cet homme, le même qu'elle avait croisé à plusieurs reprises. Catherine Wells se félicita de cette information, mais n'en laissa rien paraître, elle se garda aussi de lui raconter qu'elle avait non seulement rencontré ce garçon charmant, mais aussi qu'elle l'avait déjà vu avant… en rêve ! C'était lui qui avait sauvé Anna de la noyade ! Catherine n'avait pas parlé de ce songe étrange à sa fille. Déjà qu'Anna la prenait parfois pour une… excentrique, nul besoin d'en rajouter davantage.

Catherine précisa à sa fille que l'homme providentiel s'appelait Carl Pessoa. Anna nota son numéro de portable et promit qu'elle le contacterait sans tarder. Catherine, satisfaite, embrassa sa fille en l'informant qu'elles devaient se voir très vite autour d'un verre pour qu'Anna lui raconte son expédition normande. Anna accepta et laissa à sa mère l'organisation du rendez-vous.

Elle entra l'identité de Carl Pessoa dans ses nouveaux contacts, introduisit le numéro de téléphone et, avant de changer d'avis, enclencha la touche d'appel. Le correspondant décrocha presque instantanément.

— Allo !

— Bonjour… Je m'appelle Anna Wells et je pense que j'ai quelque chose qui vous appartient.

Le bonheur d'Anna

ÉPILOGUE

Deux semaines s'étaient écoulées depuis son retour de Normandie. Anna poursuivait sa route vers la résilience. Chaque jour était une occasion de prouver sa nouvelle détermination, de continuer à avancer. Certains moments, le soir surtout, étaient plus difficiles que d'autres, mais elle gardait le cap, c'était tout ce qui importait. Un pas après l'autre.

Pendant cette période, Claire Marchal l'avait contactée par mail, affirmant qu'elle avait adoré son article, qu'il serait publié dans le prochain numéro de septembre. D'autre part, elle avait une nouvelle proposition à lui soumettre. Elle voulait en discuter le plus vite possible. C'était réconfortant de constater le soutien de sa patronne. Anna avait répondu favorablement et une rencontre était programmée la semaine suivante, en dehors du bureau, dans un restaurant de standing parisien.

Par ailleurs, une autre surprise était arrivée sur *Messenger* : Frédéric Magnard avait reçu son message et il disait être intéressé par la démarche de la jeune journaliste. Cependant, il souhaitait en savoir un peu plus. Il avait vérifié sa demande d'entretien « officielle » auprès de son attaché de presse et une proposition de rendez-vous vers la fin du mois de septembre concluait le texte de l'animateur TV.

Une chose était certaine, la journaliste allait connaître une rentrée chargée.

*

Anna avait plusieurs fois repoussé cet instant. La veille, elle s'était rendue chez le fleuriste, poussée par une idée soudaine. En se levant, elle s'était sentie prête. Elle était montée dans sa voiture animée par une envie de boucler la boucle.

Après avoir franchi l'entrée principale du cimetière de Passy, Anna avança lentement sur l'avenue des Marronniers, tenant dans ses mains une rose blanche plantée dans un petit pot de terre cuite.

Il y avait peu de monde dans les allées, pas étonnant à cette heure matinale. Les portes ouvraient en semaine à 8h. Anna avait pu observer le gardien déverrouiller la grande serrure et pousser l'imposante grille de fer forgé alors que le soleil commençait à poindre au travers des nuages.

Ce cimetière parisien, situé près du Trocadéro, était très prisé par les grandes familles bourgeoises, militaires, industrielles ou encore artistiques. La plupart du temps, des dynasties souvent issues de la rive droite.

Une ultime demeure pour les plus nantis, pensa Anna.

Elle n'avait jamais vraiment apprécié les parents de son compagnon. Elle n'était pas du même milieu et ne se sentait pas du tout à l'aise en leur présence. Elle les trouvait secs, rigides et hautains. Stéphane était le dernier-né de cette famille de riches entrepreneurs. C'était le grand-père, patriarche visionnaire, qui avait créé l'entreprise familiale : une usine de fabrication de câblages industriels. Le vieil homme avait transmis, au crépuscule de sa vie, le flambeau au père de Stéphane qui, à son tour, avait su faire prospérer l'affaire, lui faisant même par la suite prendre un nouveau tournant vers le tout numérique. Un pari qui s'avéra être un franc succès, l'entreprise croissant encore en même temps que le développement exponentiel des câbles et connectiques informatiques.

Stéphane, fraîchement diplômé de l'École Centrale de Paris, aurait dû finir sa formation auprès de son père pour, à terme, prendre les rênes de l'entreprise. Le destin en avait décidé autrement.

*

La tombe de Stéphane se trouvait juste à côté de celle de Fernandel. Anna pensa que ses parents auraient sans doute préféré un emplacement près de celle de Francis Bouygues, pensionnaire permanent lui aussi de ce lieu, mais surtout ancien grand entrepreneur. Anna chercha donc l'ultime demeure du comédien disparu et repéra cette dernière sans difficulté, le nom de l'artiste gravé sur la pierre était assez gros pour qu'on le repère, même de loin. Suivant sur une feuille de papier les indications données par sa mère, elle continua son exploration jusqu'au premier croisement et bifurqua vers la droite, là elle distingua le nom de l'allée : « Chemin San Fernando ». Elle y était presque.

Elle marcha encore une cinquantaine de mètres, puis se fraya un chemin entre les tombes, s'arrêtant enfin devant une plaque de marbre noire, sur laquelle étaient gravés le prénom et le nom de son compagnon. Sur le caveau familial, elle put lire les noms des aïeux de Stéphane. Les gravures étaient quelque peu usées par le temps... sauf une. Les lettres gravées puis peintes à la dorure indiquant l'identité du dernier occupant.

Elle s'immobilisa en découvrant la photographie de Stéphane. C'était la première fois qu'elle revoyait les traits de son visage depuis sa disparition. Comme il avait l'air heureux, un sourire radieux illuminait son visage juvénile. Elle sentit son cœur se serrer. La douleur était toujours là, comme avant, mais ses effets s'étaient dissous comme une mélodie éthérée et lointaine. Elle ne prit pas la peine de lire le texte gravé sur la plaque, préférant s'attarder sur la photographie.

Elle s'accroupit pour déposer SA rose blanche au pied de la tombe.

— C'est pour toi, mon amour, dit-elle à haute voix.

Elle se releva puis joignit les mains comme pour une prière.

— Pardon, Stéphane. Je n'ai pas pu venir plus tôt ! C'était impossible. Et puis… je déteste les cimetières, tu le sais bien toi qui insistais toujours pour que j'aille sur la tombe de mon père.

Elle balaya du regard les allées désertes puis s'attarda sur la fleur immaculée qu'elle venait de poser au pied de la sépulture. Elle poursuivit à haute voix.

— Si jamais tu existes encore… quelque part… j'espère que tu ne m'en veux pas. Mais… voilà… aujourd'hui je suis là ! Je t'ai apporté une rose blanche. C'est tout un symbole et… mais ce serait trop long à expliquer.

Sur le sentier parsemé de petits graviers clairs, un souffle de vent balaya quelques feuilles qui s'envolèrent dans un tourbillon éphémère.

— Je voulais juste te dire que… tu ne t'imagines pas à quel point cela a été difficile pour moi de venir ici. D'ailleurs, peut-être que je ne reviendrai pas… avant très longtemps.

Elle leva la tête vers le ciel et contempla la course des nuages bas poussés par le vent.

— Tu sais, poursuivit-elle, la seule vie que j'avais envisagée, c'était avec toi ! Je n'avais jamais pensé vivre sans toi… un jour. C'est pour ça que je suis restée prostrée pendant si longtemps. Enfin, je crois. C'est pour ça que je ne suis pas venue ici, avant. J'espère que tu comprends. Maintenant je dois tourner la page, aller de l'avant. Alors… ça ne veut pas dire que… que je vais t'oublier… jamais.

Une larme tomba sur sa chaussure.

— Je vais juste te laisser partir.

Anna posa sa main sur son cœur.

— Tu seras toujours là. Je t'aime… Adieu.

Elle se baissa pour caresser les pétales de rose agités par la brise légère, déposa un baiser de la main sur la photo de Stéphane puis s'éloigna vers la sortie du cimetière sans se retourner.

*

Anna se faufila à travers le trafic parisien sans que son esprit conscient intervienne dans l'exécution de ses gestes qui s'effectuaient de façon mécanique. Elle regagna son domicile et s'aperçut du chemin parcouru au moment où sa voiture franchit le portail de son parking souterrain.

De retour chez elle, elle se fit couler un expresso et le but doucement en dégustant une à une chaque gorgée, s'efforçant de rester ancrée dans l'instant présent. Son café terminé, elle laissa son esprit vagabonder. Elle éprouva alors une profonde gratitude envers toutes les personnes qui l'avaient aidée à poursuivre un chemin qui l'amenait à pas lents, mais déterminés vers la résilience. Elle réalisa tout ce que sa mère avait fait pour elle au cours de cette année sombre, même si cela avait parfois été maladroit ou inadapté, Catherine avait toujours été là.

Elle remercia aussi le hasard – ou la providence – d'avoir placé Jacques Vaillant sur sa route, sa bienveillance épaulée par son expérience et ses conseils avisés seraient pour toujours une aide précieuse. Elle savait qu'elle n'en avait pas fini avec le vieux normand.

De même, elle réalisa qu'elle avait beaucoup de chance d'avoir une patronne telle que Claire Marchal. Cette dernière lui avait laissé le temps nécessaire à sa reconstruction. Anna se félicita d'être encore une journaliste grâce à la patience et les encouragements de sa rédactrice en chef. C'était réconfortant d'avoir autant de gens bienveillants avec soi, même l'étrange William avec ses interventions mesurées et ses SMS encourageants. Ce type étrange n'était sans doute pas le « gourou » qu'Anna avait imaginé de prime abord, il avait une part de mystère qu'elle avait envie d'élucider… un de ces jours.

Et puis il y avait Carl ! Anna ne se sentait pas encore prête à s'engager dans une nouvelle relation. Elle ne pouvait toutefois pas nier le fait que son cœur se mettait à battre plus fort chaque fois qu'il apparaissait. Cette semaine encore, faisant fi de ses multiples refus, il l'avait à nouveau invitée à dîner et, cette fois, elle n'avait pas repoussé la demande, mais s'était laissé un temps de réflexion. Il était peut-être temps ? Un dîner n'engageait à rien, non ? C'était juste une occasion de sortir et d'apprendre un peu à connaître cet homme. Rien de mal en définitive. C'était aussi une façon de dire que la vie continuait, elle avait juste à faire un choix ! Elle empoigna son téléphone portable et écrivit un SMS.

« *Bonjour, Carl, si votre invitation tient toujours, je serais ravie de dîner avec vous ce soir. Anna* »

C'était bref, clair et précis. Pas la peine d'en dire davantage. Elle appuya sur le bouton d'envoi sur son écran digital.

La musique indiquant l'arrivée d'un nouveau message retentit alors qu'elle n'avait pas encore reposé son iPhone.

« *Anna, vous dire que j'attendais désespérément cette réponse ne serait qu'un pâle reflet de la vérité ! Je suis tellement heureux ! Je passe vous prendre à 19h, cela vous convient-il ? Vous avez une préférence ? Cuisine traditionnelle ou exotique ? Je vous embrasse. Carl* »

Anna ne put s'empêcher d'être flattée par la vitesse de réaction de Carl, à son tour elle répondit instantanément.

« *C'est parfait. Je vous laisse le choix du restaurant. À ce soir. Anna.* »

Elle avait tout l'après-midi pour se préparer. Elle avait presque oublié ce que cela faisait de s'apprêter pour un rendez-vous… galant. Le choix d'une tenue adéquate allait sans doute lui prendre un moment. Chaque chose en son temps, d'abord passer par la case salle de bain pour examiner la situation. Depuis le temps qu'elle n'avait pas pratiqué l'art de la séduction, il lui parut nécessaire de procéder à un examen en règle. Elle n'avait aucune idée de la tête qu'elle pouvait bien avoir ce matin-là. Depuis le temps qu'elle ne s'en préoccupait plus ! Elle se dirigea donc dans la salle de bain et se planta face au miroir. Elle s'aspergea d'eau fraîche avant de procéder à l'état des lieux.

Elle attrapa à tâtons la serviette éponge suspendue à sa droite, s'essuya les yeux et leva la tête. Elle se figea soudain. Une impression de déjà vu.

Faisant face à son reflet, elle avança au plus près du miroir et souleva la mèche de cheveux qui cachait sa cicatrice. La marque rosée s'était affinée, mais restait bien visible. Anna comprit que cette trace, même si elle s'était nettement estompée avec le temps, serait toujours là pour lui rappeler l'épreuve terrible qu'elle avait traversée, mais aussi tout le chemin parcouru.

Anna était tombée, mais s'était relevée. Elle pouvait maintenant reconstruire sa vie. Un profond sentiment d'espoir l'envahit alors et, observant son reflet, elle s'aperçut qu'il lui souriait.

REMERCIEMENTS

Voilà.

J'aimerais remercier celles et ceux qui m'ont aidé à aller jusqu'au bout de ce rêve un peu fou : écrire un premier roman.

- Edite, ma femme, qui lors d'une promenade autour d'un lac a allumé l'étincelle : « *Là, tu tiens une bonne histoire !* ». C'est elle, la première, qui m'a poussé, aidé, secoué. Son soutien constant et ses encouragements m'ont donné l'opportunité d'achever enfin… ce qui ne l'était pas.

- Sarah, ma fille, qui est une source d'inspiration constante et un exemple pour moi, et ce dans bien plus de domaines qu'elle ne l'imagine. Merci d'être là.

- Claudia, ma première bêta-lectrice en dehors de mon cercle familial. Merci pour ta contribution, tes encouragements, ta franchise et ton enthousiasme.

Vous êtes toutes les trois, de patientes lectrices qui ont lu les premières versions de ce roman et ont su me donner des avis objectifs, précieux et constructifs.

- Merci à Epaminondas, qui a su écouter l'ébauche de mon histoire entre deux parties de tennis. Par ailleurs, il trouvera dans la demeure du personnage *Jacques Vaillant*, comme une étrange ressemblance avec la maison normande où il réside avec sa femme.

- Merci aussi à Bernard Werber qui, à travers ses

romans, mais aussi ses interviews, m'a insufflé l'envie d'écrire. Ses réflexions sur le travail d'écriture sont inestimables, le nom de famille d'Anna *Wells* est un clin d'œil.

- Enfin, je ne peux conclure sans rendre un hommage à toutes les victimes de l'attentat du 14 juillet 2016, ainsi qu'une pensée émue pour leurs familles.

En écrivant *Le bonheur d'Anna*, les musiques suivantes m'ont accompagné :

- Relaxation Nature : album 1,2 et 3 *Enchanting Everglades ; Mystical Call of the Loon ; Moutain Paradise.*

- Mozart : sonate pour deux pianos k448

- Albinoni : *adagio en sol mineur*

- *Tom Tykwer :* album *Cloud Atlas*

- Hans Zimmer : album *B.O. Interstellar*

- Michael McCann : album *Deus Ex Human Revolution*

- Jean Michel Jarre : album Oxygène 3

Un dernier mot…

Merci d'avoir lu ce roman.

En tant qu'auteur indépendant, je vous laisse imaginer l'importance des commentaires positifs sur Amazon.

Si vous avez aimé cette histoire, merci de le faire savoir en publiant un petit commentaire étoilé sur la page **Amazon** de ce roman.

Sans vous, ce livre ne pourrait exister.

MERCI.

Si vous voulez m'écrire, consulter mon blog ou me suivre sur Facebook, je vous laisse les contacts ci-dessous :

Contact : william.alcyon@hotmail.com

Blog : https://williamalcyon.blogspot.com/

Facebook : https://m.facebook.com/william.alcyon

À PROPOS DE L'AUTEUR

Je suis un auteur français, né à Calais en 1969.

Je réside aujourd'hui à Enghien-les-Bains (95) et travaille à Paris, dans le secteur de l'Éducation.

L'écriture a toujours énormément compté pour moi, mais comme une sorte de rêve inaccessible.

J'ai écrit d'abord un petit nombre d'ébauches de romans, des thrillers/polars essentiellement, mais les manuscrits finissaient chaque fois à la poubelle. Quelque chose me manquait, je ne parvenais pas à aller jusqu'au bout.

Au fil du temps, j'ai réalisé que je devais écrire pour transmettre quelque chose, un message peut-être ? Pas seulement pour peindre un instantané de vie.

Et puis, un jour, en me promenant autour d'un lac, Anna est apparue et ne m'a plus quitté...

Le récit de "*Le bonheur d'Anna - tome 1 : Après la pluie*" et de sa suite « *Le bonheur d'Anna - tome 2 : Vient le beau temps* » raconte une histoire de résilience.

À travers ces deux romans, je veux montrer qu'il existe en chacun des ressources insoupçonnées.

Le bonheur est souvent là où on ne le voit pas. Alors, s'il vous plaît, ouvrez grand vos yeux !

J'espère que vous prendrez autant de plaisir à lire ce premier roman que j'en ai eu à l'écrire.

Vous pouvez me contacter sur :

Mon adresse mail : william.alcyon@hotmail.com

Ma page Facebook : https://m.facebook.com/william.alcyon

Mon blog : https://williamalcyon.blogspot.com/

william.alcyon@hotmail.com

93800 Epinay-Sur-Seine

Dépôt légal : décembre 2018

Imprimé par Kindle Direct Publishing

« Impression à la demande »

ISBN : 978-2-9507103-1-4